# 村　富　论

## ——1978—2006年北京郊区40个村庄调查

陈雪原　著

中国财政经济出版社

**图书在版编目（CIP）数据**

村富论：1978～2006年北京郊区40个村庄调查/陈雪原著.—北京：中国财政经济出版社，2016.5

ISBN 978-7-5095-6661-9

Ⅰ.①村… Ⅱ.①陈… Ⅲ.①农村-社会主义建设-调查研究-北京市-1978～2006 Ⅳ.①F327.1

中国版本图书馆CIP数据核字（2016）第049990号

责任编辑：周桂元　牛婧丽　　　　责任校对：杨瑞琦

封面设计：逸品文化　　　　　　　版式设计：董生平

中国财政经济出版社 出版

URL：http：//www.cfeph.cn

E-mail：cfeph@cfeph.cn



社址：北京市海淀区阜成路甲28号　邮政编码：100142

营销中心电话：88190406　北京财经书店电话：64033436　84041336

北京京华虎彩印刷有限公司印刷　各地新华书店经销

787×960毫米　16开　15.75印张　236 000字

2016年5月第1版　2016年5月北京第1次印刷

定价：36.00元

ISBN 978-7-5095-6661-9/F·5358

（图书出现印装问题，本社负责调换）

本社质量投诉电话：010-88190744

**打击盗版举报热线：010-88190492，QQ：634579818**

# 【自 序】

## 集体经济、村庄发展与新农村建设

改革开放以来，中国国民经济持续高速增长，被誉为“中国的奇迹”。然而，在繁荣背后，有一类组织一直以来默默无闻甚至羞羞答答，与市场若即若离，也没有一部专门的法律对其进行规范和保护，却承担了巨大的改革成本，被基层同志誉为维持农村社会稳定的“锅底”——乡村集体经济组织。2014年，北京市有3967个村级集体经济组织、195个乡镇级集体经济组织，300多万集体经济组织成员，其中，不仅包括农业户籍人口，还有约50万的转居人口。2011年中国城镇化率超过了50%的临界点，城市功能和产业开始加快向乡村地区转移和扩散，为农村地区的复兴带来了契机。一些集体经济发达村的组织成员的子女考上大学后仍保留着农业户籍；一些征地“转非”人员也争取保留集体经济组织成员身份；甚至一些地方出现了“非转农”现象。一时间集体经济成了香饽饽。另外，北京市还有将近一半的村集体处于收不抵支的状态，甚至已经资不抵债，且集体经济这种非均衡发展的趋势呈现日益固化格局。拓展集体经济发展新空间，有利于促进农民增收、实现城乡与区域均衡协调发展，为城乡社会结构转型提供有力支点。

继中央提出“城乡统筹”“重中之重”“两个趋向”等一系列“三农”工作的重要思想之后，党的十六届五中全会提出推进社会主义新农村建设的历史任务，将改革与发展的目光进一步聚焦到农村地区。这反映了世界上大多数国家和地区在工业化、城市化进入中后期阶段的一般规律，也体现了中国经济体制改革特定阶段、以及人多地少的资源禀赋结构所具有的特殊性要求，即单纯地调整城乡分配格局不足以解决“三农”问题，还需要实施基于农村的发展战略。有必要较系统性地开展村庄发展理论研究，重点总结村集体经济贫富分化的特点，探讨其走向，为科学推进社会主义新农村建设、探索新型城镇化道路奠定理论基础。于是，有了这本《村富论》。

擎此大名，既是出于此类著作至今尚付阙如，更是想要说明：村庄发展，不仅要户富、还要村富，要以集体经济带动农户持续增收，推动农村经济社会的均衡发展与转型升级。因此，新农村建设的核心是发展壮大集体经济，推动村庄整体发展，而不是仅仅为了修几条宽敞的马路、盖几栋漂亮的公厕。

北京市自新农村建设伊始就提出了“亮起来、暖起来、循环起来”，近几年又提出了“新三起来”，即“让土地流转起来、资产经营起来、农民组织起来”。乡村硬件设施完备后，最终还是要回归到产业发展与产业组织培育的逻辑原点上来，这体现了历史与逻辑的内在统一。通过探求村集体经济发展的内在规律，让农民能够以集体经济为载体有组织地实现城镇化。在“三农”研究方法论上，将研究对象由“户”上升到“村”，再上升到“镇”，发挥乡镇级集体经济龙头的带动作用，拓展乡村集体经济发展空间，这样才能契合中国农村社会结构及资源禀赋特点，而不是局限在农户这个传统分析的狭窄视域里转圈，陷入“黑板经济学”从概念到数据的循环论证，找不出路径，虚掷了光阴。

近年来，一些地方由于对村集体贫富分化演变趋势和规律性认识不清晰、部门之间缺乏统一步调，导致新农村建设在方向、时序、重点和力度把握上存在一定的盲目性，并受到质疑、甚至诟病，出现了所谓的“修好路后挖地下管道开膛破肚”的“拉链式工程”，甚至一些地方还产生了严重的“小官巨腐”现象。新农村建设的中国实践，需要有在中国体制背景下，揭示村庄发展规律性特征的“村富论”。“为什么有些村庄富裕，有些村庄贫穷”是新农村建设过程中优化财政投入方向、产业发展布局，特别是做好村庄体系规划需要回答的基本问题。北京郊区城镇化进程较快，遇到了其他大部分地区还没有凸显的诸多矛盾和问题，一些实践探索也具有一定的超前性。总结北京郊区村庄发展的理论与实践，可以为全国正在进行的新农村建设垫上一块基石，少走些弯路，跨越农村社会结构转型的“卡夫丁峡谷”，由传统社会顺利进入现代社会。

本书在农村地区基本的空间单元——村庄层面上，从农户收入和村集体积累两个角度，探讨村庄的演变趋势、收敛性及其影响因素。考虑到村庄形态各异、经济体量小、易受内外部变量冲击、短期发展变化具有偶然性等因素，书中选取了北京郊区位于城乡接合部、平原和山区的40个村庄，在1978年、1988年、1998年和2006年四个时点，使之构成跨越28年的面板数据，以此论证村庄类型演化的基本趋势及影响因素，并引申出新农村建设的政策含义。

全书包括三部分，共计十章。

第一部分是问题提出，包括三章。第一章是“引言”，在这里阐述了新农村建设的时代背景及面临的主要困局，提出了推进新农村建设需要回答的三个基本问题：村庄贫富差异的演化趋势是什么？村际收敛的影响因素和条件是什么？对新农村建设有何含义？第二章和第三章分别综述了村庄发展与新农村建设的相关文献与理论观点。

第二部分是假说证明，包括五章。第四章针对“引言”中提出的第一个问题，论述了村庄在经济总收入、人均收入、人均所有者权益以及人口规模等方面发展差异的演化趋势，由此提出了关于村庄发展的假说。第五至七章针对第二个问题，分析了村庄间在收入水平和积累水平上的收敛性质，对村庄人口规模趋异给出了实证解释，揭示了村庄分化演变的基本趋势。研究发现：从增长速度看，村庄收入水平和积累水平均存在收敛特征，即更穷的村庄增长更快，区位、村班子素质及产业结构等因素可以解释村际收敛的速度差异。从相对离散程度角度看，村庄人均收入水平随时间推移逐渐缩小，村庄积累水平则趋于不断扩大，其中平原地区分化最明显。两大指标收敛趋势差异导致村庄由“高积累，高收入”“高积累，低收入”“低积累，高收入”和“低积累，低收入”四种类型向“高积累，高收入”和“低积累，高收入”两种基本类型演化。前者提供了更多的就业机会和福利水平，逐渐成为人口净流入村。后者相反，逐渐成为人口净流出村。可见，能否实现村富是村庄人口规模变动趋向的关键影响因素。第八章基于因子分析方法，建立了村庄发展可持续性的评估指标体系，作为村庄类型划分和衰落预警的参照依据。

第三部分是结论，包括两章。第九章以村庄间经济收敛和空间要素集聚为主线，基于实证分析结果，提出了推进新农村建设的收敛与集聚路径以及基于空间区位的政策组合。第十章给出了全书的结论。

本书在理论研究层面，总结了经济转型期村集体积累分化的动态演变趋势，丰富了村庄类型学；揭示了村集体经济收敛的性质，将收敛理论研究拓展到村域经济层面；分析了村庄人口规模趋异的趋势及影响因素；建立了村庄可持续发展能力的评估指标体系，为村庄体系规划提供了重要参考。

该书是我在2010年完成的博士学位论文基础上经修改完成的，出于敝帚自珍，姑且作为自己对“三农”理论研究和探索的首次阶段性小结。多年来，浓厚的学术情结让我选择了一条文化苦旅，百折而不回。读博期间，经常骑自行车去国家图书馆借书、再去北大复印、然后去北大取书、去国家图书馆还书、再借书、再印书，如此循环往复。赶上周末，还可以溜达到北大旧书市，再顺路淘些宝贝带回。偶尔也会赶上大雨被截在半路，看着过往车流，或木然、或遐想，而这些如果与青少年时期的农田劳作相比就算不了什么了。我生于农村，大集体时期即开始帮着生产队拾麦穗，单干后更多地参加农业劳动，从事拔草、牵墒、压地、捉虫等力所能及的田间劳作，在密不透风的玉米秆丛中削顶打叶，在午后炎炎烈日下的黍地里挥锄除草，在雨后泥泞的田地里深一脚、浅一脚地拉纤播种撒肥，凝练出“老农民”那种吃苦耐劳的韧劲品格，更在骨子里刻上一份浓重的“三农”情结，历久弥深。当然，那时心里盼的更多的还是能够离开农村、考上大学、转非，摆脱春夏秋冬轮回无休止的农业劳动。但是，又有谁会对自己挥洒过的汗水轻易忘怀呢？1994年接到河北农业大学录取通知书的那天晚上，我在床头沐浴着清冷的月光，久久不能入眠，要当一名“农业经济学家”的梦想油然而生。迄今，恍惚间整整二十载过去，如何让农民团结起来、富裕起来、自信起来，一直是自己心灵世界里的“哥德巴赫猜想”。然成果乏善可陈，聊以这本书的出版作为“三农”研究路上留下的一个脚印，激励自己继续埋头攀登吧！

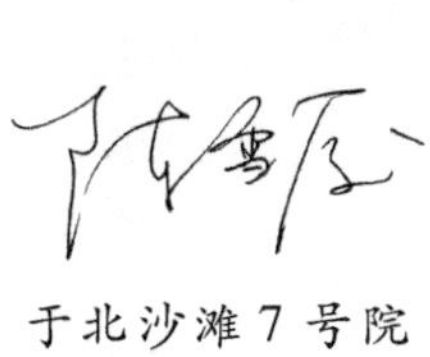

于北沙滩7号院

2015年10月

# 目　录

# 第一章
# 引　　言

近四十年来，中国经济被深深地打上了改革与发展的烙印。前者，主要体现在传统的计划经济体制向市场经济体制转型，农村地区主要表现为城乡二元结构与传统农村集体所有制的变革；后者，主要表现在国家经济规模居全球第二位，收入水平从低收入国家向中等收入国家快速跨越。然而在这一进程中，收入分配逐渐走向了不均等，特别是在农村地区内部，收入差距问题日益突出，1981—2002年农村区域间收入差距增长了2.8倍，远大于城乡差距的增幅（黄祖辉等，2005），对构建和谐社会形成了严峻挑战。国内学者从宏观层面对农村地区内部差距问题进行了大量研究（朱玲，1992；张平，1992；张平，1998；魏后凯，1992；魏后凯，1996；白志礼等，1993；等），一些学者瞄准农村基本生活和社会关系单元的村庄，进行村内和村际收入差距的微观研究（如，Rozelle等，1995；黄祖辉等，2005；吴仲斌、宋洪远，2008；等）。这些研究大多集中于对村庄差距本身变动趋势和其影响因素的揭示，而关于村庄间差距变化对村庄长期发展影响及村庄类型分化演变等方面需要做更系统性的研究①。

① 关于城乡与区域差异的研究一般是从收入角度进行宏观分析。本书研究的特点：一是属于以村域经济为单元的微观研究，便于研究对象的具体化；二是从收入与积累两个角度解析村庄财富的收敛性质。集体土地所有制条件下的村庄经济具有区域经济的一般特点，也具有自身的特殊的运作机制，其本质上是一种以土地为纽带的社区合作经济组织，具有生产者和所有者合一的特点。为此，本书对从收入角度分析的传统范式进行了拓展，从收入和积累两个角度研究村庄发展的差异性及收敛性。

自2006年开始，中国开始了迄今为止世界上规模最大的乡村建设运动——“社会主义新农村建设”。建设新农村，对于缩小城乡差距、完成农村社会结构的现代化转型具有关键性意义。然而，由于农村地区幅员辽阔，面对着300多万个自然村落，大小不一、高度分散、有穷有富，新农村建设将是一项极其复杂的系统工程。

伴随农村城镇化，居民点数量逐渐减少是世界各国城市化过程中的共同现象（白有光等，1993）。中国平均每年要消减2万多个自然村落，村庄空心化问题日益突出，要“拆多少，并多少”将是新农村建设中一个非常重要的问题（陈锡文，2007）。新农村建设既不可能由政府财政统揽，又不能指望村村发展。要实现各个方面的趋同，应遵循村庄自身的资源特点和发展规律进行科学区分，做到“因村施政”。为此，首要的工作就是对村庄进行类型划分，明确村庄发展的长期定位，做到“新农村建设，规划先行”。本书宗旨是要通过对村庄分化演变趋势的归纳总结和实证分析，为推进新农村建设提供理论支撑。

## 一、缘　　起

“为什么一些村庄能富裕起来，一些村庄逐渐走向衰落?”这一问题的核心是要解释村庄发展差异及演变趋势的原因，进而对不同村庄进行类型定位，这也是新农村建设中需要回答的一个基本问题。

### （一）中国村庄发展的体制性特征：“另外一个户籍制度”

按照新古典经济学说，在市场经济体制条件下，由于要素报酬收益递减规律的影响，资本和劳动在市场需求的牵引下会自动向能产生更高边际生产率的地方转移，进而改进资源配置效率。资本寻找劳动，可以促进新兴产业的兴起，甚至新兴市镇的产生，而劳动力寻找资本，则是传统城镇化的一般路径和形式。按照一般发展经验，要素的流动在起始阶段会扩大地区间差距，但差距最终会缩小，实现地区之间的均衡发展。而真实世界中要素的流动，往往存在着不同程度的障碍，抑制了要素在地区之间回报的趋同，并使地区之间的差距难以缩小，甚至扩大。中国在由计划经济体制向市场经济体制渐进转型的过程中，制度性障碍短时间内难以从根本上破除，城乡二元结构与传统农村集体所有制形成了村庄发展的体制性特征。

### 1. “村自为战”的分割式发展格局

长期以来，研究中国“三农”问题的学者把精力主要集中于用城乡二元结构来解释农村的贫困原因（蔡昉，1989；陆学艺，2000；等），即城乡之间在土地市场、劳动力市场以及资本市场的分割使得农村地区难以向城市地区收敛，城乡之间差距逐渐拉大。这种分析范式可以解释城乡之间的收入差距，却难以解释农村地区内部的收入差距，包括村庄之间的收入差距。因而有必要分析在城乡二元结构之外的另外一类制度障碍：村庄与村庄之间的要素市场分割体制，这主要来源于传统村庄社区集体经济组织的产权封闭特性。农村地区内部差距的拉大，不仅是市场化的必然结果，即符合库兹涅茨倒 U 形曲线①的前半段，还是中国经济体制特殊性的表现，即土地与劳动力等生产要素在农村村庄之间的条块分割引起要素配置上的低效率。

在农村地区，与城乡分割体制类似，由于传统集体经济的产权封闭性造成了村庄与村庄之间的市场分割，形成另外一种“户籍制度”。一方面是“村自为战”条件下，资源配置空间狭小，要素难以实现空间整合与集约利用，产业结构低端，应该缩小的差距未能缩小，应该集中配置的要素未能集中，村庄可持续发展能力差；另一方面，由于传统集体产权的共有性特征，农民也不能带着集体资产进城，这降低了农民市民化成本负担能力，导致农村社会结构转型的滞后。

集体经济组织脱胎于新中国成立时合作化运动中的高级社及后来的人民公社。改革开放以后，人民公社“三级所有，队为基础”的经济体制

---

① 据一般发展经验，在市场经济条件下，一国经济从工业化初期过渡到中后期，收入不均等水平会经历一个由低到高再到低的倒“U”形曲线变化过程。西蒙·史密斯·库兹涅茨：“经济增长与收入不均等”，《美国经济评论》，1955 年第 1 期。

发生深刻变化，北京市的农村集体经济组织形成了乡农工商公司①、村经济合作社及农户家庭的三层架构。在部分地区，乡级集体经济已经名亡实亡，村庄集体经济则明显弱化，其原有经济功能往往由村民委员会代为承担。集体经济组织的基本特征是其成员以土地资源的公共占有为纽带组织在一起的，与村庄的地域空间完全重合，形成了封闭的产权结构。加之集体内部产权不清晰，土地、劳动力、资本等要素难以进行跨村流转和集中配置，发展各类产业项目所需要的人、财、物等资源和要素只能来自本村，形成了"村自为战"的发展格局，呈现出"乡办企业在乡，村办企业在村，户办企业在家"的"村村点火、户户冒烟"的无序的工业化现象。同时，由于农民难以融入城镇，在城乡之间来回摇摆，出现了"乡乡建镇，村村建镇，户户盖房"的"农村病"。

就人口和劳动力流动而言，一个村庄的农户不能随便改变户籍融入城镇（除非通过婚嫁或经当地村民代表会同意），也不存在融入另外一个村庄的可能。如有一个村办企业招收了外村（通常是邻近村庄）的村民就业，该村民只能是一个外来务工人员，通常不会享受到村里的各项福利待遇。

土地要素在村庄之间的流转则更为困难。这种体制下新的城镇难以发育，"农村病"只能愈演愈烈，城乡接合部地区最为明显。该地区的村庄在进行城镇化转型过程中，村民要进行"转工转居"②，村庄也需要进行相应的社区化改造和建设，以适应城镇化管理。但是，由于长期以来倾向于采取每个村都规划一块建设用地，由村集体单独与房地产开发商进行协议出让方式进行开发建设，而选择地块的时候往往采取绕着走的方法，选择开发成本较低的地块进行开发，剩下了许多难啃的"硬骨头"，造成项目开发与整体规划相脱离，环境脏乱差，急需进行区域整体改造。目前，北京市正在进行的城乡接合部50个重点村改造，由于特殊地区的改造成本高，资金难以平衡，只有打破村庄界限，通过地区之间土地收益的资金联合与综合平衡的方式来解决。近年来，丰台区卢沟桥镇集中了乡农工商

---

① 北京市虽然后来大部分乡镇实行"三改二"，乡农工商公司撤销，将乡镇党委、乡镇政府、乡农工商公司"三驾马车"改为"两驾马车"，但乡级集体资产规模一直占据了乡村集体总资产规模半壁江山。

② 农业劳动力转为非农业劳动力，农民转为居民，其实质是农村地区社会结构的转型。

公司与六个村庄的不同资源优势，联合推进丽泽金融商务区 C9 地块公建项目开发，打破了村庄与村庄之间分割发展的体制格局，形成了乡镇统筹利用集体建设用地的典型经验，跨村配置资源已成为大趋势。

社区集体经济组织不仅具有组织生产的经济功能，在组织成员养老、医疗、教育以及文化生活等多个方面也具有社会公共服务的功能，组织成员对社区集体存在显著依赖关系。社区集体经济组织中的每一位成员一出生就天然地成为该社区集体的一员，并与其他成员共同拥有该村庄的集体资产，共同享受社区集体的各项社会福利。当然，这些服务或福利仅仅限定在组织成员内部。

总之，把这种村庄之间的劳动力市场、土地市场的分割乃至公共服务分割统称为城乡户籍制度之外的“另外一个户籍制度”。由于这种体制上的扭曲，造成了“村自为战”的分割式发展格局。

**2. 集体经济组织**

传统的农村集体经济组织对外表现为村庄之间的要素和资源的分割体制，对内则表现为村庄社区集体内部的共同共有产权制度，农户与集体的产权关系不清晰，难以按照市场规律的要求来集中优化资源配置。

一是村庄之间生产要素供给与需求之间不能有效对接，形成过剩与短缺并存的结构性非均衡。市场分割扼制了资本与劳动力的自由流动，提高了村庄发展的交易成本。尤其对非农化较快的村庄，由于土地等各类要素供给不足，降低了资本投资的边际收益率，规模和专业化分工都会受到限制，以致难以形成规模性的村庄资本积累。再如，一些村庄大量非农建设用地不能集约利用，另一些村庄却已经无地可用，其产业又不能跨村庄进行统筹布局。一些村庄有增长潜力的企业无扩张的腹地，而另一些村庄濒临倒闭的企业有闲置土地却不能充分利用。一个根本性的原因是规划建设用地指标难以实现跨村庄集中配置，一些城市化的村庄受规划管控的限制而难以规模扩容和产业升级，这对纯农业地区劳动生产效率的提高也会产生抑制作用。在狭小的土地空间格局下，劳动力要素投入很容易进入边际报酬递减的区间，难以形成规模经济，造成村庄发展转型升级的动力不足。

二是村庄内部的集体共有产权制度不能理顺集体和农户的关系。从村庄内部来看，农民是村社区集体的天然成员，对村集体资产共同共有，具有对村集体的自然依赖倾向，集体经济成为组织成员的公共地，即使成员出去打工，也不愿意放弃土地承包经营权，这导致那些经济已经衰弱的村庄户籍人口规模难以减少，向专业化农场方向演进速度滞缓。

实现村庄之间要素重新组合的关节点在于通过乡村集体经济产权制度改革，寻找到集体经济的新的实现形式，突破村庄之间由于土地与户籍分割体制造成的要素流动障碍，推进村庄之间要素的集中配置。通过组织与体制变革和产业升级，先行发展起来的村庄把周边村庄的富余劳动力吸引过来，使农村地区在产业与功能布局上实现新的区域均衡。村集体经济的分化形成了突破村庄封闭体制的推动力，使农村经济体制改革跨越临界点。

### 3. 村庄分化

改革开放以来，农村地区“以粮为纲”的产业政策开始弱化，村庄之间的要素流动逐渐加快，并出现了显著的村庄分化，这是要素流动导致地区差异扩大的初始阶段的一般特征①。大部分村庄由于集体经济组织未能适应这种形势的变化，积累率较低，不能就地解决本村庄村民的就业问题，逐渐丧失永久居住的吸引力，青壮年劳动力的不断流失，导致家庭和村庄规模不断萎缩。另外一些村庄，以华西、刘庄、南山、郑各庄等为代表，发生了史无前例的产业革命，创造了大量的非农就业机会，不仅人均收入有了大幅提升，而且集聚了大量的人口和资源，形成了区域性的增长极。2006年，北京市房山区韩村河村、四马台村和窦店村三个村庄的集体经济收入占全区的40.8%，而全区一半以上的村庄基本靠各种扶持资金勉强运转，村庄分化态势显著（聂玉藻，2008）。

随着村庄之间收入差距的拉大，农村地区内部发展的非均衡情况不断加剧。观察村庄分化主要依据以下三个指标：

一是农户收入水平。农户收入水平反映了农户的财富水平。一般农户

① Jeffrey G. Williamson, “Regional Inequalities and the Process of National Development: a Description of the Patterns”, in *Economic Development and Cultural Chang*, Vol. XIII, No. 4, Part 2 (July, 1965), p.5-8.

人均收入包括家庭经营收入、工资性收入、财产性收入和转移性收入四个部分。其中，工资性收入和财产性收入可能来自私人企业，也可能来自乡村集体经济组织或其下属企业的经营收入。农户人均收入水平的差异主要来自前三类收入，转移性收入一般情况下不会造成显著的个体性差异。一些位于大城市郊区的较发达农村地区，村庄之间收入差距拉大的趋势已经开始减弱或出现拐点，而大部分地区的差距则持续拉大。

二是村集体积累水平。村集体积累水平反映了村集体的财富水平。资本积累对经济发展具有重要的意义，是与收入同等重要的概念。马克思在论述资本主义社会的资本积累时指出："把剩余价值当作资本使用，或者说，把剩余价值再转化为资本，叫做资本积累……剩余价值分为资本和收入……一部分由资本家作为收入消费，另一部分用作资本或积累起来"，并引用了马尔萨斯在《政治经济学定义》和《政治经济学原理》两书中的定义："资本积累就是把收入的一部分当作资本使用"、"收入转化为资本"[①]。随着工业化、城镇化进程的推进，一些村庄单纯依靠农业经济支撑，集体经济逐渐衰落，积累率低，人口和劳动力大量外流；另一些村庄通过产业升级促进了资本形成，不断进行扩大再生产，村集体积累水平不断提高，如北京郊区的草桥村、南宫村、赵全营村、杨庄村等大量的富裕村庄，为村集体成员提供了就业、医疗、养老等多方面的福利。集体经济实力的村际差距比农户人均收入的差距更为明显。图 1 - 1 显示了村庄之间集体积累水平（通过人均所有者权益，即人均集体净资产来衡量）分化严重。

改革开放初期，大兴区榆垡镇的西黄垡村人均所有者权益高于平谷区平谷镇的和平街村，而到 1988 年，两个村庄的人均所有者权益水平已经逐渐接近了。从 1988 年开始，两个村的人均所有者权益水平向两个方向分化，和平街村实现了迅速的增长，而西黄垡村则呈现下降态势。和平街村位于平谷区人民政府所在地的平谷镇，属于城中村，对于主导产业的选择经历了一个相对较长的过程。改革开放初期，这个村以农为主，村庄经济总收入一年只有 10 万元左右。到了 20 世纪 90 年代中期，利用城中村的区位优势，在满足本村庄改善住房服务需求的同

① 马克思：《资本论》第 1 卷，人民出版社 1975 年版，第 636—649 页。

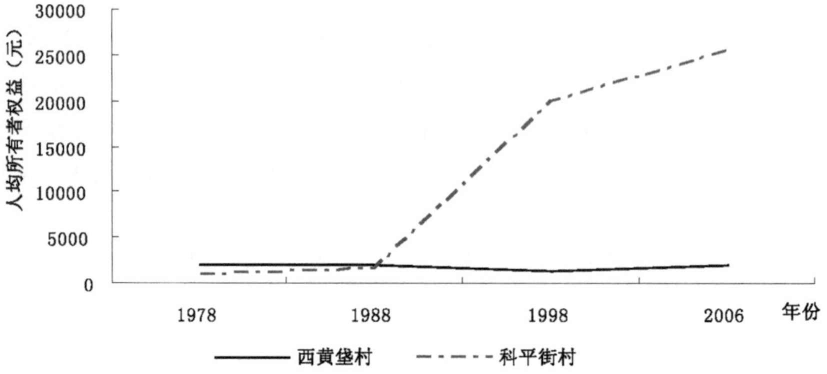


图1-1 村庄间人均所有者权益的变动趋势

时，搞房地产开发及物业管理。主导产业的转变给和平街村的经济带来了突破性的发展，村庄经济总收入由一年的几百万元上升到几千万元。而西黄垡村则一直停留在农业领域，未能及时进行产业升级，被和平街村快速超越。

三是村庄人口规模。村庄人口规模反映了村庄的可持续发展水平。伴随着村庄分化的加快，人口和劳动力的迁移造成村际人口规模的趋异。缓慢的人口迁移从长期来看呈现出显著的村庄间差异，造成村庄在空间上的人口规模和人口密度逐渐分化。当然，大部分村庄会出现人口逐渐减少的情形，只有那些产生增长极效应的村庄才有希望成为人口的净迁入区，这些村显然只占少数，且往往是那些区位优势突出、并产生优秀的带头人的村庄。还有一些具有旅游、文化等特色资源的村庄将来也可能会通过吸引城市人口来带动人口规模的增加。从一个大的时间跨度看，这种人口和劳动力的村际分化不同于以就业和收入为目标的农村剩余劳动力转移，其实质是村民基于公共服务在内的多元化需求，在空间上的重新选择，进而对传统的村庄要素分割体制产生了猛烈的冲击，客观上要求通过产权制度改革理清农民和集体的财产关系，促进资源要素的合理配置。

村庄之间的市场分割固化了村庄之间的差异，而村庄分化的加深使得加快要素流动具有更大的潜在利益，在到达临界点的时候就成为突破市场分割的重要契机，村庄之间的要素重组将变为现实。

**4. 村庄功能**

以城带乡是农村社会结构转型的国际经验。而在人口稠密地区，需要同步实施基于农村的发展战略。人口承载是村庄的一项重要功能，即使进入城镇化中后期，让农村地区的人口享受到基本公共服务也是城镇化过程中要解决的基本问题。具体有以下三方面原因：

一是社区合作的文化传统。由于人多地少、社区聚居，熟人社会下基于长期博弈形成的关系性合约可以避免市场条件下的高成本（Hayami，1998）。在中国农村地区，家族内部的生产合作是一个十分普遍的现象，亲戚或熟人进行短期跨村庄合作行为也是常见的事实。

二是中国巨大的人口基数。在中国的城镇化进程中，其农村人口转移的规模是其他任何国家在工业化和城镇化过程中所没有遇到过的。面对沉重的人口压力，未来注定要有大量的人口以村庄为单位，生活在农村地区。即使达到和发达国家一样的城镇化率，中国的农村仍然拥有巨大的人口规模。因而，农村将在一个相当长的时期内，发挥着承载大量非城市人口的功能（郑新立，2005）。

三是农民难以融入城市。在城市偏向的发展战略下，城乡之间的差距越来越大。尽管户籍制度改革不断深化，进城农民并没有能够同步实现市民化。而且，农业转移出去的大多是年轻壮劳力，剩余人口转移的困难会越来越大。

基于农村的发展战略在中国现代化进程中居于重要地位，其核心问题是如何集中配置资源和要素。村庄间要素流动的加快、村庄间资源配置效率不断提高，意味着村庄之间的收入差距将随之趋于缩小。

总之，村际经济差距缩小需要加快要素市场发育。与村庄间的要素市场分割体制之间的矛盾，已经构成了当前农村地区在村庄发展过程中面临的主要矛盾。这就需要突破体制障碍，在城乡规划的引导下推进村庄地区专业化分工，通过要素流动和空间集聚实现资源的集约利用，实现村庄间经济收敛以及人口规模在农村居民点之间新的均衡布局。这既是新农村建设需要完成的历史任务，也是推进新农村建设的逻辑原点。

## （二）新农村建设的提出及目前存在的两个困局

破解新农村建设所面临的诸多困局，需要系统研究村庄发展的内在规律，并对村庄类型进行划分，实现因村施政。

### 1. 中国经济社会结构转型的三个基本特征

人多地少的资源禀赋结构、城乡二元结构与传统农村集体所有制[①]以及计划向市场的体制转型构成中国经济社会转型期三个基本特征。这种特殊的国情决定了中国发展道路的特殊性。首先，中国的资源禀赋结构接近于东亚的日本、韩国等人口稠密的国家或地区，显著区别于欧美。其次，中国农村在经济体制上显著区别于日韩两国，除了城乡二元结构外，集体所有制使村庄社区具有明确的封闭产权边界，实行集体经济组织成员共同共有的土地制度。最后，由计划经济体制向市场经济体制转型尚未完成。用国外的发展理论分析中国的问题时，往往会由于市场发育不足而受到一些限制。如速水和拉坦提出的诱导性制度与技术变迁理论，在村庄分割体制下，要素市场发育不足，诱导的制度与技术变迁过程往往难以出现或持续。因此，中国城镇化的复杂程度取决于其自身的特殊性，进而决定了实现路径的特殊性。

### 2. 新农村建设的提出

新中国成立以来，中国政府坚持独立自主的原则，对农村发展道路进行了不懈的艰苦探索。如利用季节性剩余劳动力开展农田水利建设（解决粮食问题）、贸工农一体化（农业产业化）、发展社队企业以及后来的乡镇企业、加快劳动力转移、培育小城镇以及实施村民自治等措施，确实取得了经济、社会、政治等领域的不同程度的成功。但由于对村庄发展趋向等规律性问题缺乏一个成熟的思路和认识，农村改革往往缺乏前瞻性的顶层设计，加之城乡二元结构对农村地区的发展制约，城乡之间、地区之

① 城乡二元结构与传统农村集体所有制从属于传统计划体制，由于对农村发展具有特殊重要影响而单独提出。

间的差距不断拉大。农村缺乏吸引力，年富力强的劳动力只能纷纷向城镇非农就业进行转移，形成了持续至今的民工潮。

中共十六届五中全会提出以科学发展观统领和指导党和国家的各项工作，实现经济社会协调、全面、可持续的发展。针对城乡收入差距不断拉大问题，明确提出了积极推进城乡统筹协调发展的总体方略，把统筹城乡发展作为五项统筹之首，着重指出建设社会主义新农村是中国现代化进程中的重大历史任务。这一重大任务的提出与进入 21 世纪以来党中央解决"三农"问题的一系列文件精神是一脉相承的。

20 世纪 90 年代中后期，中国农业经济发生了重要的阶段性变化。1998 年年底召开的中央农村工作会议指出，经过二十年的改革发展，粮食等主要农产品由长期短缺转变为总量大体平衡、丰年有余。随着农产品供求形势的变化，出现了农民增收持续低迷，城乡收入差距不断拉大的问题，国家在中央政策层面上对此作出一系列的回应和调整。2000 年中央经济工作会议提出对农业和农村经济结构进行重大战略性调整。2001 年中央经济工作会议进一步提出把增加农民收入作为农业和农村工作的基本目标。2002 年中央农村工作会议提出转变农业增长方式，确立了"多予、少取、放活"的总的指导思想。同年党的十六大报告中指出"统筹城乡经济社会发展、建设现代农业、发展农村经济、增加农民收入，是全面建设小康社会的重大任务"，这是城乡统筹发展方略的最早表述。2003 年年初的中央农村工作会议提出，把解决好当前的"三农"问题作为全党工作的"重中之重"。2004 年党的十六届四中全会和同年年底召开的中央经济工作会议分别提出和重申了"两个趋向"的重要论断。

2006 年的中央一号文件系统论述了推进新农村建设的原则、重点和策略。同年，废止《农业税条例》，全国实现免征农业税，历史性地终结了 2000 多年来与农民相伴的种田纳税制度。2007 年，党的十七大提出了构建城乡一体化新格局的思想，提出"探索集体经济有效实现形式"。2008 年，党的十七届三中全会通过的《中共中央关于推进农村改革发展若干重大问题的决定》也提出"发展集体经济，增强集体组织服务功能"的要求。

伴随着国家经济实力的增强，在城乡发展战略上，已经发生了由城市偏向型向城乡均衡发展型的实质性的转变，这预示着农村地区的发展将进入快速推进阶段。新农村建设将是国民经济发展到新阶段后的客观要求，是要从根本上解决“三农”问题，全面建设和谐社会，实现均衡发展。

### 3. 当前新农村建设在理论与实践上的“两个困局”

随着新农村建设的深入开展，准确把握村庄发展和演变的不同趋向及其影响因素显得愈益迫切，没有对村庄类型和发展趋势的理论支撑，新农村建设将只能停留在试点层面而无法深入系统推进，如在实践中，一些地方不顾村庄发展趋势差异而一味求新求快、求大求洋。由于村庄之间差异大，空间上高度分散，新农村建设投融资重点和模式不能千篇一律。从总体上看，当前新农村建设过程中，由于理论与实践准备的不足，存在着两个困局。

一是理论研究缺乏村域经济视角。长期以来，对农村发展问题的研究大多以农户为中心，缺乏以村域经济为重点的研究（乔家君，2008），造成的结果就是对村庄特征变量，如村集体经济组织、村班子、村庄区位等的忽视，村与村之间的经济传导与资源联合配置机制往往也得不到足够的重视，关于村庄之间差距变化对村庄长期发展所造成的影响也缺乏考虑，这些都是新农村建设中应该首先注意的问题。研究对象应当由农户延伸到村庄层面，以便能够直接服务于不同类型村庄的科学规划，做到因地制宜，对症下药。此外，关于人口迁移动因方面，研究文献主要集中于收入的单一维度，而忽视了村域经济中就业、社保、公共服务等变量对居民生活水平的影响，而这些又与村庄的集体积累财富具有直接的关系。村庄财富多寡又成为能否更多地留住农民、保障村庄可持续发展的基本因素。

二是新农村建设缺乏系统的村庄类型划分。从新农村建设的政策上看，缺乏基于村庄不同类型的政策设计，多是宏观意义上的政策组合，村庄建设缺乏特色，政策上缺乏针对性。中央提出的“生产发展、生活宽裕、村容整洁、乡风文明、管理民主”概括起来，主要是两点：提高村民的收入水平与村庄的公共服务水平。前者取决于村民个体的资源禀赋条件；后者在城乡二元结构没有发生根本性转变的条件下，仍然主要取决于村庄集体经济实力。根据对北京郊区40个村庄的调查分析，村庄人均收入差距已经逐渐趋同，但是，村庄之间的集体积累差距在逐渐扩大。差距的扩大将对集体经济弱的村庄的村民产生向外迁移的激励效应，对集体经济强的村庄的村民产生不迁移的激励效应，甚至可以吸引外地人的迁入。村庄人口结构在一个较长时期的演变将意味着村庄发展的不同趋向。如果在政策上不能适应这种发展趋势的差异化而追求千篇一律，势必会引致新农村建设实践上的偏差，造成资源投入的巨大浪费。

总之，无论在理论上，还是政策上，推进新农村建设都迫切需要对村庄进行科学的类型研究，需要建立一种村庄甄别机制，以区分村庄的不同类型及其演变趋势。

## （三）三个基本问题

新农村建设的宗旨是吸引要素和资源向农村地区流动，加快村庄建设，促进城乡和区域的均衡发展，形成城乡一体化新格局，实现村庄之间的经济收敛也就成为新农村建设的题中应有之义。由于村庄发展的初始类型复杂，若想理清新农村建设的基本思路，需要回答以下三个基本问题：

第一，村庄发展的主要衡量指标是什么？

村庄发展的主要衡量指标包含人口规模、人均收入和村集体积累水平三个，它们之间也存在着相互影响的关系。

从一般意义上看，农村在由传统向现代转型的过程中，包含了农业产业化、农村工业化、农民城镇化和城乡一体化四个主要方面。农村现代化意味着村庄发生了深刻的社会结构转型，即农民的职业、生活方式以及基础设施等物质形态发生了深刻的变化。如昌平区北七家镇的郑各庄村，20世纪末加快了产业结构升级，集聚了大量的产业和人口，逐渐演化为一个现代化的城镇型社区。而更多的村庄，由于没能实现产业升级，农民在村内找不到收入更好的工作，只得去外地打工，这就使得原村庄成为一个生产要素输出的地区。这种村庄向人口净流入区和净流出区分化的趋势是村庄发展的一个基本事实，是思考村庄发展的逻辑源头。

农户收入水平与村庄集体积累水平是影响人口分化的两个基本因素并相互作用。二者均存在村际差异，但变化趋势会有所不同。有些村庄集体经济衰落下来，劳动力外流去寻找就业机会以提高收入水平；有些村庄集体经济可能发展起来，就业机会增加，吸引大量外来人口的流入，并最终形成村庄人口和劳动力的新的均衡。不同类型的村庄在这两个层面上的变化趋势可能会存在差异，形成村庄类型的动态变化。

第二，村庄收敛的影响因素及条件是什么？

为了科学地判断和预测村庄之间差异的未来演化方向，需要剖析和论证村庄发展的收敛性质、影响因素及条件。

首先，从静态角度对村际农户收入和集体财富积累差异进行分析。依据横截面数据，观察村庄差异的影响因素，对村庄差异进行初步的解释。

其次，从动态角度对村庄之间收敛性质进行分析。由于村庄属于小规模单元，若仅从某个时点上分析不利于控制各类随机干扰因素，需要进行动态的长时段观察，解释相同外部条件下村庄发展收敛速度差异的原因，进而对村庄分化以及对不同村庄的未来发展趋势进行预测。通过分析村庄之间在收入和积累两个层面上的离散程度的变化差异，再结合动态分析，就可以判断出村庄类型的动态演化方向。

再次，解释村庄之间人口规模分化的原因。目前关于解释村庄发展差异的文献大多未能探讨差异对村庄自身长期发展趋势的影响。例如，为什么一些村庄的村民要离开，而另一些村庄的村民选择留下来呢？按照新迁移经济学理论，人口的迁移不仅仅是由于农户的绝对收入水平的差异影响，还受到农户所处社区的相对收入水平的差异的影响。假设村庄内部农户的收入均匀分布，在村庄之间收入水平趋同的情况下，村际相对收入应该缩小，人口流动趋势应该减弱。而从一个长期的趋势看，村际人口规模仍然发生了剧烈分化。村庄分化的本质是随着人口与劳动力流动，加快村庄专业化进程，而人口流动主要取决于村民对不同地域生活状况比较之后的相对满意度。显然，收入不能成为村民给予满意评价的唯一决定因素。村庄持续存在的原因是由于其能够给村民带来的一系列效用满足，如就业、社保、福利、子女教育等，因此还需要考虑到村集体经济发展的影响。

最后，还需要对村庄发展的不同能力进行测量，建立村庄类型区分的甄别机制，为新农村建设中的村庄规划提供一个参照标准。对于那些发展相对缓慢的村庄，可以凭借这样的指标体系进行预警，建立村庄发展衰落的预警指标体系，从可持续发展能力上形成村庄之间的类型区分。

第三，如何选择新农村建设的路径？

新农村建设的战略设计应该结合村庄发展的不同类型、不同阶段、不同方向以及发展过程中需突破的体制机制上的障碍，应事先进行科学的规划，因地制宜地推进新农村建设，最终根据不同类型村庄的需要，形成有针对性的政策组合。分析村庄差异演化趋势及影响因素的主要目的在于揭示其对新农村建设路径选择的含义，指出新农村建设需要区分的村庄类型，对不同类型的村庄的建设重点应有所差异。因此，对村庄发展的内在规律的揭示成为新农村建设路径选择的基本理论依据。

## 二、研究设计

### （一）研究思路

总体研究思路主要是通过分析村庄间在收入和积累两方面差异的影响因素判断村庄发展趋势，由此来揭示新农村建设路径选择的含义。实证部分重点在于论证村庄差异在人均收入、集体积累以及人口规模三个方面的演化趋势、影响因素以及发展预测等。其中，集体积累是核心，在此基础上，提出推进新农村建设的路径选择。

主要逻辑是集体经济发展分化导致村际人口规模趋异，进而形成村庄类型的演化。对于一个村庄而言，在人口不断增多的情况下，需要有更多的土地和资本与之对应，否则在边际报酬递减规律的作用下，工资水平就会下降导致劳动力外流。只有少数村庄能够提供足够的就业机会留住本村庄的劳动力。由此，形成了村庄的两类分化趋势：一类村庄发展了非农产业，资本积累迅速，超过了村庄人口和劳动力增长的速度，提供了大量的就业机会，吸纳了大量的外来人口，成为非农业生产的地区；而另一类村庄由于不能进行有效的资本积累，未能及时进行产业升级，缺乏就业机会，导致大量流出人口，成为提供市场要素的地区，即所谓的“无工不富”。这是村庄发展的客观趋势，也是新农村建设战略构想的理论支点。

作者总体研究思路借鉴了社会核算矩阵（Social Accounting Matrix，SAM）模型的思想，从村庄间资源要素流动集聚与村庄专业化分工的角度来探讨村庄可能的发展趋势，阐述村庄的资源配置结构从内部非均衡向均衡转化、村庄间非均衡向均衡转化、城乡间非均衡向均衡转化的村庄发展所需经历的三个基本阶段。这种阶段的划分只反映村庄发展与新农村建设的一般逻辑过程，现实经济运行中可能是一个逐步递进与局部交叉并行的过程。

图1－2给出了研究的技术路线，反映了村庄在发展过程中经历变迁的基本分化趋向。具体来讲，包括了村庄发展的三个重要转换阶段（村内资源均衡配置阶段、村庄间资源均衡配置阶段、城乡间资源均衡配置阶段）、村庄发展中人口规模趋异的两个基本方向（人口流入村和人口流出村）和未来村庄发展的四种方向（城市化社区、城镇化社区、新村化社区和空心化社区）等。其中，农户效用函数是村庄人口变迁的基本动力机制，而人均收入水平和集体积累水平是影响农户效用函数的两个基本指标。前者决定了农户基本的生活质量，而后者反映了村庄的整体发展水平以及就业等社会福利水平，影响了农户对未来生活水平的综合预期，尤其是对自己子女未来生活质量的预期。目前，在相对落后的农村地区，人口的自然出生率非正常地快速下降，说明年轻人大多已经迁移到城镇等发达地区，并在当地开始新的生活。

技术路线图显示，村庄发展主要经历了三个阶段：

第一，村庄内部资源优化配置阶段。通过确立农户家庭的承包经营权，农户拥有了农业经营的剩余控制权，形成了对农户层级发展农业生产的激励，有效劳动投入增加，大幅改善了村庄内部的资源配置效率。随着人民公社解体，村集体经济组织地位相对提升，刺激了村庄发展生产的积极性，这种双重激励促使粮食增产迅速，农业多种经营局面形成。村庄内部产业结构发生显著变化，资源配置效率改善，形成了农村地区生产的普遍增长局面。村集体财富积累与农户收入均有了快速增长，农村改革实现了整体性的帕累托改进。

第二，村庄间资源优化配置阶段。在外部市场机遇相同的情况下，村际收入和积累的差距主要是来自村庄之间村班子成员的人力资本水平（能人因素）、区位条件、产业结构、产业组织以及体制等方面的因素差异。在村民效用最大化机制作用下，一些村庄成为人口流出区，向现代化的农场方向发展；另一些村庄成为人口流入区，逐渐向现代城镇社区方向发展。伴随着人口、资源和要素在村庄之间的流动，并在城市、小城镇或

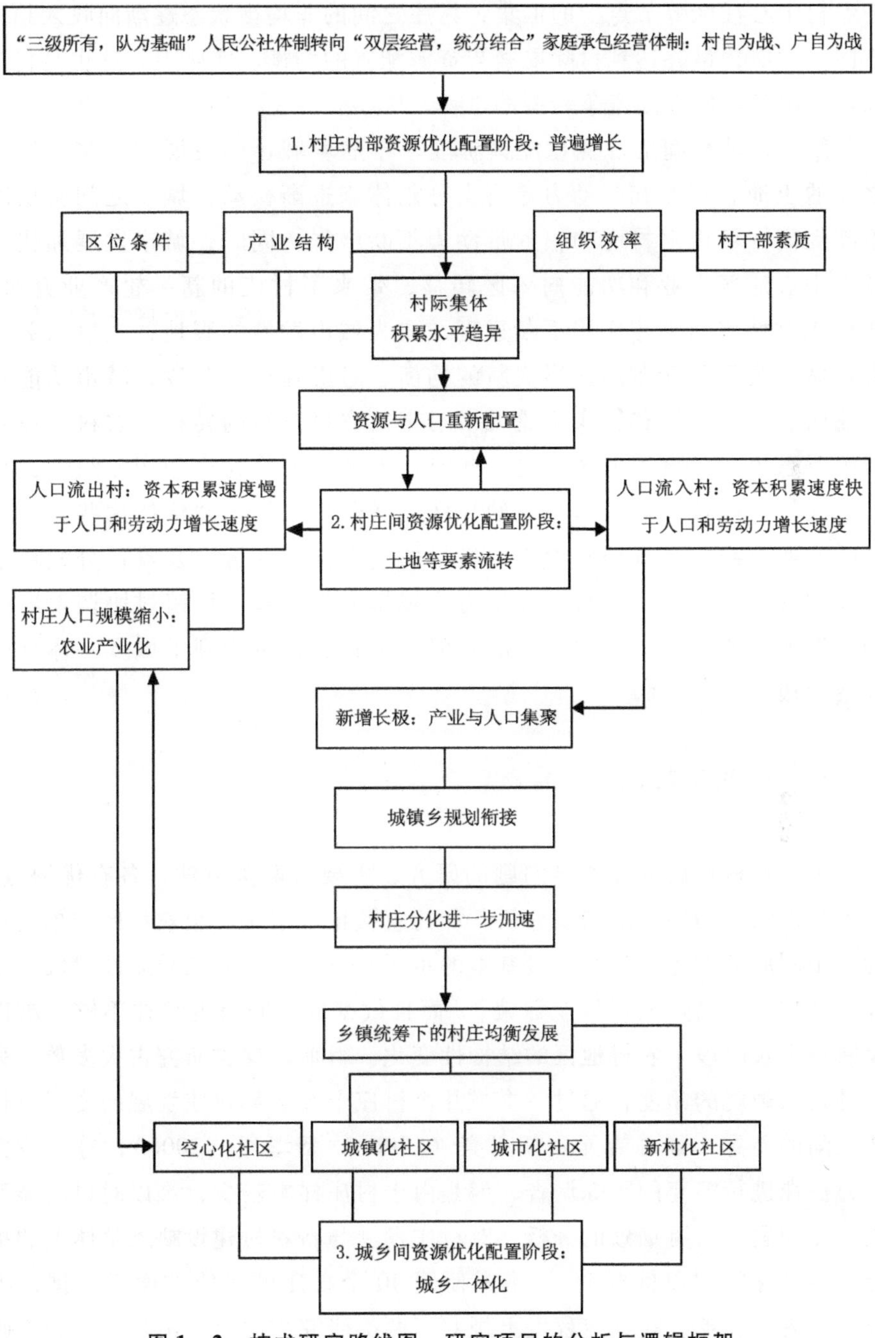


图 1－2　技术研究路线图：研究项目的分析与逻辑框架

新农村中心社区等节点上的汇集，村庄之间的非均衡状态逐渐向收入趋同方向上发展，最终达到村际要素与资源配置的均衡。实际上，这也是村庄间由自由竞争向垄断竞争转型的过程。

第三，城乡间资源优化配置阶段。伴随着城市的发展和扩张，城乡之间的土地、资本和劳动力等要素分割体制逐渐松动，城乡之间密切度不断提高，城市对村庄的辐射带动力不断增强。同时，城市发展加快了城市中心地区产业和功能向郊区转移，带来了村庄的新一轮产业升级，使村庄对城市的支撑作用不断显现，成为城市发展的腹地，人口与劳动力在城乡之间重新布局，形成新的均衡。考虑到这个阶段，城市功能和产业向农村地区转移，实质是城市财富向农村财富的转移，农村产业和组织形态也在向城市形态趋同。此时，需要发展跨村庄型产业组织，如乡联社、乡联营公司或跨村庄的片区性联营公司等，并依托这些高端形态的产业组织实现规划建设用地指标的集中优化配置以及收益分配环节的地利共享。最终，农村居民不再大规模进行迁移，城镇村协调发展的局面形成，既实现了资源配置的一般均衡状态，也达到了城乡一体化的发展阶段。

### （二）调研数据

关于农村地区内部差异问题的研究，主要有两类方法，各有优缺点：一种是以农户为中心的宏观分析，往往直接把用于某一个农村区域单元作为一个同质的整体，忽略了最基本的单元——村庄之间的异质性对农户个体的影响，容易造成“以全盖偏”。而且数据的时间跨度往往不够，难以反映一个长时段下农村地区的结构性变化。目前，这类研究占大多数。另一种是从微观的角度，通过一个或几个村庄个案解释村庄发展的变迁或村庄之间的差异，如陈吉元和胡必亮（1996），费孝通（2006），等。该类研究往往进行多年的跟踪调查，但是由于村庄样本较少，难以对村庄类型的演化问题进行更细致的分析，对村庄发展与新农村建设缺乏整体上的指导，容易导致“以偏概全”。本书使用 40 个村庄的系统的面板数据，吸收了二者的优点，在一定程度上规避了两类研究方法上的不足，更利于研究村庄发展中的整体结构性变化趋势，为新农村建设提供可操作性的支撑和指导。

### 1. 选择北京郊区的村庄的原因

本书调研对象选择在北京郊区，不仅仅因为数据的可得性，更重要的原因在于该地区所处发展阶段的特殊性。北京郊区的农村自改革开放以来，工业化、城镇化进程快速推进，已经基本接近或进入了现代化的阶段。农民收入和恩格尔系数都逐渐达到了富裕阶段，基本上完成了农村经济结构的转型。本项研究的案例和数据材料主要来自北京郊区 40 个村庄的问卷调查，具有四个重要特点：

第一，发展阶段上的相对完整性。研究村庄发展的一般规律，研究对象应基本完成由传统经济向现代经济的转型。即保证时间长度的同时①，也要保证当前发展阶段接近或已达到现代化程度。只有所选择区域在总体上完成社会转型任务，才能总结出村庄发展演变的典型性趋势，对其他地区具有借鉴价值。如果从全国范围或一般地区来研究村庄发展，就会由于尚未完成城镇化下的村庄转型，而只能总结阶段性规律和特征，由此得出来的结论对未来村庄发展缺乏前瞻性的指导意义。如许多采用了全国范围的跨省或跨县的样本的研究得出来的结论就不支持库兹涅茨倒 U 形假说（Khan 等，1992；李实，1993；赵人伟等，1999）。尽管周云波（2009a）引入城市化因素，从理论上论证了库兹涅茨倒 U 形假说，并且通过实证检验也测算出了转折点，但仍然未能看到完整的库兹涅茨倒 U 形曲线，也不能计算出转折点的明确时间段，而只能得出“也许三年或五年或者更长”的结论。即使聚集到江苏这样的经济发达地区，也未能看到典型的农村地区的倒 U 形曲线（陶应虎，2009）。然而，黄祖辉等（2005）通过浙江固定观察点的 10 个村庄的数据发现了近似的倒 U 形曲线。可见，所选择区域的空间范围必须缩小，而且经济发展水平要更高。数据显示，北京郊区的村庄已经基本完成了传统经济向现代经济的转型，进入了城镇化的后期阶段。这种发展阶段上的完整性便于研究者抓住村庄发展过程中的典型特征。在实证分

---

① 当然，时间也不能过长，如欧洲完成农村社会结构转型的时间跨度长达数百年，系统性、关键性数据早已无从查找。

析部分，也的确发现了北京郊区村庄发展过程中的库兹涅茨转折点。1978—2007 年，北京郊区农村收入总额增长了 176 倍，2008 年年末，农民人均纯收入达到 10747 元，农民恩格尔系数从 1978 年的 63.2% 下降为 2008 年的 30.9%，参照联合国粮农组织的标准，郊区农村总体上已经进入富裕阶段。而且，城乡居民收入比 2006 年达到 2.6 的高点后呈现逐渐缩小的趋势，未来将继续维持趋于缩小的态势（齐福全，2010）。通过泰尔指数分析，1988 年平原区的村庄人均收入差距达到库兹涅茨转折点。北京市郊区村庄案例体现了村庄发展的一般规律。

第二，空间区域上的多样性。地理特征是影响经济发展的一个重要因素，可以通过区位或资源禀赋上的差异影响村庄发展的道路。北京郊区空间区域形态多样，有城乡接合部、平原和山区，便于完整而全面地总结不同类型的村庄发展经验。全市土地面积 16410 平方公里，其中平原面积 6338 平方公里，占 38.6%，山区面积 10072 平方公里，占 61.4%。虽然面积不大，但是空间地理结构相对复杂，山区、丘陵、平原等多种地貌相互交叉，西北部以山区为主的区域中存在小面积的平原，东南部以平原为主的区域中又存在部分山地。这种复杂的地理结构决定了北京郊区新农村建设中的多样性。

第三，经济发展水平上的非均衡性。北京郊区区域之间在发展水平上的非均衡性主要体现为：从城乡接合部、远郊平原到远郊山区，经济发展水平呈现显著的梯形分布，村庄之间在发展速度上也存在显著差异。这种发展的非均衡性有利于解析影响村庄发展差异背后的各种因素。

第四，发展初始阶段上的结构相似性。改革开放初期，北京郊区由于诸多有利的因素，农村经济在农业机械化水平、农田水利建设、以工补农等多个方面已经走在了全国的前列。但是，由于受到长期的传统计划体制的影响，与全国一般农村地区具有结构上的相似性。如：城乡二元结构方面的体制性障碍；人多地少的资源禀赋结构；社区聚居的传统村落社区形态；以农业生产为主，农业劳动生产率低，存在产业升级压力；社区集体产权的模糊性；较低的人均资本存量和人力资本储备水平；人口对资源的压力沉重。

**2. 数据基本情况**

2006年年底，北京郊区总共有183个乡镇、3957个行政村。2007年，北京市农村经济研究中心调研组按照1%的比例抽取了40个村庄样本。为了保证样本的代表性，采用近似分层抽样方法，首先是以区县为单位，在区县内部进行非随机抽样，使得这40个村庄能够分布在城乡接合部、平原和山区三类地区，保证不同类型地区的代表性。调研数据从1978—2006年，共有1978、1988、1998和2006年四个时点，基本反映了改革开放三十年的北京郊区整体的发展历程。为了提高各时期之间数据的可比性，根据《北京农村统计资料》中关于北京郊区历年的农村地区居民消费价格指数分别对四个年度的数据进行了调整，剔除了物价上涨因素。

需要强调的是，村庄分化是伴随着一个较长时间的农户迁移过程而缓慢完成的。本书用了近三十年的一个长时段来考察村庄之间人口规模的变化，总结村庄发展的趋向。人口的流动往往是一个家庭在两代人时间内完成的，而不是像大多数文献从短期研究迁移动因及影响因素。长时段分析的好处是避免了短期性外部冲击，剔除政策上的短期调整对村庄的影响所造成的村庄变化的假象，更准确地归纳出影响村庄长期发展的本质性的因素。

调查指标主要分三个层面，包括农户收入、村集体积累和人口规模。具体指标包括：村庄经济总收入、参与分配人口（一般为农业户籍人口，也包括已经转居但仍留在集体经济组织的成员）、劳动力、人均劳动所得（等同于“人均收入”）、人均所有者权益（人均集体净资产）、产业结构、村庄人口与劳动力结构、村社区集体经济总资产与净资产以及人均所有者权益、农户收入结构、土地和耕地总面积及利用结构、社会保障、居住条件以及村干部受教育程度等情况。

从地域特点看，按照接受中心城区或区县新城辐射强度的标准划分，区位处于第一等级（城乡接合部地区）的村庄12个，占总调研村庄的30%；区位处于第二等级（远郊平原地区）的村庄17个，占调研村庄的42.5%；区位处于第三等级（山区）的村庄11个，一般位于远郊山区，占调研村的27.5%。样本村庄的基本情况如表1－1所示。

表 1－1　40 个村庄基本情况

| 区位类型 | 频度 | 占比 | 累计 |
|---|---|---|---|
| 城乡接合部村庄 | 12 | 30% | 30% |
| 平原村庄 | 17 | 42.5% | 72.5% |
| 山区村庄 | 11 | 27.5% | 100% |
| 合　　计 | 40 | 100% | |

从收入水平上看，村庄之间从高到低，具有较大动态和静态的差距和变化。以 2006 年为例，按照 1978 年物价水平，各村庄平均下来的人均年收入达到 4045 元，其中，最富裕的十里河村人均年收入达到了 11642 元，而最贫穷的仇庄村只有 2030 元，极值差率达到了 5.7 倍，最穷村庄仅有 40 个村庄平均水平的 1/2。从动态变化角度看，村庄间人均收入差距具有绝对收敛的显著特征，可以通过村庄之间的直接比较得到总体的印象。1978 年最富裕与最贫困村庄人均年收入的比值（极值差率）是 600∶1，1988 年比值降到 24∶1，1998 年则进一步降至 12∶1，到了 2006 年则变为 5.7∶1。

**3. 数据代表性问题**

调研中没有进行严格的随机抽样，而是选择这 40 个村庄为本文研究对象，这些村庄有些比较富裕，有些是相当于或略低于全市平均水平，其总体发展水平要高于全市平均水平。因此，有必要对样本选择及代表性进行解释和说明。

第一，研究所需要的面板数据用通常的抽样办法难以获得。为了分析村庄发展的趋向，进行类型划分，既需要进行横截面的比较，又需要时间序列的比较，因此，尽可能要获得面板结构数据。面板数据的使用（而不是单纯的横截面分析）可以使人们对于收敛性质分析进行更为准确和一致的研究。实际上，面板数据还具有多方面的优势：横截面数据和时间序列数据合并在一起的好处在于不仅可以捕获空间上的变化，而且还可以捕获时间上的变化；面板分析的另一个好处在于可以增加自由度，可以使人们研究更多的外生变量；此外，面板可以通过数据集来产生，可以把整个时期分割为更短的时期，最短的时间跨度将是一年。但由于短期的影响被给予了更多关注，因此在影响收敛的潜在要素的长期效果就差远了。经济研究文献表明间隔至少为三到七年，这将会减少周期性效果的影响，结合本书的数据，本项研究采用了八到十年的时间间隔。由于历史年代较长，村庄早期记录难以查询，通过严格的抽样调查的方式来获得从改革开放以来的村庄完整数据，显然是极为困难的。

第二，抽样调查在调查对象数量很少、占总体比例很低的情况下可能出现系统性偏差。由于调查内容庞杂，不可能对郊区近4000个村庄进行全面调查，只能选取少数村庄进行调查。但是，村庄数量较少，可能导致忽略村庄的重要类型。如城乡接合部地区的村庄只有200多个，仅大致相当于村庄总体的5%，如采用随机抽样办法，这部分村庄很可能会被忽视。北京郊区62%的地区属于山区，而山区村庄发展具有很多的特殊性，如发展相对缓慢，缺乏指导性意义，同时，大多山区地区承担着全市生态涵养功能，受外部政策影响显著，其发展变化难以体现村庄发展的内在规律性。本书更多选择的是平原地区的村庄，并适当选取了城乡接合部和山区的村庄，使村庄在空间意义上更具有代表性。40个村庄的具体区位分布如图1－3所示。这里要特别说明，由于时间较长，有些村庄名发生变化，在本书中村庄名称以调查时为准。

第三，本书研究所用数据充分权衡了区域差异，具有综合的代表性。数据的收集整理遵循了务实和规范相权衡的原则，采取分层抽样的办法，样本选择范围覆盖了从城乡接合部、平原地区以及山区的14个郊区县，然后对于具体村庄名单再由每一个区县上报的方式确定。这些村庄往往也是新农村建设的市级或县级试点村，这些村庄的数据相对完整。实际上，原先是计划调查富裕村，但是选择样本村庄时并没有执行统一的收入标准，而且尽量照顾到了村庄分布的多个层次和不同的区域，每个区县都选择2—3个村。调研数据时间跨度接近三十年。图1－4反映了40个村庄和郊区农村总体在人均收入上的变化趋势：1998年之前的二十年间，40个村庄的人均收入水平和总体在绝对水平和变化趋势上都是非常接近的，

**图 1－3　40 个村庄的区位示意图**

即 40 个村庄的数据与 4000 个村庄的总体数据不存在系统性偏差；1998 年后，40 个村庄的人均收入增长速度要快于总体，但是总体变化趋势是相近的。

第四，假设村庄内农户间差异分布的一致性。本项研究主要目的在于分析村际差异，对于村庄内农户之间的差异未给出分析。实际上，这也是由于数据获得受限而造成的。本书利用的数据主要是以村庄为单位的，没有获取单个农户的数据，大多数农户数据是以村庄为单位的平均值。因此，本书假设村庄内农户收入在村庄之间是独立同分布的。这同时也假设每个村庄的农户的自身禀赋水平的分布是一致的。

总之，尽管数据的选择没有严格遵循随机抽样原理，且平均水平比全市郊区水平相对要高，但是，这是在现有条件下所能获得的质量较好的数据，也适宜开展村庄发展领域的研究工作。

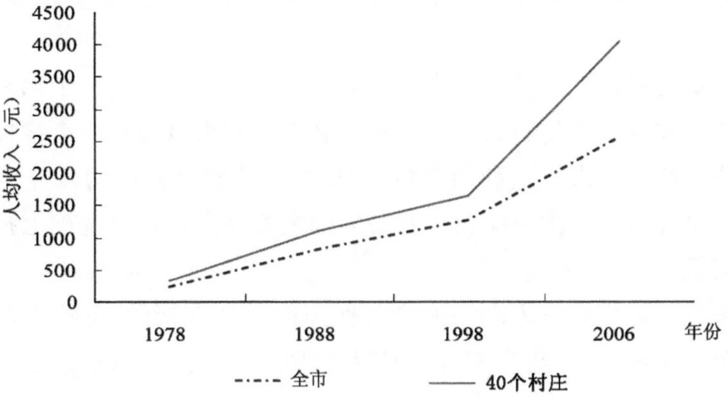


图 1－4　40 个村庄人均收入变化与北京市农村人均收入的变动趋势比较

## （三）研究内容

主要有三个部分：第一部分是提出问题，包括引言、文献综述和理论基础及概念界定三章；第二部分是对问题进行理论与实证分析，利用 40 个村庄的面板数据，分析和总结了村庄发展的典型化事实，提出了村庄发展的动态演化模型，探讨村庄差异的影响因素，建立村庄发展可持续能力的评估指标体系，从而形成关于村庄发展的理论，共五章；第三部分是政策应用，基于村富论，提出了新农村建设的路径框架构想及政策体系，共两章。每章的题目及具体内容如下：

第一章　引言。重点在于阐明选题动机，并提出新农村建设需要回答的三个基本问题、研究思路与方法以及研究的重要意义。

第二章　文献综述。主要从一个批判性的视角，对该领域研究梳理出一条线索。主要包括三个部分：村庄发展变迁的趋势、影响村庄发展的因素以及村庄发展的战略。在村庄发展战略部分中包括了关于新农村建设的一系列相关研究。

第三章　理论基础与概念界定。一是回顾和梳理与研究主题相关的若干基础理论，主要集中在对收敛理论、发散理论和增长的计量经济学以及库兹涅茨倒 U 形理论的阐述；二是对村庄、村庄发展与新农村建设等涉及的几个重要概念进行界定，阐释农户收入和集体积累之间的关系。

第四章　村庄发展的特征事实：假说的提出。总结近三十年来北京郊区在村庄总收入、人均收入、人均所有者权益和人口规模四个指标上村际差异演化的特征化事实。利用2006年横截面数据对村庄间差异给出一个初步的计量分析，观察影响村庄贫与富的主要因素，在此基础上提出村庄发展的假说。

第五章　村庄间收入水平的收敛性分析。对40个村庄间的人均收入进行收敛性分析，获得关于人均收入的收敛性质以及收敛速度的影响因素。

第六章　村庄间集体财富积累水平的收敛性分析。通过反映村集体经济组织积累水平的人均所有者权益指标分析村庄发展差异的两类收敛性质。将计量分析结果和人均收入收敛性质进行对比，对村庄类型的动态演化过程和方向给出初步的判断，完成假说证明。

第七章　村庄人口规模趋异的影响因素分析。分析村庄分化为人口流入村或人口流出村的影响因素和条件，重点揭示村集体财富积累与村庄人口净流向的关系，为村庄发展演化的动态模型假说提供进一步的实证支撑。

第八章　村庄可持续发展能力的评估指标体系。采用因子分析方法，提出一个综合判断和预测村庄可持续发展能力的评估指标体系，为新农村建设中的村庄类型划分提供客观的数量依据。主要涉及村庄发展能力预测指标体系建立的基本要求、原则、指标体系、权重及预警分析等。

第九章　新农村建设的路径选择。提出新农村建设中的收敛战略和集聚战略。基于村庄不同的区位类型，阐述新农村建设的政策组合，构建村庄发展与新农村建设路径选择框架。

第十章　结论。本章对全书研究的主要发现和结论进行总结，提炼创新点，并指出下一步研究的若干方向。

## （四）研究方法

### 1. 均衡分析

城乡一体化的实质是城乡之间实现要素和资源配置上的均衡，经济上实现帕累托最优，达到一般均衡状态。伴随着计划经济向市场经济的转型，村庄的发展与分化演变正是资源要素从非均衡状态向均衡状态转化的过程。城乡一体化是村庄发展的最终目标，村庄之间差别的消失也是城乡一体化的重要内容。破除村庄之间的市场分割，推进村庄专业化发展，加强地区之间的要素流动和集聚，实现资源在城乡之间的合理配置，缩小区域之间的差距，是全书分析的基本思路和着眼点。而村庄分化既是土地、资本和劳动力等生产要素在市场发育过程中为寻找市场均衡点不断流动的结果，又是破除市场分割的主要动力，成为城乡一体化的重要实现路径。

### 2. 定量分析

在实证检验部分，主要采用计量分析方法。运用现代增长理论中关于区域趋同与趋异的理论框架，分别对反映收入水平和村集体财富积累的两个不同的指标进行计量分析和检验，获取村庄发展动态过程中不同层面各自的趋同性质，并采用统计分析方法，进行数据与图表描述、马尔可夫链演化矩阵、村庄分组与排序、因子分析等，为建立村庄发展指标体系以及村庄发展与分化方向预测提供有效支撑。

### 3. 历史分析

通过对北京郊区的村庄发展过程进行回顾分析，尤其是大量案例的剖析，总结村庄发展与分化的基本脉络，从新鲜生动的发展经验中概括村庄发展的一般过程、影响因素。同时，弥补数量分析中数据自身的不足，增加论证的说服力，为村庄发展假说的论证以及新农村建设的路径选择提供有力支撑。

#### 4. 类型分析

根据对40个村庄进行的类型区分和类型演化分析，为新农村建设路径选择提供基础性的理论框架。如通过对不同地区的许多典型村庄案例进行研究，按照不同标准，在不同层次上对村庄类型进行横向和纵向的划分，因在不同地区的和处于不同发展阶段的村庄，其发展与新农村建设会有不同的着力点和发展模式。类型区分提高了研究的逻辑性、条理性，以及研究的政策针对性，一方面避免了单独研究少数几个村庄容易发生的“盲人摸象”的缺憾，另一方面又能避免从整体上笼统研究农村地区时难以识其骨架结构而“囫囵吞枣”的弊端。

## 三、研究意义

### （一）理论意义

#### 1. 阐释了村庄类型的动态演化方向和动力机制

村庄发展研究领域关于村庄类型动态演化的文献研究尚不多见。该研究基于新古典经济学关于区域增长收敛与发散的基本原理和北京郊区40个村庄近三十年的发展数据，从收入和积累两个维度形成四类村庄组合，并通过这两个指标的不同演化趋势揭示村庄演化的轨迹，建立了村庄类型动态演化的模型。

#### 2. 探讨了村域层面的收敛性质

对于农村地区内部差异多是从宏观角度进行分析，而从微观村庄层面分析农村地区内部差距的成果并不多见。这主要是与村级数据的难以获得有着直接的关系。该项研究把增长理论中的收敛理论应用于村庄差异分析。据目前文献所及，本书首次从村庄微观视角，运用$\beta$－收敛理论分析农村内部差异变化趋势问题。

#### 3. 建立了村庄可持续性评估指标体系

中国村庄类型多样且高度分散，如何从动态发展角度对村庄类型进行划分是一个重要的理论问题。该研究不是简单地从建成新农村目标的静态角度出发，而是从北京郊区村庄分化动态演变趋向的视角，运用因子分析方法建立了村庄可持续发展能力的评估指标体系，便于对单个村庄的分化方向进行预测。

#### 4. 建立了基于农村发展的一个理论框架

刘—费—拉模型未能将关注的重点放在劳动力转移后的乡村发展上。Todaro 模型提出了长期以来忽视村庄发展的问题，但没有系统分析村庄自身发展的问题。速水佑次郎对村庄的发展变迁虽然进行了详细分析，但没有进行村庄类型的具体分析。本书利用北京郊区村庄发展的经验，分析影响村庄发展，特别是影响村集体财富积累的关键因素，判断村庄发展差异演化的不同方向及其影响因素，形成了基于农村发展的理论框架。

### （二）实践意义

#### 1. 提出了新农村建设的政策建议

通过系统研究村庄发展差异演化的基本方向及其影响因素，探索村庄分化演变的内在规律，论证村庄发展演化的不同方向和类型，提出新农村建设的路径选择和基于区位特征的政策组合，有利于提高新农村建设政策的针对性，提高财政支持新农村建设的资金使用效益。

#### 2. 为乡村规划提供了客观的评估方法

新农村建设需要规划先行，特别是要进行镇域总体规划和镇域村庄体系规划。过去判断村庄未来发展走向往往根据一些区位等经验性指标分析，缺乏客观数据标准。通过建立村庄可持续发展能力的评估指标体系，可以为村庄演变趋势提供数量化的参照依据，对新农村建设中开展乡村规划具有重要参考价值。

**3. 为推进城乡一体化提供前瞻性的指导**

新农村建设与推进新型城镇化类似一个硬币的两面，是实现城乡一体化的两条基本路径。通过村庄发展理论研究，特别是对集体经济发展的规律性总结，对在政策上合理地处理城市化、城镇化和新农村建设的关系，探索新型城镇化道路，构建城乡一体化新格局具有重要的现实意义。

**4. 提供了新农村建设的北京经验**

北京郊区村庄较早完成了传统农业经济社会向现代服务业社会的转型，其经验性规律的总结可以为其他地区的新农村建设提供具有前瞻性的示范和指引。

# 第二章

# 文献综述

目前，关于村庄发展问题在人类学、社会学乃至政治学领域里已经有了相当多的文献积累。但采用经济学方法，从收敛性的角度来分析村庄发展问题，尚不多见。从农村内部差距研究领域看，大多集中于省市级区域性的宏观研究，村庄单元层面的微观研究不足。本章主要从村庄发展的趋势、差异影响因素和发展战略三个方面，基于经济学的基本原理和分析方法，梳理村庄发展以及新农村建设等领域的相关文献，阐述本项研究的理论与实践意义。

## 一、关于村庄发展的趋势性研究

### （一）村庄经济模型

#### 1. 村庄的基本特质

最早关于村庄经济与制度等问题的研究属于人类学家的研究领域（Taylor、Adelman，1996）。这些研究提供了分析和思考村庄经济、社会与文化制度的窗口，但就其大部分而言，均未能深入到数量模型化分析的路径上来。速水佑次郎（1989）对村庄社区的基本特质进行了研究，并就村庄社区与市场二者各自的作用与局限性进行了分析，阐释了二者之间的互补性，他认为村庄社区可以在解决生产外部性、降低交易费用、促进社区互助等方面发挥重要的作用。然而，由于未扩展到对多个村庄社区的综合比较分析，而不能从动态的角度解释村庄差异及影响因素等一系列问题。Feuchtwang（1998）以1991—1993年在中国调查的10个行政村庄为例，从村庄的正式或非正式产权制度、行政组织对村庄边界的确认、作为村民行使政治权利的工具以及农户组织等角度对村庄概念进行了界定。

**2. 村庄经济模型**

村庄由于具有自身的运作机制，许多学者试图通过模型化的方法研究村庄。陈万灵（2002a）运用重复博弈的分析方法比较完整地构建了村庄社区的经济学模型，揭示了村庄的一些内在运作机制，但由于不能对村庄长期演化问题进行深入分析，其研究未能对村庄进行类型上的总结，也未能对村庄经济模型进行综合性的概括。

整个村庄经济模型的构建主要是基于社会核算矩阵（SAM）模型和可计算一般均衡（Computable General Equilibrium，CGE）模型。Taylor和Adelman（1996）突破了以农户为中心的农村研究范式，从农户之间的经济联结的角度，建立了村庄经济的SAM模型和CGE模型，由此不仅可以观察农户的行为规律，而且可以反映农户相互之间的经济影响，并能够模拟外部政策环境的变化会对村庄经济形成的冲击。

大多数研究在分析外部政策对村庄经济发生影响的时候，主要使用了两种模型：一是微观的农户—农场模型，二是SAM模型。第一种模型存在两个缺陷：一是忽视了农户之间的经济关联性（Taylor和Adelman，1996），农户—农场模型的大量文献（Barnum和Squire，1979；Singh、Squire和Strauss，1986）主要是解释农业价格政策如何影响城市地区可获得食物的市场剩余问题，而在现实中农户—农场模型拥有一个极微小的经济规模，尤其当存在市场失灵的情况下，农户可以通过非贸易品实现供给和需求的均衡，由于不能探察农户之间的经济关联性，可能会获得误导性的研究结论，包括经济政策与市场变化对农村经济影响的有偏估计；二是农户作为基本决策的单位不具有广泛的通用性，生产与消费的决策往往是在不同的单位之间作出。第二种模型即SAM模型，恰好可以弥补这两个缺陷。

SAM模型最初源于Stone（1978）通过投入—产出分析方法来协调国民收入和生产账户的研究，当考虑政府政策等其他外生变量对村庄的经济影响的时候，需要建立村庄经济的数量模型。Taylor和Adelman（1996）提出了一个微观意义上的可计算的一般均衡（CGE）模型，这是一个介于农户—农场模型和加总后的可计算一般均衡模型之间的研究方法，将农户—农场行为整合进一般均衡模型中，可以捕捉到村庄内部各主体之间的关联性和一般均衡的反馈机制。利用SAM模型可以观察到村庄经济结构、村庄制度以及村庄与外部世界的作用，由于这个模型提供了一个村庄经济行为的整体性的计算框架，可以模拟出当外部经济、政策和环境变量变化时，其对村庄生产行为和制度的影响。SAM模型也存在一些缺点，如SAM乘子的线性特征、凯恩斯假定下的不存在资源约束的需求拉动的村庄经济以及由于不存在价格导致对政策分析的一些局限等。Taylor和Adelman（1996）把微观的农户—农场模型和SAM模型结合在了一起，并逐步突破了SAM模型的一些缺陷，解决了农户决策的资源约束、非线性以及价格效应等问题。但是，这些村庄经济模型的主要用途是模拟或预测村庄对政策冲击的短期反应，不能揭示村庄经济的长期差异化演进特征。

## （二）中国的村庄发展

费孝通（2006）的《江村经济》是一部较早剖析中国村庄经济发展与变迁的经典著作。他通过分析村庄经济体系的形成与地理环境以及社会结构的关系，从人类学的角度构建了中国式村庄的经济运行框架。作者于20世纪的50年代和80年代对江村进行了两次回访，做了历史的对比分析，总结了一个村庄的半个世纪的发展变迁历程，分析了不同时期的发展影响因素，其中也提出了如穷队与富队之间发生分化等村庄变迁的问题，对研究中国村庄发展具有重要意义。在20世纪80年代初期，费孝通根据江苏的发展经验，进一步提出了小城镇发展的可能性，开始把小城镇与村庄发展结合起来。但是在实践中，由于受到城乡二元结构改革滞后和理论研究认识上的分歧等种种因素，这条道路走得十分艰难且异常曲折。

新中国成立以后，适应计划经济体制建立起来的人民公社制度，使大队成为公社下的一个车间，缺乏独立经济主体地位。改革开放以来，人民公社逐渐解体，村庄的地位开始凸显出来，成为独立的经济核算单位，产业结构上突破了“以粮为纲”，为村庄谋求自身发展提供了有效激励，一些村庄产业快速升级，资本积累不断加快，开始呈现出多样化的村庄发展新格局。折晓叶和陈婴婴（2000）通过“超级村庄”概念，提出了乡土社会内源性发展的可能性、能人的作用以及重建社区共同体等问题。陈万灵（2002b）用经济学的方法分析了农村社区发生的综合性变迁，对同一宏观背景下农村社区变迁的多样性进行了分析，从逻辑起点、分析方法和社区组织理论的角度构建了村庄社区研究的经济学框架。

近年来，伴随着新农村建设在实践层面的不断展开，许多研究（张秀生等，2005；王新、黄庆杰，2005；张强，2008b；李俊英，2008；等）结合各类村庄变迁的典型案例分析，在结构调整、制度变革等多个层面论述了村庄变迁的路径及相关体制问题。张强（2005、2006、2007、2008a）从北京郊区的发展实践出发，从城市郊区化视角分析了村庄居民点的分化演变趋势，阐述了村庄分化的基本方向和可能的途径，提出了对不同地区采取“转”“限”“建”为主的政策思路。

## 二、解释村庄差异影响因素的相关研究

村庄具有相对封闭的产权边界，一个村庄就类似一个独立实体。研究村域经济发展绩效的差异与研究国家间或地区间发展差异存在相通之处，可以借鉴区域经济收敛性理论中的部分分析方法。

### （一）穷国与富国

“为什么一些国家富裕，而一些国家贫穷？穷国与富国之间能否缩小差距？”自从大卫·休谟提出关于穷国与富国问题以来，关于国家或地区之间经济增长绩效差异的讨论一直是经济学尤其是增长与发展经济学研究的焦点。经济学家从不同的角度进行分析和回答，如企业家精神（奈特，1921；熊彼特，1990；张培刚，1949；等）、区位（屠能，1985；韦伯，

1997)、制度变迁（诺斯、托马斯，1998；诺斯，1994a、1994b；速水、拉坦，2000）等。现代经济增长理论是在不断争论和纠错的过程中发展的。

作为最早的现代经济增长模型，哈罗德—多马模型仅用资本和劳动比例外生给定的方法解释经济增长，得出资本主义经济不能实现持续稳定增长的结论。由此引发的对新古典生产函数的经验调查也证实了资本和劳动本身投入的增加不能解释总生产率的趋势。此后，经济学家不断将各类生产要素内生化（左大培、杨春学，2007）。

先是将资本—劳动比例关系内生化。以Solow模型为代表的新古典增长理论运用新古典经济学的分析框架来分析经济增长的决定因素。对于边际报酬递减的假设无法解释经济长期增长的问题，Solow认为技术进步是一个受到忽视并能解释增长中要素自身不能解释的剩余部分。

在现代国家里，教育水平的提高和技术的改进与资本、劳动数量的增加相比，已成为更重要的经济增长源泉。丹尼森（1962）利用实证数据证明了Solow余值问题。据丹尼森估计，1909—1929年，劳动和资本投入增加对美国GDP的贡献率占65%，改进教育和技术的贡献率占25%，其他因素占10%。1929—1957年，劳动和资本投入增加的贡献率已经降低到42%，改进教育和技术的贡献率提高到47%，其他因素占11%。表明改进劳动和资本的质量日益成为经济增长更为重要的源泉。

Solow模型中把技术进步作为外生变量引入，相当于用技术进步解释技术进步，不能解释经济发展的内在动因，在理论上无法令人满意。罗默和卢卡斯为代表的新增长理论学派通过技术的边际报酬递增解释了经济长期增长和经济发散，实现了技术进步率的模型内生化，又被称为内生增长理论。

综上所述，现代增长理论主要是从技术进步的角度解释增长的差异（Solow，1956、1962；Romer，1986、1990；卢卡斯，1988），并形成了新古典增长理论和内生增长理论两个主要的学说。但是，二者对未来经济增长的趋势存在截然不同的观点，前者认为伴随着资本、劳动等生产要素的流动，穷国与富国的发展前景是趋同，而后者则认为由于边际报酬递增的存在而使经济会趋异。平息二者之间的争论只有借助于实证检验的办法。

## （二）国家或地区间的收敛性质

关于β-收敛的研究大致经历了三个阶段（Islam，1995）。第一阶段是绝对收敛的研究。为从实证角度验证国家间是否存在趋同的问题，Baumol（1986）分析了Maddison1870—1979年的数据，得出了市场经济国家在这一阶段发生了显著收敛的结论。在这项开创性的研究中，存在一个暗含的假设：样本国家存在一个相同的收入稳态水平，这一收敛概念后来被称为绝对收敛。

第二阶段是条件收敛与俱乐部收敛的研究。De long（1988）从样本选择偏差和测量误差两个角度对Baumol（1986）提出了质疑，进而否定了在国家之间存在绝对收敛的可能性。以Barro和Sala-i-Martin（1992）及Mankiw、Romer和Weil（1992）为代表，提出条件收敛概念，扩展了新古典增长理论的解释边界。关于地区差距问题国内已经有大量研究文献。魏后凯（1997）运用1952—1995年的中国官方数据，论证了国内各地区人均GDP增长的收敛特征。蔡昉等（2002）、蔡昉和都阳（2000）、蔡昉、王德文和都阳（2001）通过分析中国东中西部的地区差异，证明现实中存在着俱乐部收敛，而要获得β-收敛需要控制不同地区在人力资本禀赋、市场化程度和政策扭曲等方面的差距，即中国地区经济发展中存在β—条件收敛特征。本书选取的村庄样本限于北京郊区1.64万平方公里的区域内，村民偏好、技术条件以及资源禀赋结构具有相对的同质性，可以有效地减少异质性问题造成的影响。

以Islam（1995）为代表的一些学者通过面板数据方法分析国家或地区之间收敛性的收敛理论是发展的第三个阶段，主要是采用面板数据的计量模型方法，放松了关于国家间生产函数的参数一致性假定，使理论进一步向现实接近。

## （三）农村内部的差异

### 1. 宏观研究

20世纪90年代以来，大量学者开始用实证的方法分析农村地区的发展差异问题，但大多是基于省级单位数据的宏观分析。魏后凯（1997）经过对1985—1995年中国城乡收入差异的泰尔指数分解认为，这期间全国城乡收入总体差异的扩大，55%源于城乡之间收入差异的扩大，38%是由农村地区内省际收入差异引起的。在城乡居民收入总体构成中，城乡之间的居民收入差异约占50%，农村地区内省际收入差异占45%左右。而城镇地区内省际收入差异对总体差异的贡献很小，平均不到5%。唐平（1995）、鲜祖德等（1995）均得出了农村地区人均收入差异自改革开放以来趋于扩大的结论。黄祖辉等（2005）进一步得出了1978—2002年农村地区内部收入差距增幅明显高于城乡之间差异增幅的结论。

由于大部分文献是以全国农村总体为研究背景，以省级为基本单位，忽略了省内不同农村地区在发展水平和发展阶段上所具有的显著差异性，因此，应加强微观层面研究，提出更具体的建议。

**2. 微观研究**

农村地区首先是由一个又一个的村庄构成的，解释农村地区内部的差异不能不研究村庄之间发展的差异。同时，村庄经济发展的差异直接影响了村庄人口迁移的方向，决定了村庄发展的长期趋势。

根据村庄发展的一般经验，影响村庄差异的因素主要来自村班子的企业家精神、区位条件以及产业结构和产业组织发育水平。能人往往是人们在回答村庄差异问题上首先想到的因素，中国历来存在乡绅权威主导下的乡村自治传统，这方面分析大多见于政治学的文献，未能给出能人效应的经济学解释。而把能人与集体经济联系起来是解释村庄差异的一条线索（吴毅，1998；项继权，2002；等）。其他相关文献，往往从组织体制因素（裴小林，2003）、家族网络（彭玉生、折晓叶、陈婴婴，2003）等角度对村庄发展进行解释。

从经济学角度解释村庄差异更多的是从分析乡镇企业开始的。改革开放后，一些村庄由于乡镇企业的发展，产业结构逐渐向非农化方向转变，导致村庄之间经济绩效上的差异（陈吉元、胡必亮，1996；王晓毅、朱成堡，1996；郭玮，1996）。随着村庄层面数据的丰富，从村域经济的角度分析农村地区内部差距的研究开始增多。Rozelle（1995）通过40个村庄之间的比较，指出由于乡镇企业发展而带动的村庄非农化转变是造成村庄之间经济绩效差异的重要因素。

黄祖辉、王敏、宋瑜（2005）利用浙江固定观察点的 10 个村庄的数据，从村庄内部收入差距和村际收入差距两个层面分析了差距产生的原因。村庄内部收入差距主要来自居民要素禀赋上的差异，村际收入差距则是由外部市场环境在区域间分布差异和村庄总体要素禀赋差异共同作用的结果。从影响因素来看，基本上是外部市场环境通过企业家才能要素影响了收入差距的变化。对于村庄内部而言，通过改变企业家才能收入比重影响村庄内收入差距；对于村际而言，则是通过改变企业家才能收入在村际间的分布状况——集中率，同时在一定程度上通过改变企业家才能收入比重产生影响。

张晓辉等（2007）基于全国 9 个省 121 个固定观察点所在村庄和这些村庄的观察点农户的分析发现：村庄集体经济实力对村庄公益事业发展具有显著的影响；村庄人均收入高低对公益事业的影响作用很小；外出劳动力数量和公益事业投资额度呈负相关关系。

吴仲斌、宋洪远（2008）通过对 309 个村庄的调查数据，以村为研究单位，运用简单平均数、基尼系数和泰尔指数对中国农村地区的村际社会总产值差距进行了测度，并进行了产业和地区的分解。研究发现：社会总产值的差距远远大于居民纯收入的差距；从产业结构上看，第二产业差距是主要原因；从地区结构看，组间差距和东部地区内部差距是主要原因；西部地区的差距主要是农业差距。

这些关于村庄之间收入差异的分析和研究对于解释村庄差异的原因具有重要的理论价值。但是，由于对村庄之间发展差异的动态对比研究比较缺乏，难以通过村庄收入差距动态演化来揭示其对村庄发展演变的趋势，使其实践层面的应用价值受到一定局限。

## 三、村庄发展与新农村建设战略研究

决定村庄发展的因素有很多，如产业结构、公共服务、基础设施以及体制变革、市场发育等。但其核心是要在村庄形成资本积累机制，增加的劳动力和增加的资本相互对应，实现扩大再生产，不断提高村庄社区生活水平。如何实现村庄的资本积累是推进村庄发展的战略着眼点，这实际上与发展经济学中关于国家或地区发展的基本原理也是相符的。

## （一）国外研究情况

从空间上看，村庄空间区域的连续加总构成了农村地区，村庄发展的内容往往包含于农村发展之中。国外关于农村发展问题的研究，最初是Todaro针对刘易斯模型的缺陷而提出来的农村综合发展模式，后来Hayami做了进一步研究，系统提出了基于农村的发展战略。

### 1. 经济发展的机制：刘易斯二元经济结构模型

农村发展理论的首要问题是阐述农村发展的基本机制，然后再逐步拓展。刘易斯二元理论阐述了经济由传统阶段向发达阶段转型的动力机制，成为农村发展机制的理论先导。探讨村庄发展问题，仍然需要从发展理论的源头——刘易斯二元模型起步。刘易斯二元模型理论自创立以来，就不断地受到以新古典经济学派为代表的主流经济学家的各式各样的批判，焦点集中在劳动力无限供给和传统部门劳动力边际生产力为零的假设上面。实际上，这并不是该理论的重点，刘易斯模型的主要目的是阐述不发达经济向发达经济转型的动力机制。

对此，刘易斯在第一篇论文（Lewis，1954）发表后的第四年（Lewis，1958）和第十八年（Lewis，1972）分别给予了两次正式的回应，并提出了一系列新的观点，发展了原来的刘易斯二元模型理论。如Lewis（1972）再次重申了零边际产出假设对于模型本身不具有根本上的意义，其主要基于两点考虑：一是为了比较资本主义部门和非资本主义部门的相对产出增长率，因为这将会影响到利润和储蓄在国民收入中的比重，而由于零边际产出的假定，非资本主义部门的产出不会因为本部门劳动力的流失而受到影响。二是考虑到非充分就业劳动力能否与有生产性的资本形成相结合。零边际产出的假定无疑也是有意义的，但也绝非完全必要。实际上，只要转移后的劳动边际生产率高于原来的边际生产率就可以了。此外，还有必要区分边际生产率概念是针对一个人为单位还是针对一个人劳动的单位时间，显然就后者而言，边际生产率明显是不能为零的。而

Lewis 显然是指前者，而且在后来的文章中特别提到了农业劳动力需求的季节弹性。甚至 Lewis（1972）文中认为提出边际生产率为零的假设完全是个错误，只需要假定在既定工资前提下，劳动力的供给大于需求就完全可以了。而恰恰是劳动力的无限供给作为一种资源优势，在经济发展过程中，在阻止工资上涨的同时，促进了资本形成（Meng，1990）。如果农村地区出现现代工业部门，农村地区也会发生劳动力在农村地区内部的转移和农村地区内部储蓄率的上升。

然而，另一个事实是，源自于刘易斯二元经济理论对经济部门的二元划分，传统部门以农业为主要代表，现代部门以工业为代表，导致了一种根深蒂固的认识上的偏差：把现代工业部门当作经济的发动机，而把农业仅仅作为剩余劳动力的提供者（Dutt，2002），后来发展中国家采取转移农业剩余支持工业、农村支持城市的发展战略或许与此有关。对于经济两部门划分，即所谓二元经济中的二元只是在资本主义部门与非资本主义部门之间划分的。无论资本主义部门是工业或农业、是在城市还是在农村，模型都是有效的。因此，不能简单的将工业和城市挂钩、农业和农村挂钩，造成城市和农村的绝对的二元式划分，这与模型的本意就相差甚远了。

通过对照可以发现，刘易斯二元经济模型的提出，其重点不在于劳动力无限供给，也不是农业劳动力的边际生产率为零，更不是劳动力从农业向工业转移或从农村向城市迁移，而是主要针对以亚洲地区为代表的人口稠密国家①在经济发展的初期阶段，在古典经济的框架下，以资本形成为理论分析的核心，为这种经济提供一种新的发展机制，并由此搭建了古典经济通向新古典经济的桥梁，也形成了经济发展三个阶段（古典阶段、

① Lewis（1954）指出，在欧洲的一些地区，劳动力的供给是有限的，已经度过了古典时代，进入新古典时代的经济自行扩张阶段。而在亚洲的一些地区仍具备标准的古典特征，劳动力的供给是无限的，经济的扩张不能自动形成。包括亚洲经济学家本身在内，当时的绝大部分新古典经济学家对此都没有表现出足够的兴趣，在 Lewis（1954）之前的近 100 年的时期，经济学家对这种类型的经济研究几乎没有取得任何的进步。Lewis（1954）从政治经济发展不平衡的大视角下，把亚洲的这些地区类比于活化石式的前资本主义地区，并考察了 Keynes 的通论，指出其虽然假设了劳动力的无限供给，但由于假设了资本和土地的无限供给，只能是新古典框架的，不能为亚洲为代表的这些地区提供理论上的统一框架。

转型阶段和新古典阶段）的理论。①

Lewis（1954）谈到该论文写作的目的时指出："本文试图放弃古典框架中劳动力供给缺乏弹性的假定，而先后在一个封闭与开放的经济中考虑如果采用古典框架分析收入分配、资本形成以及经济增长会得到什么结论"。而 Lewis（1972）则开篇就明确道出文章的主旨是为在初期阶段不断增长的经济提供一个储蓄部分能够在国民收入中快速上升的新的理论机制，而其经济的增长主要是由现代部门生产的膨胀所导致的。文中所举例子除了处于经济发展早期阶段的英国、法国和美国等发达国家之外，更多的是那些经济欠发达的、人口稠密的亚洲和部分非洲国家，如日本、印度、埃及等，为那些人地关系紧张、资本短缺的国家实现经济增长提供了一个重要的理论框架和理论支撑。即在经济发展的第一个阶段，技术进步提高了资本的利润率，而在既定工资水平下劳动力供给大于需求（不一定要求劳动力无限供给，或传统部门劳动力边际产出为零）的情况下，实际工资保持不变，造成国民收入中利润比例扩大，并转化为储蓄。假设在储蓄等于投资的情况下，这些提高的储蓄全部转化为资本积累，雇佣更多的劳动力，直到资本的边际利润率不再增长为止。达到这一点的条件是，劳动的供给弹性由完全供给弹性转为缺乏供给弹性，劳动工资部分在国民收入中的比重开始逐步提高，即在要素丰裕程度上，资本追赶上劳动。这个时候，经济分析的框架也就由古典经济理论转化为新古典经济理论。在这个时间点上，现代部门的劳动边际生产率和传统部门的工人的边际生产率达到了均等。

在应用刘易斯二元经济模型的时候，应该明确模型本质上是提供了一种在人口稠密地区、经济发展初级阶段的增长机制，既可以单独用来分析城市地区的经济成长，也可以用来分析农村地区的经济成长。农业劳动力向工业转移和乡村劳动力向城市转移，仅仅是刘易斯二元经济模型分析中所呈现出来的某一些现象，而不是体现模型本质规定性的内容，当农业实现产业升级的时候，工业部门的劳动力也会转向农业。实际上在分析劳动力转移的时候，更典型的是把经济划为这样两个部门：一个是传统的前资

① 虽然 Lewis（1968）没有明确指出，但是在 Lewis（1968）两个转折点的理论中已经包含了发展中经济的三阶段思想。而其中的新古典阶段，也就类似于城乡一体化阶段。

本主义的自我雇佣式部门，这些部门的收入仅能使劳动力维持基本的生存；另一个部门是现代的资本主义部门，劳动者受雇于资本所有者，由于实际工资不变，资本家独享了技术进步的收益，造成了资本主义生产方式的扩张和劳动力需求的持续增长。显然，这种二分法并不一定和城乡区域的二分法相对应，现实中，农村地区照样可以出现传统部门和现代部门的二元结构，因此刘易斯模型可以提供对农村发展的理论支撑。

**2. Todaro从城市失业角度提出了农村发展战略的问题**

刘—费—拉二元经济理论模型在实践中往往表现为农业剩余劳动力由农业向现代工业的产业转移和由农村向城市的空间地域转移的双重过程。但是，发展中国家剩余劳动力转移的实践表明，伴随着劳动力向城市的转移，城市失业率和城市贫困日益严重，甚至产生了贫民窟现象。由此，人们重新开始审视农村地区自身发展所具有的战略意义，而在刘易斯模型里面，几乎找寻不到任何关于农村如何发展的系统分析。

针对发展中国家长期以来对农村发展的忽视以及由此造成的过度城市化问题，Todaro（1980、1981）指出：由于城市劳动力膨胀的速度远远超过城市就业机会增长的速度，产生了大量失业人口。在此基础上，提出了城市发展的最终解决办法在农村的观点，需要纠正城市偏向的发展战略和政策，分短期和中长期来推进农村发展。

短期（5年内）政策主要包括五个方面：公共项目建设，包括道路建设、灌溉及供水设施建设以及营销和储存设施建设，这些项目主要服务于农村的无地农民、无技能和缺乏技能的农民；农业价格支持，包括农业保险以及促进农业出口的适宜的汇率政策等；为农户提供信用项目，如地方投入与拓展服务项目等；固定城市真实工资水平；建立城市就业信息组织，更好地实现劳动力供给与需求的匹配等。

中长期（5—10年）政策主要集中在分散化的城镇化方面，如发展农村集镇、农村服务中心和地方性城市。特别强调的是，农村的发展不能单纯地依赖小规模农场和大规模农场的扩张，而是依赖于小城镇或服务中心的建设和强化，以满足农村多元化的需要。为此，需要进行一系列的结构和制度变革，主要包括：进行土地改革，实现对农村资产和收入机会进行再分配，同时通过信用、投入改善、建立新的仓储和营销设施提高生产效率；多元化的城镇化路径，包括建立新的城镇、加强现有的农村服务中心和集镇建设等；政府通过扶持政策激励地方企业家精神，创造新的就业机会；促进技术进步，发展农村“适宜的技术”，以最小化地使用稀缺要素。此外，还应改革以追求学历为目标的教育制度，调整教育结构，发展实用性强的中等及职业教育，为农业及农村发展提供人才。

#### 3. Hayami 提出了基于农村的发展战略

Todaro 的农村发展理论大多是观点的陈述，未能对基于农村的发展进行更为深入和系统的分析。直到 Hayami（1998）在东亚农村发展经验基础上进行的研究，才使得 Todaro 关于农村发展的认识得到进一步的深化。

二战后的东亚崛起引起世界关注，被称为一种发展的奇迹（Hayami、Aoki，1998）。日本的发展经验先被韩国、中国台湾、中国香港以及新加坡等新兴工业化经济体（NIEs）复制，然后，又被马来西亚、泰国和印度尼西亚等东盟国家和中国大陆沿海某些地区所复制。而基于对东亚地区发展经验的细心考察，Hayami（1998）认为现代经济增长过程中并非必然伴随着农村人口向城市产业中心的转移，反驳了刘易斯的发展经济学的传统观念，并由此提出了基于农村的发展战略。

东亚国家的一个共同特点是人口高度稠密，按照资源禀赋的比较优势理论，东亚地区的成功需要发展对劳动力需求较多的产业。大力发展劳动密集型的中小企业成为东亚地区谋求发展的首要选择。Hayami（1998）通过对印度尼西亚的案例研究和对日本历史的观察发现，在农村社区，面对严重缺乏的市场信息，农民企业家精致地设计和应用了经过创新了的贸易活动，特别是有效地利用了基于村庄社区关系的分散风险和最小化交易成本的合约机制。这种基于农民企业家和农村劳动力基础上的工业和商业扩张行为是和城市企业家的经济活动既分离又相互连接的，也由此成为城乡融通的桥梁。Hayami 后来进一步把农村发展问题研究具体到村庄发展变迁的典型村庄案例研究，对村庄发展变迁问题作了更为细致的分析。

### （二）国内研究情况

发展经济学之所以要研究结构问题，关键是发展中国家的经济发展资源禀赋结构的初始条件和发达国家具有显著的不同，集中表现在发展中国家在发展初期就面临着十分严重的人口膨胀、劳动力过剩的问题（蔡昉，1990）。人多地少、劳动力转移任务沉重以及城乡二元结构体制化，是中国作为发展中大国实现农村现代化面临的特殊国情和困难，这也构成了村庄发展的起点，成为构建村庄发展与新农村建设战略框架的首要着眼点。

一类观点侧重于农村的发展战略。由于城市—农村的二元经济结构，农村资源和要素难以在农村地区内部集聚，农村劳动力大量向城市转移。一些学者从三元结构视角出发，提出把农村内部增长极的培育作为经济发展的第三元，推进新农村建设的本意是要打破城乡二元结构，促进资源和要素向农村的配置，使城乡均衡发展，实现城乡一体化。

陆学艺（2001）认为扩展城市规模，创建特大型城市或大规模地进行小城镇建设的道路，在现实中并没有完全走通，所以应选择走农民自主城镇化的道路，先发展乡镇企业，而后进行城市化和城镇化。陈吉元、胡必亮（1994）根据中国农村工业化的快速发展情况，提出了中国的三元经济结构理论，他们认为20世纪50年代末期，随着农村工业的发展，中国的经济结构已经开始具备一些与其他发展中国家不同的特点，即农村工业部门逐渐地独立出来，形成了与农村农业部门和城市现代工业部门相互联系又相互分离的另一只独立的力量，主要表现为乡镇企业的快速发展，此时农村发展和农村剩余劳动力转移的基点应放在农村工业的发展上来。胡必亮（2004）进一步提出了以厂带村的村庄发展模式。张强等（2008）以郑各庄为例，阐述了以土地资本化为发动机实现村庄内生工业化和内生城镇化的村庄发展道路。

另一类观点侧重于全方位发展战略，并充分强调了异地转移的城市化模式。蔡昉（1990）认为农村非农产业的发展并不能把全部剩余劳动力吸收殆尽，而如果小城镇的发展超过它作为城市群落中适当层次的比例界限，就会出现集聚效应差、浪费土地、基础设施建设规模不经济等缺点。为此，不能把就地转移作为唯一模式，而应重视城市化的重新发动，为农业劳动力的转移创造全方位的空间，由此提出新发展战略的全方位动力结构。蔡昉等（2006）把农民收入提高的途径与劳动力转移和城市化进程相结合，揭示了农村劳动力转移与农村发展的内在联系。

## （三）新农村建设

托达罗模型提出的农村综合发展与综合建设、Hayami 提出的基于农村的发展战略以及中国的三元结构理论，共同为村庄发展和新农村建设提供了思想上的启蒙和理论上的支持。但是，大多关于新农村建设的研究总体上未能把村庄发展与新农村建设结合起来，新农村建设实践缺乏足够的理论支撑，以致众说纷纭、莫衷一是。

### 1. 农村综合建设是一条国际经验

根据世界经济发展的一般经验，在工业化和城市化的中后期，都会进行农村的综合建设，只是出发点会存在一定的差异。英美等经济先行国家在基本完成工业化、城市化后，为了避免市区人口的高度集中，开始重视乡村的发展建设问题，如 20 世纪 60 年代美国的“示范城镇建设”、英国的“农村中心村建设”、1967 年法国政府推行的“农村振兴计划”等。而与英美等国不同，在亚洲东部地区普遍存在社区聚居这一共同的农村居民点形态，其工业化与城市化的加快导致资源从农村地区大量外流，城乡差距扩大，农村综合建设主要是解决农村衰落问题。日本、韩国、中国台湾地区开展新农村运动的对比表明，只要是资源禀赋结构人多地少、存在社区聚居的地区，在工业化进入中期阶段时，都有大规模的农村综合建设（速水佑次郎、拉坦，2000）。

日本在战前已完成工业化，战后进行二次工业化。在政府主导下，通过对水、路、电、通信等大规模的农村基本建设项目投资，彻底改变了日本农村的生产和生活条件，初等教育完全免费，极大带动了日本内需，形成了城乡良性互动，实现了城乡均衡协调发展（速水佑次郎，1993）。韩国在朝鲜战争以后，随着工业化的快速推进，农村逐渐衰败。从朴正熙开始，通过政府主要提供原材料、农协具体组织农民投劳的形式，大力倡导和推进新村运动，带动了国内需求，实现了经济增长与城乡收入差距缩小的同步进行。东亚地区新农村运动的基本经验就是政府主导，综合农协来协调实施。

**2. 中国进行新农村建设具有更深层次的体制原因**

中国 20 世纪 20—30 年代晏阳初领导的中华平民教育促进会和以梁漱溟为代表的乡村建设派发起了乡村建设运动，赢得了广泛的国际关注，虽然事情已过八九十年，但对今天的新农村建设仍具有理论和实践上的先导作用，虽然，当前的新农村建设具有和那时不同的国际国内环境，尤其是经济体制环境上存在巨大差别。城乡二元结构、农村的社区集体土地公有制等制度因素是与过去的乡村建设运动、也是与其他包括中国台湾地区在内的东亚地区在经济体制上的典型差异，这使得中国的村庄发展在很大程度上只能走自己的路。

按照推进城乡统筹方略的总体部署，中央在十六届五中全会上提出了新农村建设的历史性任务，并给出了五条建设标准：生产发展、生活宽裕、乡风文明、村容整洁和管理民主。应该说，这五条标准是明确的，但是具体的实现途径需要进行深入细致的研究。

一些专家学者就社会主义新农村建设也提出了各类宏观指导性的观点，其核心是要突破城乡二元经济结构。郑新立（2005）从城乡统筹协调发展的角度，指出提高城市化率、加快农村人口向城市人口转移是实现农村现代化的根本途径。张晓山（2005）指出跳出“三农”看“三农”，关键性的前提是把深化农村改革和深化宏观经济体制改革相结合，更自觉地调整国民收入分配结构，建立一个更公平的国民收入再分配体系。温铁军（2005b）总结了东亚地区新农村建设的经验和教训，指出要找到规避其他东亚国家和地区开展新农村建设的高成本问题的途径，要着力加强农村合作组织建设，同时改革当前农业经营体制。这些观点代表了主流观点，但仍然偏宏观定性分析，对新农村建设操作层面缺乏更具针对性的指导。

由于全国不同地区之间经济发展存在着多层次性和不平衡性，即使在北京地区内部也存在着较大的差异，在城乡接合部、平原和山区建设社会主义新农村要有所区别、有所侧重，而不应设计一个统一的建设模式。这在客观上要求各地在深入调查研究的基础上，坚持问题导向、把握其内在的动力机制，因地制宜地推进新农村建设。因此，对村庄进行科学的类型划分就显得尤为必要了。

如何突破城乡二元结构、如何避免资源投入的浪费、如何做到因地制宜，是当前中国推进新农村建设过程中特别需要明确的，需要作进一步研究。

综上所述，相对于大量研究区域差异的文献，研究农村地区之间收入差异的文献还是少数。根据万广华（2006）的研究，按照“中国、地区、农村和不平等”在经济文献检索（Econlit）获得的59篇相关文献中，几乎没有一篇是把重点放在中国农村区域差异上。而精确到村庄层面，在村庄空间单元上解释区域间经济发展差异的文献就更为少见了。目前所及的关于村庄差异的文献主要是对村庄差异本身的解释，缺乏对村庄发展演变规律的揭示。而新农村建设的有效推进也要求能有一个较为清晰的村庄发展理论，既能解释村庄发展与分化演变的主要影响因素，又能揭示其对新农村建设的含义，并基于村庄类型进行新农村建设的战略思考。

第三章

# 理论基础与概念界定

推进新农村建设需要在缩小城乡收入差距的同时，实现村域经济之间在收入和生活质量上的趋同。村域经济本质上属于区域经济中的一种微观单元类型，本书中所应用的理论主要包括区域间收敛与发散理论和倒 U 形理论，实证分析部分主要是关于经济增长的计量经济学理论。村庄发展内容庞杂，还需要对基本概念进行界定。本章内容一是综述村庄发展的若干基础性理论；二是界定村庄发展的几个重要概念。

## 一、理论基础

长期以来，由于对技术进步因素的忽略，以古典增长理论为代表，把长期增长称为“一支收益递减的短歌”，表现出一种悲观情绪。而工业革命宣告了古典增长理论的最终破产，代之以新古典增长理论。新古典增长理论对于经济收敛的预言又遭到了世界范围内国家之间收入差距不断拉大的挑战，内生增长理论由于强调边际报酬递增而解释了国家间收入的趋异。不同理论观点的反复争论引发了大量关于经济是否发生收敛的实证检验，由此催生了经济增长计量经济学，这为本书的研究提供了基础性的理论指导。

## （一）收敛理论

### 1. 新古典增长理论中的收敛机制

Solow 模型的关键特征是采用了新古典生产函数，其基本框架建立在一组严格的假定之上：生产技术是外生的；不变规模报酬；生产要素是可以相互替代的；投入之间具有正且平滑的替代弹性。在此基础上，首先由 Solow 对新古典的收敛机制加以形式化，其一般形式为柯布—道格拉斯（C－D）生产函数：

$$Y_t = A_t K_t^{\alpha} L_t^{1-\alpha} \tag{3-1}$$

其中，$0 < \alpha < 1$；$Y_t$ 表示第 $t$ 年的产出；$A$ 表示经济中的技术水平，$K$ 表示第 $t$ 年的资本存量水平；$L$ 表示第 $t$ 年的劳动力数量；$t$ 表示时间“年”。新古典理论假定技术扩散非常迅速，认为各个地区技术水平是一样的，技术的改变是外生决定的。常数规模回报则意味着生产各个要素加倍后，产出也会相应的加倍。但是，当考察单个生产要素变动的时候，会发现生产要素服从规模报酬递减规律。由此，导致了这样一个结论：稳定状态下存在一个固定的资本和劳动的最优比率 $k^*$。如果经济达到了这种稳定状态，那么资本的增长只能由外生给定的技术来推动。即，在给定外生技术进步的情况下，要么是资本向劳动的结合，如改进道路、设施以及设备水平，提高劳动生产效率，要么是劳动力向资本结合，通过城镇化或城市化实现劳动力在空间上的转移提高资本的利用效率，最终达到一个最优的资本劳动比率，经济将由此而实现收敛。

Solow 模型的一个重要政策含义就是关于区域之间经济收敛的判断。它意味着具有相同生产技术、储蓄率及人口增长率的国家无论初始水平相差多大，只要存在一个充分的调整机制，都将趋向于相同的稳定状态的人均收入水平。这种收敛性质意味着那些初始生活水平相对较低、资本产出比率也较低的穷国在追赶富国的转型过程中增长率将高一些，最终这两组国家的人均收入水平会趋同。

然而，在大多数情况下，$k^*$ 和 $k$ 的恒等式假定是一种特殊情况。相对要素禀赋差异在区域之间是普遍存在的，尤其是存在体制性障碍的情况下，资本和劳动力不是充分流动的，这就造成工资和失业率在空间分布上的差异。例如，当采用了一种新技术，资本需求增加，而这时资本规模不能相应扩大，经济就不会实现充分效率。如何破除要素流动的障碍是经济收敛的关键环节。

**2. 村庄间经济收敛的动力机制**

新古典增长理论认为政府的作用是应该受到限制的，政府只需要创造一种经济发展的良好环境，而这一点对于调整机制的正常运行却是至关重要的。中国农村改革的过程，从某种意义上讲就是要为村庄之间的要素流动创造良好的外部环境，这对村庄之间的收敛同样是至关重要的。下面以村域经济为例，对调整机制后的经济整合效果进行分析。

设想一个世界仅有两个村庄、两种产品和两种生产要素（劳动和资本）。村庄 1 拥有更多的资本（$k_t^1 > k^*$），而村庄 2 拥有更多的劳动（$k_t^2 < k^*$）。如果两个村庄进行有效率生产，按照国际贸易理论中的赫克歇尔—俄林—萨缪尔森模型，村庄 1 会专业化于资本密集型生产，而村庄 2 会专业化于劳动密集型生产，然后这两个地区进行贸易直到这些产品正好满足当地的需求，两个地区要素的回报也将会趋同。

但是，有很多原因可以导致村庄之间要素回报的差异。如人为的管制因素（户籍制度、土地集体共有制度等），不可移动要素的存在（特殊区位或地理资源等）。即使从长远来看，劳动力的大部分也不会是自由流动的，如从低端产业转移到高端产业。可见，调整机制的充分性是经济收敛的关键。而现实中，充分的调整机制往往是不存在的，只有调整的力量和方向是和理论预期相一致的。所以需要在制度、组织、基础设施等方面为要素的流动创造条件，使不同经济体之间的调整机制充分发挥作用。

## （二）发散理论

从新古典增长理论出发可以获得关于经济收敛的结论，但实际经济运行却往往是另一回事。而且由于技术要素的外生给定，也造成对经济长期增长解释的困难。实际上，现实经济中存在着大量的持续增长和持续差异化的现象。新增长理论通过一些新方法弱化了新古典增长理论中的强假设，用来解释经济趋异或发散的问题。从广义的角度上看，发散理论还包括了中心—外围理论、新制度经济学理论以及产业区位理论。

**1. 新增长理论**

20世纪80年代，随着新增长理论的兴盛，人们开始用这一理论来解释空间发展之间的趋异。新古典增长理论解释了经济向长期稳态的转移，但是长期稳态下的增长依赖外生决定的技术。为了克服新古典增长理论假设的不足而提出了一组新的分析方法，即新增长理论。通过将技术内生化，解释了要素边际报酬的递增，而伴随经济整合会导致可得资本的增加，增加资本的社会回报并因此使经济增长率产生一个永久性的增加。

新增长理论中主要有三种观点（陶然、刘明兴，2003）这三种观点可用三种模型表示：第一种是策略性互补或需求外溢模型，代表性的论述如Murphy、Shleifer和Vishny（1989a、1989b）；第二种是边干边学和技术扩散模型，继承了Arrow（1962）的思想，主要出现在贸易和经济增长理论的文献中，如Young（1991）；第三种是内生的技术进步与回报递增模型，此模型代表新增长理论的主流。其研究思路主要有三条：Romer（1986、1990），强调了生产要素的外溢效应；Lucas（1988）的人力资本积累理论，假定技术进步主要依赖人力资本，人力资本积累的差异就可以解释地区之间增长的持续差异；垄断竞争与R&D理论，如Grossman和Helpman（1991）提出的横向创新模型（Horizontal Innovation），Aghion和Howitt（1992）提出的纵向创新模型（Vertical Innovation）。

新增长理论对于研究区域经济与社会的凝聚具有重要含义，如公共政策瞄准落后地区的技术潜力、促进技术从发达地区向落后地区的转移、在落后地区投资教育等。

**2. 中心—外围理论**

阿根廷的发展经济学家劳尔·普雷维什在20世纪70年代末完成了其代表作《外围资本主义：危机与改造》，他依据发达资本主义国家与发展中国家之间的关系，提出了中心—外围的分析框架。埃及的经济学家萨米尔·阿明运用类似框架在《不平等的发展》一书中提出了依附理论。这些学者的理论分析要解决的是外围地区国家如何实现自主中心发展而避免依附性发展，并认为要保证产出能扩大生产体系的剩余，还要使得对剩余的占有和使用能满足大多数居民的需要。

造成剩余积累的原因最终需要依赖技术进步。当技术进步扩散受到阻碍时，中心—外围的格局就难以被打破。假定中心和外围地区用两种生产要素生产两种产品，两地区不仅有贸易还有要素流动。中心地区在生产某种物品上具有技术优势，出口到外围地区，生产这种物品相对密集的要素的回报将会高于外围地区，如此将引发这种生产要素从外围地区向中心地区的流动。

技术差异理论不仅对于分析发达国家与不发达国家之间的关系具有重要价值，而且对于分析当前中国的城乡之间、农村地区中的先进区域与落后区域之间要素流动与资源配置的关系也具有重要启发意义。如果技术进步不能在城乡或区域之间均匀扩散，就会阻碍地区的凝聚。改善处于不利地区的内生技术进步潜力将有助于缩小技术差别，并阻止技术劣势地区的可移动生产要素发生大范围的外流。如果落后地区能够实现资源和要素在本地的集聚，就可以有效地促进区域之间的均衡发展。

产业结构因素也是导致中心—外围格局的重要因素。区域经济的部门结构在一定程度上可以作为经济发展和竞争差距的指示器，经常可以划分为三个部门：农业、工业和服务业。农村的经济先行地区由于完成了产业升级，非农业活动居于主导地位，非农产业增加的工作岗位不仅抵消了由于农业和工业部门下降的就业机会，而且还增加了许多就业机会。在外围地区，农业生产活动仍居于主要地位，属于低附加值产业。因此，当穷村引进现代生产要素，将更多的资源和要素配置到具有更高生产率的部门时，便会产生村庄之间在生产率上的收敛。

### 3. 新制度经济学理论

熊彼特在其著作《经济发展理论》（1912）、《商业周期》（1939）和《资本主义、社会主义与民主》（1942）等书中都曾深入讨论了制度对长期经济增长的重要作用。刘易斯的经济增长理论曾用了大量的篇幅从制度的角度解释不同社会经济增长绩效差异。但是他们都没有提出一个理论把制度因素融入一个明确的因果关系里面。

经济史学家诺斯把制度置于理解经济绩效的中心，把各经济体经济增长的差异归结为是否产生适宜的制度和有效率的组织，理由是制度构成了各经济体的激励结构。同时，把技术变化作为市场规模和产权的函数，把制度对经济增长的影响放入了一个明确的因果关系之中，创立了新制度经济学。其核心的逻辑是：制度是决定经济发展绩效的主要原因，而不是技术。通过产权制度可以把个人收益和社会收益对等起来，实现对经济主体的激励，形成一个有效率的组织，促进经济增长。

新制度经济学认为促进现代经济增长的制度主要是：鼓励创新的专利法的制定；土地法令消除了许多封建奴役的残余；股份公司兴起取代旧日的受控公司；证券和商品市场以及金银首饰商演变为能够发行钞票、贴现票据和存款取息的存款银行。并根据这一理论，解释了工业革命为何在英国发生，并进行了与法国、荷兰、葡萄牙、西班牙等国家经济发展差异的比较和解释①。

而工业革命时期制度变迁的原因是国家间竞争带来的强大压力，促使国家改变制度结构安排，促进经济增长和工业革命成果的扩散。对于那些未能实现发展的地区，如西方世界历史上的伊比里亚半岛、当代拉丁美洲、亚洲和非洲的大部分地区，主要是由于未能形成有效率的组织②，进而导致国家竞争的失败。并就一般意义的制度变迁，强调了企业家的作用，企业家的活动与制度体系的变更之间存在着相互影响和作用的关系。新制度经济学的这一理论引起了世界的关注，对经济学家长期以来坚信的技术决定经济增长的主流增长理论造成了冲击。

然而，制度通过激励主体节约交易成本未必等于节省下全部的交易成本。技术和制度的创新共同节省了交易成本，但空间因素会增加交易成本。德姆塞茨对诺斯的理论进行了反思，认为诺斯用市场规模来解释技术

① 《西方世界的兴起》（193 页）一书的结尾写道："本书就写到十八世纪为止，这是大部分关于欧洲经济发展研究开始的时期。到那时为止所有权结构在尼德兰和英格兰业已发展，为持续的经济增长提供了必需的刺激。他们包括鼓励创新和随后工业化所需要的种种诱因。产业革命不是现代经济增长的原因，它是提高发展新技术和将它应用于生产过程的私人收益率的结果。"相应的，诺斯把技术和产业革命作为西方世界经济兴起的结果而不是原因。

② 诺斯关于"国家竞争或发展的绩效取决于经济组织和产权的保护"这一观点，与卡尔·马克思和亚当·斯密认为的成功的经济增长看作是有效的所有权的发展决定的观点是类似的。但是，诺斯认为马克思忽略了经济增长的不确定性，而斯密则没有说清楚如何保证有效率的政府会发明和维持一组保证经济持续增长的所有权。

变化的思路在长期的历史分析中存在着循环论证的问题，如技术进步引起运输成本降低从而扩大市场规模，进而市场规模的扩大又引起技术革命。再就产权而言，不是产权引起了技术变化，而是当出现预期收益使产权会作出明晰化的反应，因此可以用技术变化来解释产权产生和明晰化，而不是如诺斯所言的相反的逻辑。为此，德姆塞茨认为，制度的作用不能否认非制度的作用，在一些情况下，非制度因素可能是制度变迁的更重要的源泉，制度与非制度之间存在相互可塑性的问题，需要从初始禀赋条件的角度打破循环论证。他认为资源禀赋很大程度上控制了经济发展的时间和模式，而空间区位是非制度因素影响经济发展绩效的一个关键性原因。

#### 4. 产业区位理论

区位是影响经济发展的重要因素之一，经济学家很早就研究区位问题。在古典经济学时期，亚当·斯密提出的绝对利益学说，李嘉图提出的比较利益学说、地租理论，在一定程度上都是关于生产特定产品的区位理论。

区位理论强调在区域经济活动中空间因素造成的交通成本的重要性，从区位因素解释经济绩效差异形成了产业区位理论。18世纪30年代，古典区位理论的创始人杜能最早将空间因素引入经济学领域加以研究，在《孤立国同农业和国民经济的关系》一书中，提出了农业区位理论。假设在空间匀质的情况下，推导出一个孤立国的模型：由于运输成本受到空间距离的影响而产生了农业的圈层分带现象，即“杜能圈”。但是，由于假设了空间的匀质性，杜能不能解释产业集聚现象。

马歇尔（1890）提出了产业集聚即空间外部性的概念，讨论了区域产业化在创建制度安排中的作用。集聚现象支配着当今世界的经济地图（藤田昌久、雅克—弗郎科斯·蒂斯，2004），不考虑产业的集聚问题，就难以解释经济发展的现实。随后的韦伯、胡佛等建立了完整的产业区位理论，增强了区位因素对经济现实差异的解释力。

克鲁格曼依据“地缘政治学”提出了一个新的区位模型，包括一个小地区、一个大地区和一个以规模报酬递增为特征的产业部门。他发现区域凝聚来自于单个企业的生产水平、交通成本和要素流动性三者的相互作用。把生产向一些地区集中往往会产生递增的规模回报，出于交通成本的考虑，良好的区位易于进入市场和便利厂商的进入，这些地方一般位于生产者较为聚集的地区，吸引一些易于流动的要素转移到这些地区的附近。然而，并不是所有要素都是易于流动的，那些不易流动的要素会产生离心力，例如存在一种激励，在外围地区建设一些生产设施，为分散的农业腹地提供必要的服务。这为区域发展规划提供了重要的理论支持。

产业区位理论在政策上的重要含义是交通成本的降低往往会成为产业集聚的第一推动力，并进而伴随着产业升级而产生规模报酬的递增。对于交通设施的投入一般数额巨大，往往不是单个私人经济所能够承担的，政府在道路、通信等基础设施方面的投资对于经济凝聚是十分必要的。

## （三）增长的计量经济学理论

收敛理论与发散理论的争论引发了对增长的实证检验研究，学者们希望通过实证检验的方式来解开收敛与发散之间的谜团，由此形成了增长的计量经济学理论。当然，关于收敛问题的争论直到 20 世纪 80 年代末才引起主流宏观经济学家和计量学家的注意（Sala - i - Martin，1996）。其原因除了前面所讲的实证检验的欠缺外，国家之间可比较的 GDP 数据集的可获得性较差也是一个重要因素，而到 80 年代末，该类问题获得了解决。同样的，长期以来对于村域经济之间的收敛性分析未能进行，与村庄之间的可比较数据集的缺乏有着直接的关系。一般对于国家或地区之间的收敛性分析涉及两个主要概念：$\beta$ - 收敛和 $\delta$ - 收敛。考虑到不同区域之间可能存在的几个区域制度、技术、偏好等方面相似性，还可能存在俱乐部收敛（Club Convergence）的情形。

### 1. $\beta$ - 收敛的实证检验理论

假定当前的调整机制是充分的，而且生产技术在地区之间是一致的，在边际报酬递减的作用下，要素就可以充分流动，形成一个稳定的资本—劳动比例，因此，新古典增长理论认为要素回报在地区之间将会收敛。如果几个经济地区其差别只是单位有效劳动资本存量的差异，那么拥有低资本密集度的贫穷经济由于资本的边际报酬会更高而将以更快的速度增长，以至最后每个经济体都会达到相同的稳定状态。前者是从发展速度上比较经济增长的差异，如果穷国比富国增长得更快，即如果能够在不同经济的横截面数据中从统计上得出人均资本收入的增长率和初始收入水平之间存在负相关关系，就能够得出经济存在绝对 $\beta$ - 收敛的结论。参照 Sala - i - Martin（1996）的分析框架：

令第 $i$ 个地区在时期 $t$ 到时期 $t+T$ 之间的人均收入的平均年增长率为 $\gamma_{i,t,t+T} = \frac{1}{T} \times \log\left(\frac{y_{i,t+T}}{y_{i,t}}\right)$。令 $\log(y_{i,t})$ 为 $i$ 村在时期 $t$ 的人均收入的对数。然后，估计下列方程：

$$\gamma_{i,t,t+T} = \alpha - \beta \times \log(y_{i,t}) + \varepsilon_{i,t} \qquad (3-2)$$

如果回归参数 $\beta > 0$，就可以得出各村庄之间存在 $\beta$ - 绝对收敛。

Solow 的新古典增长理论认为，当一个国家或地区距离自己的长期稳定状态越远、经济增长越快时，存在 $\beta$ - 绝对收敛。在一些情况下，尽管不存在 $\beta$ - 绝对收敛，如果控制了一部分影响变量，仍然会出现收敛情形，称为 $\beta$ - 条件收敛。即如果一个经济系统其增长和初始收入在统计上存在局部负相关，就可以讲这个经济系统存在有条件的 $\beta$ 收敛。具体来讲，对于一组横截面数据，由收入增长率对初始收入作回归分析，在保持其他变量不变的情况下，如果发现初始收入的系数是负值，那么就可以认为该组经济存在 $\beta$ - 条件收敛。而如果在一个单变量回归中，初始收入的系数仍是负值，那么就可以认为该组经济存在 $\beta$ - 绝对收敛。在经验检验中，绝对 $\beta$ - 收敛往往不能得到满足，但这并不能否定新古典收敛理论的正确性。因为，该理论仅仅预言了相对收敛，而非绝对收敛。一般每一个经济系统都有它自己的稳定状态，因此，只有当不同经济系统具有一致性的时候，才会收敛到共同的稳定点。在 Solow 模型里，有三个因素会使得两个经济系统之间发生差异，即资本密度（即单位有效劳动资本存量）、劳动力和技术水平。一个落后的经济系统因处于较低的稳定状态，其产出增长往往比一个富裕的经济系统要少。

另外一种收敛情形是比较经济之间的离散程度（以标准差衡量）的变化，如果随着时间的推移，人均收入的离散程度趋于下降，就称为 $\delta$ - 收敛。$\beta$ - 收敛是 $\delta$ - 收敛的必要条件，因为穷国如果经济增长更慢，国家之间的差距只能越拉越大。因此，$\beta$ - 收敛的存在将产生 $\delta$ - 收敛。但是，Sala - i - Martin（1996）从理论上指出存在一种情况是，当发生 $\beta$ -

收敛的时候，却未能观察到 $\delta$ - 收敛，尽管这种情况在现实中很少发现。总之，$\beta$ - 收敛是 $\delta$ - 收敛的必要而非充分条件。

为了检验收敛，人们必须先假设不同经济系统之间具有共同的稳态。保持稳态有两种不同的方法。第一种是把研究的样本范围局限在一组具有相似稳定状态的经济系统，但受到现实条件的限制。如南欧经济在地理、技术和制度上的差异是非常小的，共同稳态的假定就比较合理。而大部分非洲地区的经济会和欧洲或日本存在很大的差异，假设这些不同的经济系统存在相同的稳态就是不现实的。第二种保持共同稳态的方法是在回归分析中选择一个稳态的代理变量。由此，问题便转化为寻找稳态代理变量的问题。

有条件的 $\beta$ - 收敛在政策上意味着为了获得经济趋同，需要在其他影响经济稳态的因素上下功夫，如缩小基础设施、技术、制度等因素的影响。

**2. $\delta$ - 收敛的实证检验理论**

效率与公平是经济学研究的主题，也是政策制定者关心的核心问题。而与公平密切相关的一个经济学概念是不平等，其主要是在总量上或人均意义上衡量国民生产总值、收入等，或对物质资本、人力资本等各类资源拥有水平的差异（万广华，2006）。尽管不平等是一个中性概念，不能简单地等同于不公平，但是过快的不平等仍会对经济增长产生不利影响。因此，从长期增长角度来看，区域之间经济发生收敛是适宜的。大多数区域经济差异的研究方法基本上都是借用发展经济学中关于收入分配差异的测算方法，以衡量数据离散程度为核心，对有关的统计资料进行分析处理（武剑，1997）。从偏离人均值角度测量收敛性质主要是应用 $\delta$ - 收敛理论，即随着时间的推移，人均值的离差会趋于缩小。而对这种差异的测量，通常有两个角度，一是测量绝对差异，如标准差、极值差率等；二是测量相对差异，如平均变异系数、加权变异系数、基尼系数等。这些指标测量的数值越小，表明各区域间人均收入的相对差异越小。关于对中国地区之间收入差异的变迁趋势及差异分解的研究文献（如：魏后凯，1992；杨伟民，1992；杨开忠，1994；林毅夫、蔡昉、李周，1998；等），通常采用变异系数、泰尔指数或基尼系数等测量方法。

用来研究和度量地区之间差距的统计方法和指标有很多。尽管采用不同的方法在差异程度方面往往会得出有差异的结论，但是在反映差异变化的基本趋势方面，不同的指标所获得的结论总是相一致的（林毅夫、蔡昉、李周，1998）。下面对相关的常用的三类指标进行比较和分析。

一类是绝对差异指标：标准差。平均标准差是测算区域绝对差异时最常用的指标之一。这种测量方法的问题是对区域指标离差的算术平均值，忽视了各个计量单位的规模差异，有时甚至会产生严重的误导。现在越来越多的研究开始采用加权标准差。本书没有采用加权形式的标准差测量绝对差距，而主要是在方差、期望值以及人口规模的基础上通过计算变异系数测量差异的相对程度。此外，还可以使用极值差率，即最大值和最小值的比值，反映单位之间的最大差距。

另一类是相对差距指标：变异系数。变异系数是测量区域间指标相对差距的重要工具，它反映各地区指标离散程度的绝对值与经济规模的比例关系。其中，平均变异系数的计算公式为：

$$V = \frac{\sqrt{\dfrac{\sum_{i=1}^{n}(y_i - \bar{y})^2}{n}}}{\bar{y}} \tag{3-3}$$

其中，$\bar{y} = \dfrac{\sum_j y_j}{n}$；$y_i$ 表示要测量的经济指标（如村庄人均收入、村庄人均所有者权益）；$\bar{y}$ 表示 $y_i$ 的平均值；$n$ 表示地区个数。加权变异系数的表达式为：

$$V^* = \frac{\sqrt{\sum_i (y_i - \bar{y}^*)^2 \dfrac{P_i}{\sum_j P_j}}}{\bar{y}^*} \tag{3-4}$$

其中，观测指标 $y_i = \dfrac{Y_i}{P_i}$；指标平均值为 $\bar{y}^* = \dfrac{\sum_{i=1}^{n} Y_i}{\sum_j P_j} \neq \dfrac{\sum_j y_i}{n}$。

由此，可以看出加权标准差与平均标准差在处理标准平均值上的不同方式。加权标准差在进行多角度区域差距分析时，具有更强的稳定性。从统计角度看，当观测对象是指标间的比例时，如人均收入、人均所有者权益，计算加权变异系数会具有更高的敏感性。

此外，还有用于区域间相对差距分解的泰尔（Theil）指数。虽然基尼系数是应用最广泛的衡量收入不均等的指标，但是如果用于分组分解，往往会产生偏差。当且仅当不同子群体的收入水平之间不发生重叠的情况下，才可以用来进行子群体的分解（Shorrocks、Wan，2005；Lambert、Decoster，2005）。对子群体进行分解，用得比较多的是泰尔指数（泰尔－L指数），也称为平均对数离差。泰尔指数通过人口权数算出加权平均数，得到组内贡献，然后剩余的则是组间贡献。总之，该指数能具有满足Dalton－Pigou转移原理以及人口和收入匀质性等条件的优良特性（Shorrocks，1980），是进行子群体分解的比较好的选择。其一般计算方法为：

$$I(0) = \frac{1}{N}\sum_{i=1}^{N}\ln\frac{\bar{y}}{y_i} \tag{3-5}$$

其中，$N$表示单位数，在本文中表示村庄个数；$y_i$表示第$i$个单位的人均收入，在本书中表示某个村庄的人均收入或人均所有者权益。但是，考虑到村庄之间人口规模的差异性对测量结果的影响，在单位人均收入项引入村庄人口规模权数，形成加权的村庄人均收入。即和上面一样，引入$\bar{y}^* = \frac{\sum_{i=1}^{n} Y_i}{\sum_j P_j} \neq \frac{\sum_j y_i}{n}$，从而，泰尔指数的形式为$I(0) = \frac{1}{N}\sum_{i=1}^{N}\ln\frac{\bar{y}^*}{y_i}$。在此基础上引入加权后的泰尔指数的差异分解公式：

$$I(0) = \sum_{j=1}^{J} p_j I(0)_j + \sum_{j=1}^{J} p_j \ln\frac{p_j}{\omega_j} \tag{3-6}$$

$$I(0)_j = \frac{1}{N_j}\sum_{i=1}^{N_j}\ln\frac{\overline{y_j}}{y_{ji}} \tag{3-7}$$

其中，$p_j$表示第$j$组村庄在总样本村庄中人口所占比重，同样的，$\omega_j$表示第$j$组村庄的总收入在总样本村庄中所占比重，二者同为分解公式中的权数。第一项为各组内差距的测量值，第二项为各组之间，即城乡接合部、平原与山区三组村庄之间的差距。通过差异贡献率的分解可以发现各个区域内部差异的变化趋势，也能看出区域之间差异贡献率的变化。

### 3. 俱乐部收敛

俱乐部收敛是指那些经济结构特征和初始条件水平相近的国家或地区

的人均收入相互收敛的趋势。Ben - David 把经济结构相似的经济体趋同、经济结构相异的经济体发散的情形称为俱乐部收敛。其分析方法，一般是先对截面数据进行归类，然后再在一个动态的变化过程中，考察原类型的稳定程度，以判断这个群体的俱乐部收敛特征。本书主要采用的马尔可夫链转移概率矩阵的方法进行村庄之间的俱乐部收敛分析。

### （四）倒 U 形理论

倒 U 形理论最初由 Kuznets（1955）在对 19 世纪英美等国经济增长过程中的收入分配问题进行研究时提出的，基本内容是：基于历史经验，随着经济增长，收入分配的不均等程度会逐渐上升，到达一个顶点后，会不断降低，形成了一个倒 U 形曲线。该假说被后来多项实证检验所支持。

关于地区差距的倒 U 形理论是威廉姆森在 1965 年关于各个国家间人均收入加权变异系数的实证研究中提出的，通过国家间的横截面和时间序列数据，揭示了经济发展水平和地区收入不均等之间的系统性关系，即地区间的不均等程度呈现先扩大、后缩小的倒“U”形变化，主要分为三个阶段：在一国或者一个区域的经济发展早期阶段，区域间增长差异将会扩大，表现为区域间的不均衡增长；随着经济增长，区域间发展不平衡程度将趋于稳定；成熟阶段，区域间不平衡程度将趋于缩小，形成均衡发展态势①。对于差距在不同发展阶段的变化特点，分别从劳动力迁移、资本要素流动、国家政策趋向以及区域间连接效应等角度，阐明了动态过程中区域经济差距的跨时段不同变化模式的原因。图 3 - 1 描述了倒 U 形模型中区域差距与发展阶段关系的演化。其中 $t_0$ 时点为经济起飞期起点；从 $t_0$ 到 $t_1$ 时点，区域差距扩大；区域差距到 $t_1$ 时点达到高峰，随后回落；从 $t_2$ 时点开始，趋向于均衡发展。

在国家经济发展起飞阶段，由于某些地区有着资源丰富或关键区位等有利要素，得以率先发展，有些地区起飞条件尚未成熟、发展相对落后，

① Jeffrey G. Williamson："Regional Inequalities and the Process of National Development: a Description of the Patternes", in *Economic Development and Cultural Chang*, Vol. XIII, No. 4, Part 2 (July, 1965), p. 3 - 15.

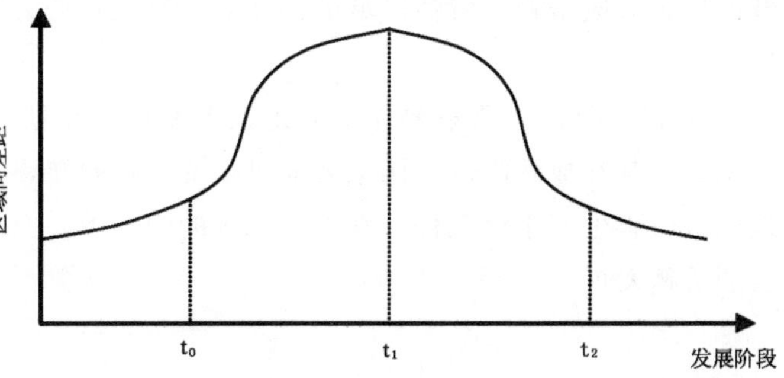


**图 3-1　倒 U 形模型：区域差距与发展阶段的关系演化**

这就导致了区域间增长绩效的差异。这一时期的劳动力、资本等要素的流动都倾向于增加地区之间的不均等，国家政策也往往倾向于非均衡发展以获得更高的经济效率。具体原因：（1）劳动力迁移成本高。由于交通运输条件落后，不发达区域劳动力迁移具有明显的选择性，迁移者往往是具有专门技术、企业家才能或受教育程度较高的青年劳动力。（2）资本要素的流动不利于不发达区域。由于发达区域存在外部集聚利益，不发达区域资金市场不健全并存在高风险，企业家精神缺乏，这些因素均促使资金由不发达区域流向发达区域。（3）国家政策目标倾向于通过非均衡增长获得高增长率。起飞阶段中，国家投资将集中于发展条件优越的发达区域，贸易条件、关税政策也将向发达区域的产业倾斜。（4）起飞阶段区域间连锁效应缺乏，以至发达区域的技术进步、社会变革、收入乘数等扩散效应被最小化了，无法带动不发达区域发展。

当国家经济发展到成熟阶段，原先贫困的地区也启动了增长的进程，劳动力和资本市场在不同地区间不断整合，区域间增长差异趋于缩小。具体原因是：（1）在成熟阶段的劳动力要素流动成本逐渐降低。伴随着交通条件的改善，迁移成本降低，选择性迁移消失，隐蔽性失业劳动力有能力迁出。（2）发达区域劳动力市场也趋于饱和，熟练劳动力开始回流到不发达区域；资本要素流动的条件也在改善。全国统一的资本市场逐步建立健全，资本的边际报酬递减规律可以更好地发挥作用，在发达区域的投资效益降低的情况下，资本将回流到不发达区域。（3）国家政策取向转向福利目标，政府开始采取措施调整区域失衡状态。（4）国家投资转向不发达区域的连锁效应增强，发达区域的回波效应有足够的力量带动不发达区域的发展。

倒 U 形理论意味着公共政策要伴随着地区差距的三个阶段的交替而不断进行转型，尤其在成熟阶段，国家要通过投资和财政转移支付等手段扶持落后地区，改善生产生活条件，在发达地区的带动下，实现地区之间经济与社会的均衡发展。

## 二、概念界定

本书从经济角度分析村庄发展，一般情况下将不涉及村庄社会、政治发展领域。对村庄、村庄发展等的概念也主要是从经济发展角度进行界定。

### （一）村庄

#### 1. 村庄的基本概念

村庄，一般认为是农村地区的最基本的空间单元，是以农业生产为主的居民点，是人类最早的聚居形式。因此，其与城镇、城市在资源集约利用上具有相同的含义，是人类集约利用资源的自然结果。根据《美国传统词典》解释，村庄是在乡间的小群居住体，大小在村落和市镇之间（“A small group of dwellings in a rural area, usually ranking in size between a hamlet and a town.”）。

由于人地关系在地理空间上的不平衡，世界范围内的村庄形态存在着地区间的显著差异。如农户非聚居型的村庄，农户主要居住在自己的农场，村庄的功能以提供基本的服务为主，不具有显著的生活功能，主要以欧美地区为代表；而农户聚居型村庄，主要是东亚为代表的人地关系紧张的国家和地区，村庄的生活功能显著。这类地区的村庄伴随着城市化进程推进出现人口的村际分化，引发农村深刻的社会结构转型。

发展中国家大部分的村庄社区是自我维持型的（Hayami，1978），其典型特征是利用村庄内资源满足村民的需要，而很少与外界的市场发生交易，这属于村庄发展的早期状态。伴随着市场配置资源作用的增强，村庄将逐步开放并向专业化方向发展。

村庄与农村的概念也需要区别。农村地区是除城市外的所有乡间区域，是一个更广泛的概念，不仅包括了作为居民点的村庄，还包括了除村庄居民点之外的所有的非城市地区，甚至包括了小城镇地区。为了完整地分析农村地区内部差异，本书的村庄概念不仅包括居民点范畴，还包括作为行政村辖区范围内的耕地、山场、水面、草原、森林等各类资源，相当于村域的概念。村庄作为农民、农业和居民点的复合体，农村地区相当于微观村庄的加总，村庄的情况也就决定了农村地区的基本面貌和内部结构变动趋势。

从村庄功能角度看，一个村庄相当于一个相对独立的社会，具有生产功能和生活功能，即村庄本身由村庄生活社区和外围生产场所两个部分构成，前者体现了村庄的生活功能，后者体现了村庄的生产功能。同时还具有各类社会、政治与文化等功能。村庄经济功能主要体现在农户经济、集体经济以及新型合作经济或私营经济（乔家君，2008）三个方面。本书对村庄的私营经济不准备进行详细的分析，其原因主要在于私营经济在村庄层面的发展对本地经济发展往往影响较小，尤其在村庄的公益事业及公共投资方面。

**2. 村庄的演变**

为了理解村庄的本质，既要把握其基本含义，又要在历史的动态演进进程中观察村庄自身的变化。村庄的形成是一个长期的历史过程，也是多种因素综合作用的产物。几乎自从产生人类实践活动以来，村庄的雏形就存在了，尽管并不稳定。直到人类学会了种植和养殖从而定居下来，农业与游牧业分离，才形成了以原始农业为主的稳定的居民点。在漫长的历史发展过程中，村庄逐渐形成了一种相对稳定的自然经济条件下的稳态均衡结构。在现代经济增长到来之前的几千年的时间里，尽管存在零星集镇市场的发育，村庄仍然保持了相对封闭的经济系统。“经过……频繁动乱似乎仍保持原状，始终处于自给自足的状态，并且处于辽阔次大陆上的村庄竟奇迹般地全都属于同一种类型"①。其基本特点为以农业为主，且大部分产品属于非贸易品，形成了自给自足的自然经济形态。由于生产力水平低下，村庄内部劳动力收入来源于分享制下的分配收入，被称为村庄发展的传统经济阶段。

工业革命之后，随着人口和劳动力的外流，村庄受到了冲击并发生了分化，大量村庄解体，村庄形态逐步转型，直到工业化和城镇化完成。处于这一转型期的村庄是本书研究的对象。转型完成之后，村庄发展进入现代经济均衡增长阶段。

就中国而言，村庄也经历了复杂的演化过程。中国史书上关于村级经济发展的最早记载时间为东汉中后期，其实村的早期形态在公元前的先秦时期就已经存在了，庐、丘、聚是村的三种主要形态。到了唐代，村庄的概念得到明确，规定所有野外聚落统称为"村"，并规定村为一级行政单位，一直延续到1954年（宫崎尚定，1976；乔家君，2008）。新中国成立后，在《中华人民共和国宪法》中规定，乡镇是农村基层政权，行政村建制作为一级政府机构被取消。随着改革开放和人民公社的废除，形成了乡政村治的体制格局。目前的行政村实际上是基层党组织、村民自治组织和集体经济组织构成的区域性组织单元，而不具有行政权力。行政村可能和自然村落重合，或包括多个自然村落。在自然村落规模较大的情况下，为便于运行管理，也可能出现一个自然村落包含若干个行政村的情况，如大兴区黄村镇的狼垡一、二、三、四村所在的自然村属于狼垡组团核心区。

### 3. 村庄数量及人口变化情况：以北京郊区为例

自新中国成立以来，北京市多次进行了行政区划的调整，尤其在20世纪50年代，北京郊区村庄数量的变化主要受到北京市区划调整的影响。1958年3月，经国务院批准，河北省通县、顺义、大兴、良乡、房山五个县和通州市划归北京市。同年10月，再将河北省通县专区的怀柔、密云、平谷3县和张家口专区的延庆县划入北京市。全市辖区面

① ［法］布罗代尔：《15至18世纪的物质文明、经济和资本主义》第三卷"世界的时间"，生活·读书·新知三联书店2002年版，第575页。这段是关于印度村庄的描述。

积增至1.68万平方公里①，形成了北京市现在的辖区和市界，其中郊区辖有10区4县②，行政建制形成了既有区也有县的格局。随后又进行了行政设置的变动，但是总体空间格局没有再发生变化。从图3-2中可以看到，北京郊区村庄数量变化基本上可以分为两个阶段：20世纪90年代前，村庄数量不断增加；90年代后，村庄数量呈现逐渐减少的态势。

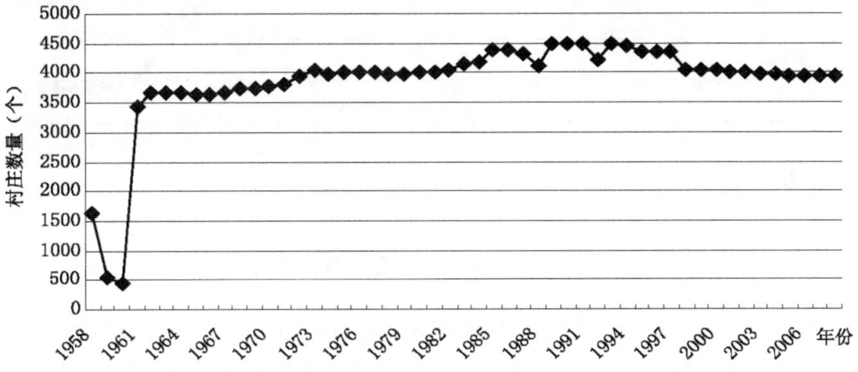


图3-2 北京郊区（行政）村庄数量变化情况

在村庄数量发生变动的同时，乡与镇的数量也发生了不同的变化。就全国而言，改革开放以来，村庄数量不断减少（1985年行政村共有94.06万个，2005年只有64.01万个，二十年间共减少了30.05万个，年均减少1.5万个），建制镇数量不断增加（1985年共有建制镇7956个，2005年共有建制镇19522个，二十年间共增加了11566个，年均增加578个）。如图3-3所示，北京郊区和全国的变化趋势类似，1984年乡政府达到了358个，而自1985年设镇之后，乡建制单位逐渐合并和撤销，到2008年已经减少到40个，主要集中在中心城或新城的城乡接合部地区，如朝阳区等，而建制镇数量逐渐增加，到2008年已经达到140个。同时，乡镇总数量逐渐减少，由此导致单个乡镇下辖村庄数量的增加，乡镇地域范围

① 经过北京市国土部门1993—1995年组织三年的土地专项调查、科学测量，确定北京市土地总面积实际为16410平方公里。

② 怀柔县、平谷县及密云县、延庆县分别在2002年和2015年获得国务院同意撤县设区的批复。

迅速扩大。

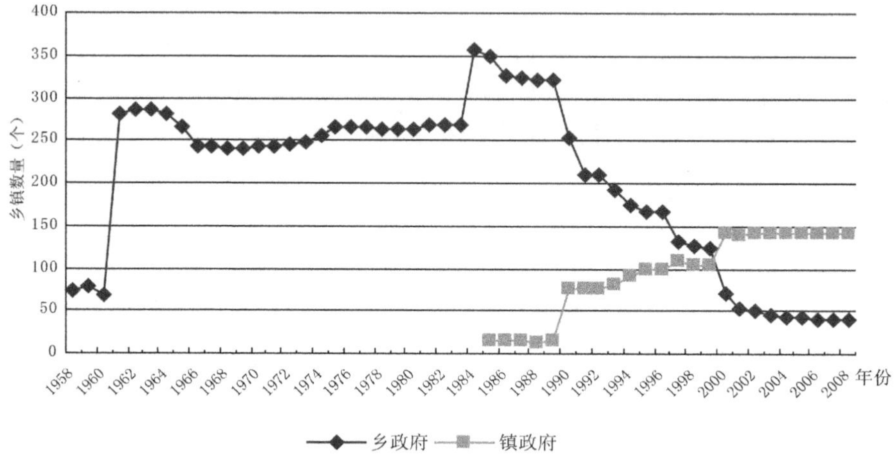


**图3－3　北京郊区乡/镇数量变动情况**

人口和劳动力是区域经济发展的基础，村庄的人口与劳动力的变化将深刻地影响着村庄的发展方向，标志着村庄景气程度。如图3－4所示，观察北京郊区的乡村人口变化，会发现乡村人口在20世纪90年代中期发生了转折，开始逐渐下降。在2005年前后发生再次转折，人口数量迅速反弹。这意味着伴随着农村地区吸引力的提升，正在集聚人口并推动农村发生社会结构的深刻转型。实际上，人口数量的反弹很大程度上是由外来常住人口的增加所引起的。其中，从业人员中，第三产业从业人员迅速增长，而第一产业从业人员持续下降。当然，本地户籍人口的增长同样是一个不容忽视的因素。

## （二）村庄发展

### 1. 村庄发展的本质

转型期村庄伴随着专业化分工的深化，生产函数发生了极大变化，表现在村庄农户收入、村集体积累和人口规模等多个层面，这三个层面上的扩张导致村庄自身集聚效应的产生。随着村集体资本积累水平的不断提高，村庄公共福利水平不断提高，随着生产规模的扩大，就业机会不断增

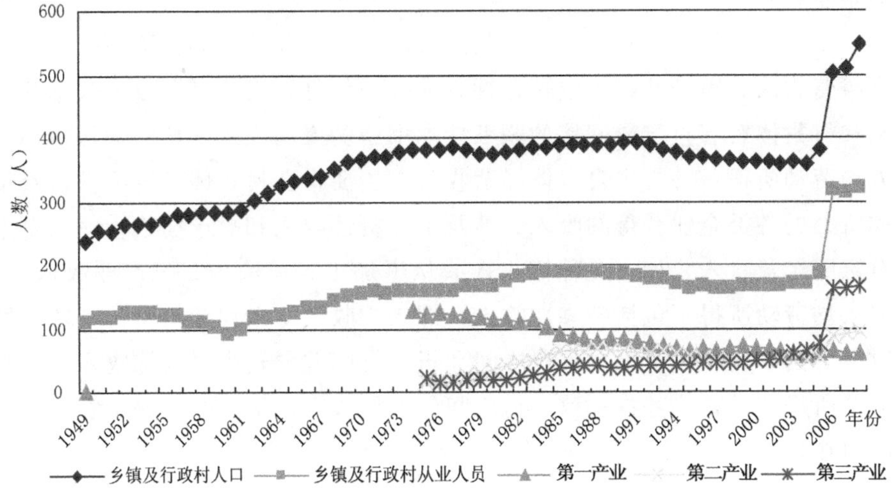


**图 3-4　北京郊区乡村人口与劳动力变动情况**

多，经历人口多元化增长与产业升级转型的过程后，村庄基础设施条件与生活环境也得到不断改善，逐渐向现代小城镇方向进行转型。本节提出了农户人均收入、村集体积累和人口规模三个关键指标，考虑到村庄发展涉及内容广泛，为便于论述和分析，从发展阶段和空间差异两个层面对村庄发展的概念和基本特征做进一步的拓展。

### 2. 村庄发展的三个测量维度

发展意味着扬弃，村庄发展就是传统村庄向现代村庄转型。改革开放之前，北京郊区农村生产结构以传统农业为主；改革开放之后，农村地区的二三产业获得了快速的发展，农业也向二三产业融合，形成了都市型现代农业的新业态。村民生活在供暖、供电、燃料设备、卫生等基础设施以及教育、医疗和养老等社会事业方面都取得了显著性的改善。2007 年，郊区有 80.8% 的村庄接入有线电视网，59.5% 的村庄实现了农户广泛接入互联网。但是，微观的村庄单元之间在空间和发展阶段上有多重差异，难以清晰地捕捉到其内在的发展规律，必须采用简洁直观并具有综合反映能力的测量指标。结合村庄发展的一般经验，尤其那些先富裕起来的村庄，会发现其具有三个典型的特点：人均收入水平高、人均所有者权益水平高和人口规模大。由此可以入手总结提炼村庄发展的基本特征：

第一，人均收入水平。农户收入来源日益多元化，如工资性收入、家庭经营收入、财产性收入或转移性收入等。但是，无论哪种收入来源几乎都和村集体有着直接或间接的联系。本书中的人均收入变量的替代指标是人均劳动所得：一是来自集体经营收入，主要指在村集体经济组织以及集体所办的各类企业获得的收入，涉及了工资性收入和财产性收入；二是来自家庭经营收入，如农业种植收入或从事加工、运输等二三产业收入等。但人均劳动所得不包括转移性收入，即人均收入 = 人均劳动所得 + 转移性收入。由于转移性收入在农户之间和村庄之间差异较小，人均收入与人均劳动所得变动趋势基本一致。村庄间的人均收入水平，既反映了农户经营能力在村庄之间的差异，也在一定程度上反映了村庄集体经济水平的差异。

第二，村庄人均所有者权益①水平。人均所有者权益指每个集体组织成员的人均集体净资产，标志着村庄集体财富积累能力，对村庄提供就业、养老、医疗、教育、交通等福利水平和村庄可持续发展具有决定性的作用，是反映村庄层面发展水平的基本指标。这个指标和人均收入水平指标联系起来进行对比分析，就能够看出村集体对农户的影响力。城乡二元结构没有发生根本改变的情况下，村庄社会公共服务主要取决于村集体经济的积累水平，因此，人均所有者权益是一个适宜的测量村庄公共财富及村民福利水平的指标。

让农民享受到更高水平的公共服务是中国社会主义新农村建设的核心部分（世界银行东亚与太平洋地区，2008）。地区间差异不仅包括收入单

---

① 人均所有者权益是测量村集体积累水平的基本指标，是村庄财富的核心。根据《北京市村合作经济组织的会计制度实施细则》第四章“所有者权益”中的规定，所有者权益体现了村集体组织成员（所有者）在村合作经济组织（村集体）积累资产中享有的经济利益，数量上等于村经济组织总资产减去负债，具体包括实收资本（或股本）、资本公积和未分配利润等。其中，实收资本包括村（组）集体资本金、乡镇集体资本金、法人资本金、个人资本金、国家资本金、外商资本金等。村合作经济组织资本公积是由投资者或其他人（或单位）投入，所有权归属于投资者，但不构成实收资本的那部分资本或资产。资本公积包括资本（或股本）溢价、接受捐赠资产、土地补偿费等。盈余公积包括法定盈余公积、任意盈余公积和法定公益金。法定公益金是按照规定的比例（5%—10%）从净利润中提取的用于集体福利设施的公益金，包括兴建学校、医疗站、福利院、文教、卫生等方面的支出，直接关系到村组织成员的集体福利水平。

项指标，教育、医疗、卫生以及公共设施等社会公共服务水平也是一个重要的方面。长期以来，经济学家在研究和度量地区之间差异方面大多采用人均收入或人均产值作为反映经济发展水平方面的指标，Tsui（1995）突破了这一局限，在度量经济发展水平差异的同时，引入了消费水平的差异，还包括了一些社会指标的差异，如人口分布、婴儿死亡率、教育水平、保健能力等。

实际上，集体积累的重要性主要是由中国人多地少的资源禀赋结构以及由此产生的村庄社区聚居特点决定的。除了公共服务产品主要依赖本社区组织提供，还有集体经济的组织纽带作用、村庄生产与生活功能的重合、公共设施和基础设施投资等。集体经济成为村庄有无凝聚力和可持续发展能力的重要影响因素，对村庄发展的趋势具有重要的决定作用。

首先回顾一下集体经济自改革以来的发展演变过程。人民公社体制解体后，生产队的功能弱化，原来的三级体制逐渐向二级体制过渡，即村级集体经济和农户家庭承包构成的双层经营体制。一方面，调动了农户的生产经营积极性；另一方面，激励了村干部积极推进村庄产业升级，增加了村庄的资本积累。在国家粮食和温饱问题基本解决后，由原来的社队企业转化而来的乡镇企业如雨后春笋般发展壮大起来，不仅通过以工补农的形式有效提高了农业的生产效率，而且有效解决了村民的就业问题以及村庄内各项福利和社会事业费用短缺问题。尤其是村级的乡镇企业对于村庄的发展发挥了积极的作用。但是，由于外部生存环境的改变，加之企业自身存在的高度分散、村村干工业、政企不分等多种体制性弊端，导致了乡镇企业的效益下滑。但仍有一些村庄根据市场经济发展的新形势积极推进产业升级和技术创新，集体经济得到了壮大，获得了甚至比城里人更高水平的福利、公共服务和收入。

关于集体经济历来存在着许多争论。一些人认为村庄发展的前提是每个村都有发达的集体经济；另一些人认为集体经济由于存在体制上的弊病而不可能有长期的发展。这些争论和传统农业集体经济与现代产业升级、产权制度变革后的集体经济概念上的模糊有关。无论分歧有多大，在城乡二元结构没有真正发生改变的情况下，集体经济组织对于村庄发展的重要作用毋庸置疑。表 3 - 1 表明乡、村集体经济资产与总收入增长的同步性。

表3－1　　乡、村集体经济资产及总收入情况表　　单位：亿元

| | 1990年 | 1995年 | 2000年 | 2005年 | 2007年 |
|---|---|---|---|---|---|
| 资产总额 | 200.2 | 612.9 | 1057.6 | 1942.0 | 2325.0 |
| 负债总额 | 100.7 | 374.5 | 582.4 | 1119.9 | 1369.0 |
| 所有者权益总额 | 99.5 | 238.4 | 475.2 | 822.1 | 956.0 |
| 总收入 | 208.1 | 581.6 | 771.8 | 1130.6 | 1170.8 |

资料来源：原市农村合作经济经营管理站。引自王新等：《北京乡村社区合作经济组织发展研究》课题研究报告（2008）。

王新等（2008）指出，2007年北京郊区农村人均纯收入9314元，其中直接来自乡村集体经济组织的收入为1833元，约占全部收入的20%。在乡村集体经济组织及其企业直接就业的农村劳动力有38.8万人，占农村劳动力总人数的28%。此外，还有更多的农民在集体土地上承包经营，或在乡村集体经济组织招商引资举办的企业中就业。统计资料和实地调查表明，农民收入和就业状况与该地区乡村集体经济组织的经济实力呈正相关关系，集体经济组织的实力越强，农民收入就越高、农民就业也越充分。这说明乡村集体经济组织仍是吸纳农民就业，促进农民增收的重要载体。从表3－2中可以看出，村集体收入①越高，人均可支配收入越高，在本村就业越充分。

表3－2　　2007年全市村集体经济收入与农民收入对比

| 村集体收入分组 | >1亿元 | 5000万—1亿元 | 1000万—5000万元 | 500万—1000万元 | 100万—500万元 | <100万元 |
|---|---|---|---|---|---|---|
| 村庄数（个） | 84 | 63 | 224 | 131 | 265 | 3234 |

① 根据《北京市村合作经济组织的会计制度实施细则》第五章“收入”中的规定，村组织收入是指村合作经济组织在销售商品、提供劳务及让渡资产使用权等日常活动中所形成的经济利益的总流入，包括主营业务收入和其他业务收入。前者指村合作经济组织进行各项生产、服务等经营活动取得的收入，后者指材料销售、固定资产出租收入、承包上交收入、无形资产出租收入以及农用土地和“四荒”承包租赁收入等。此外，补贴收入是指村合作经济组织取得的政策性补亏、财政补贴、财政拨付的保证村级组织正常运转专项补助资金等补助性资金。

续表

| 村集体收入分组 | >1 亿元 | 5000 万—1 亿元 | 1000 万—5000 万元 | 500 万—1000 万元 | 100 万—500 万元 | <100 万元 |
|---|---|---|---|---|---|---|
| 人均可支配收入（元） | 15013.8 | 12152.9 | 11084.2 | 10714 | 9583.2 | 8631.1 |
| 其中集体所得（元） | 8349.5 | 5018.7 | 3040.8 | 2168 | 1212.8 | 366.4 |
| 劳动力总数（人） | 96511 | 59268 | 166207 | 88453 | 140780 | 1292330 |
| 在集体就业的劳动力（人） | 59275 | 28005 | 57486 | 16976 | 19963 | 89337 |
| 比重（%） | 61.4 | 47.3 | 34.6 | 19.2 | 14.2 | 6.9 |

资料来源：原市农村合作经济经营管理站。引自王新等：《北京乡村社区合作经济组织发展研究》课题研究报告（2008）。

图 3－3 是从村集体积累水平角度对村集体发展与农民收入的关系进行比较。随着村集体积累水平的提高，农民收入水平也在提高，而在本村就业的劳动力人数也在增加。

**表 3－3　　2007 年全市村级人均所有者权益与农民收入对比**

| 人均净资产分组 | >10 万元 | 5 万—10 万元 | 1 万—5 万元 | 0.5 万—1 万元 | 1000—5000 元 | 500—1000 元 |
|---|---|---|---|---|---|---|
| 村数（个） | 148 | 146 | 683 | 506 | 1541 | 362 |
| 人均可支配收入（元） | 15301.3 | 13099.5 | 11171.3 | 9546.8 | 8262.3 | 7768.2 |
| 其中集体所得（元） | 8366.7 | 4965.8 | 2213.7 | 967.5 | 301.4 | 106.0 |
| 劳动力总数（人） | 82099 | 95928 | 354332 | 242624 | 635634 | 151255 |
| 在村集体就业的劳动力（人） | 42310 | 42218 | 87882 | 28049 | 43567 | 7186 |
| 比重（%） | 51.5 | 44 | 24.8 | 11.6 | 6.9 | 4.8 |

资料来源：市农村合作经济经营管理站。引自王新等：《北京乡村社区合作经济组织发展研究》课题研究报告（2008）。

农村道路、水、电等基础设施建设，以及教育、卫生、社会保障等公共服务的投入主要由农民和村集体经济组织来负担。据北京市经管站对京郊 175 个村庄的统计，1995—2005 年，平均每个村庄基础设施累计投入

415 万元，其中村集体自筹 346.4 万元，占 83.5%；政府补助 59.6 万元，占 14.4%；农民投入 4.6 万元，占 1.1%。平均每个村经济合作社对社会管理及公共事业累计投入 403.5 万元。其中用于环境治理及维护 154.3 万元，用于教育文化娱乐设施投入 44 万元；用于社会福利累计投入 201.3 万元。北京市第二次农业普查显示，2006 年全市村级固定资产投资 48.8 亿元，其中国家投入 11.4 亿元，占村级固定资产投入总额的 23.3%，乡村集体经济组织投入 35.5 亿元，占 72.7%，其他投资 1.9 亿元，占 3.9%。

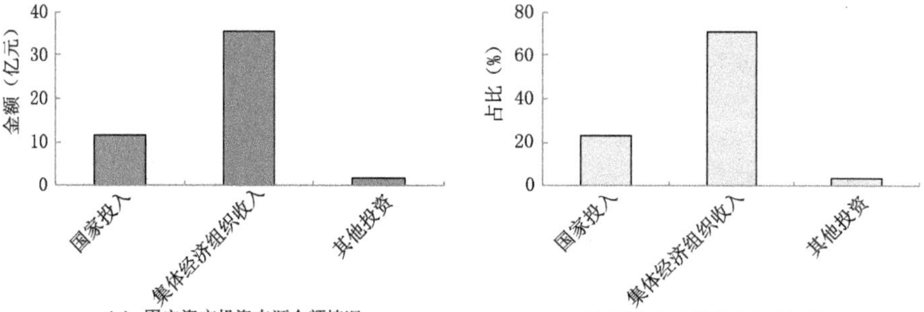

(a) 固定资产投资来源金额情况　　(b) 固定资产投资来源占比情况

**图 3-5　2006 年北京农村村级固定资产投资来源结构状况**

资料来源：第二次农业普查资料。引自王新等：《北京乡村社区合作经济组织发展研究》课题研究报告（2008）。

第三，村庄人口规模。人口是任何一个地区经济发展的基础，通过一个较长期的时间段观察，可以清晰地看出村庄人口规模发生了明显的变化，尤其是那些二三产业比较发达的村庄，出现了人口规模上升的趋势，除了人口自然增长之外，主要是由于人口净流入而引起的。

从以上三个维度进行测量和比较，就可以总结村庄发展变动的典型化事实。在 1978—2006 年的四个时点上，依照与平均值的相对水平，按“上等村”、“上中等村”、“下中等村”以及“下等村”四个级别，进行村庄分组和排序。观察人均收入和人均所有者权益两个维度上的村际分化趋势。在此基础上，进行村庄发展动态演化模型的构建及实证。

### 3. 村庄发展的阶段划分

Taylor 和 Adelman（1996）从村庄经济与市场发育关系的角度划分出

三种类型的村庄经济，代表了村庄发展的三个大的阶段：生存型的村庄经济、专业化的村庄经济和准市场经济下的村庄经济。生存型的村庄经济代表了村庄发展的一种极端情形，是一种孤立而封闭的农户经济。农户可以供给其生产所需要的所有投入，同时消费掉所有产出，在农户等各类生产单位之间、在村庄之间以及在村庄与外部世界之间不存在任何的交易。农户根据对时间和生产的主观判断形成机会成本体系，从而决定了资源的配置结构。专业化的村庄经济代表了另外一种极端的情形，一部分村庄专业化于产品生产，而另一些村庄缺乏产业支撑，而专业化于输出生产要素，如劳动力、资金等。准市场经济下的村庄经济介于二者之间，是和现实比较接近的一种情形，既有专业化的产品生产，又有劳动力外出谋生。本书主要分析村庄转型阶段的情况。

在这一阶段，产业升级、城市化与城镇化是主要内容。乡镇企业的扩张，使得村庄非农部门发育壮大起来，并取得了相对于农业部门来说绝对的优势，集中体现在具有较高工资水平的劳动力市场上面。由此形成了中国改革开放后的第一次民工潮，即“进厂不进城”。一些村庄拥有较好的发展条件，如良好的区位、企业家群体，其村庄工业逐渐兴起，逐渐专业化于非农产业。同时，外部世界对非农化滞后的村庄的冲击促使村庄的面貌发生实质性的变化，大量劳动力开始从事非农业劳动，造成村庄劳动力和人口的流失，由此对村庄的发展产生一系列连锁反应，形成了改革开放以后的第二次民工潮，即“进厂又进城”。村庄专业化的发展使得村庄在发展方向发生了本质性的变化，这也就成为村庄发展的重要阶段。总体上观察，村庄发展转型和拉尼斯定义的发展中经济转型阶段时间类似，大概也需要 30—50 年。村庄专业化的完成以村庄与外部市场一体化整合为标志，大多数投入品和产出品都经过市场过程实现。部分村庄专业化于农业生产，并大量地输出劳动力、资本等生产要素；少量村庄形成增长极，专业化于非农业生产，并逐渐向小城镇或城市型社区方向转化。

转型期的村庄发展进一步划分为三个阶段：

村庄分化酝酿阶段：村庄内部的配置效率改进。这一阶段主要是对村庄内部效率的改善，进而扩大农业剩余，促进了农业的产业升级和村庄的二三产业发展。在北京郊区，这一阶段主要集中于 1978—1988 年。这段时期，人民公社解体使村庄和农户摆脱了传统的计划经济体制的限制，获得了发展经济的主动性，成为市场上的两大主体，这也带来了村庄内资源配置效率的改善，村庄内部资源配置非均衡问题逐步得到解决，农村经济得到快速发展。这次超常规增长标志着村庄经济在历经几千年的发展历程之后，出现了一场农村地区的产业革命。这一段时期外部制度变迁对村庄发展发挥了基础性作用，村庄出现了共同快速发展的格局，村庄之间经济绩效差异相对较小。这是一个村庄从自身内部挖掘潜力，并获得普遍快速发展，而村庄间分化不明显的阶段。

村庄分化的初始阶段：村庄之间的资源配置效率改进。村庄分化初始阶段是指伴随着村庄之间的不平衡发展，一些村庄逐渐取得了垄断竞争优势，吸收资源和要素的流入，呈现出村庄之间的增长极。在北京郊区，这一阶段主要集中于 1988—1998 年。主要是通过发挥中心村的产业与人口集聚作用，使村庄内经营主体不断多元化，产业结构快速非农化转型，逐渐向小城镇方向发展，解决了村庄间的非均衡资源配置问题（这也是全国大部分农村地区所处的阶段），如窦店、大稿、南宫等村庄，集聚了资源和要素，带动了附近区域的发展。这一时期，乡镇企业获得了快速的发展，村庄之间的差异主要来源于乡镇企业发展绩效或集体经济实力的差异，即所谓的“无工不富”。

村庄分化加速阶段：城乡之间的资源配置效率改进。随着产业化的推进，城乡之间资源要素的联系逐渐密切起来，城乡统一的要素市场逐渐形成，城市在村庄发展过程中逐渐发挥了主导作用，农村地区承载城市空间功能差异化，单个村庄“各自为战”的发展模式逐渐走到尽头。在这一阶段，需要加快镇域总体规划、村庄体系规划、土地利用规划相互衔接，搭建乡镇统筹的实施主体，实现城乡和谐发展。之后，村庄发展也便迈入了现代经济增长阶段。北京郊区，这一阶段主要是从 1998 年至今，即以城带乡阶段。伴随着城乡联系密切度得到实质性的提升，城市财富向农村地区转移，农村地区成为中心城的经济腹地，村庄实现产业升级，承担着会展、休闲、旅游等多种功能。相应的，人均收入等指标开始呈现村庄之间，乃至城乡之间的收敛态势。但是，村庄集体经济规模、人口规模的分化仍处于一个加速阶段：先期已经发展起来的村庄，逐步向服务业为主的第三产业升级；逐渐衰落的村庄人口不断流出而向农场性质社区转型；流出的人口逐渐汇集到了城市或重点镇以及部分中心村，城乡收入和公共服务均等化。从一个长期的角度看，人口和劳动力进一步流动的意愿最终会逐渐减弱，形成城乡发展的一般均衡。

### 4. 村庄发展类型的划分：区位差异

区位是影响村庄发展的重要因素，村庄发展也带上了典型的区位特征，村庄之间的区位差异促进了村庄向不同方向上的演进。根据北京郊区40个村庄在城市化、城镇化、工业化及农业产业化进程中的发展过程，可以清晰地展现区位对村庄发展演变趋势差异的影响。

（1）城市化社区类型。伴随着中心城产业和功能向郊区的辐射和转移，城市边缘地区的村庄会首先受到影响，突出表现在被动城市化过程中的产业结构的演变和劳动力的流动两个方面。这部分地区村庄的发展大多是外生型发展，受到中心城区的辐射和带动，其主导产业大部分向第三产业方向演变，部分农民户籍转为城市居民户籍（“农转居”）。伴随产业结构升级，人口集聚功能显著增强，大量的外来人口流入本地，如草桥、狼垡二村、十里河、西总屯、大峪、南街、三合庄、太平庄、八角、和平街等村庄发展均具有此特征。

这类村庄可进一步分为三种：城市规划区范围内的中心城周边、区县新城周边及城市外围组团的村庄。40个村庄的调研资料显示，1978—1988年，这类地区村组织成员人数年均下降2.05%，农用地面积年均下降4.1%，而其他两类（平原区和山区）地区的村庄这两项指标在同期都仍然处于上升的趋势，说明这类地区的村庄是最先进行了产业升级，其城市化速度也是最快的。而单从耕地面积的数量上看，在1978—1987年、1988—1997年和1998—2006年三个时期，这一地区村庄年均下降速度分别为3.87%、7.82%和10.44%，同时，村庄集体资产总额快速递增，分别为17.06%、27.51%和16.51%。此外，这类地区村庄平均人口规模的降幅在不断收窄，1998—2006年，人数反而年均递增2.25%，反映了村庄吸引力的逐渐增强，大量人口向这些地区集聚。如果加上外来务工人员，人口增加幅度会更加惊人，如本来只有3000多人的丰台区新发地村，由于农产品批发市场的发展，常住人口达到了2万多人。

（2）城镇化社区类型。介于城乡接合部和纯农业地区之间的是小城镇地区或亦城亦乡混合型社区，如窦店、西辛峰、南宫等。这些村庄一般属于内生型发展模式，主导产业确立后，带动区域实现产业升级，形成了集聚人口和资源的能力，人口规模不断扩张，向小城镇或亦城亦乡混合社区方向发展。

这部分村庄也可以细分为三类：重点镇中心规划区、一般镇中心规划区和不在镇中心规划区但独立完成城镇化的村庄。这些村庄一般交通比较便利，主要是位于镇政府所在地的镇中心村，如丰台区的南宫村、房山区的窦店村，也包括一些虽然没有在镇政府所在地，即城镇核心区，但也具有集聚人口和产业能力的村庄，如昌平区的香堂村、顺义区的北郎中村。这些村庄，有明确的主导产业，通过扩大资本积累推进产业升级，逐渐走向富裕，不仅会保留下来，而且由于产业和人口的集聚能力不断增强，将会向新兴小城镇方向发展，形成城镇社区或亦城亦乡的混合型社区（非农经济区与农业区的混杂），成为城乡一体化的重要节点。如在王佐镇南宫村，位于镇核心区，通过产业升级，集体经济不断发展壮大，带动了王佐镇的整体发展。目前镇域内的18个村庄中有4个并入镇核心区，其他村庄并入周边4个中心村，建立了全镇的中心学校，中小学生上学回家都有班车接送。另外还发展地热公园、垂钓园和各类旅游设施等，吸引了大量的市民前来休闲观光，也拉动了地区房价，带动了本村庄的房地产以及相关的建材、五金等行业的发展和产业集聚，最终形成了城镇化的新型社区。

（3）新村化社区类型。这类村庄总体上可以称为维持发展型村庄社区。可进一步细分为两类：就地改造型村庄（中心村）社区和特殊功能保留型村庄社区。中心村类型主要是纯农业地区，可能也有少量的二三产业，但经过村庄改造和产业发育，仍能集聚一定的人口，居民点的生活功能不会丧失。尤其是部分交通、资源条件较好的村庄可以实现就地城市化，如龙聚山庄（原小鲁庄）、蔡家洼等。由于在远郊与部分近郊平原地带，大部分村庄会成为人口流出区，将来可能归并入这些中心村，也不排除少量这样的村庄在发展过程中本身产生进一步的集聚功能，而成为类似小城镇的新型社区，但这仅作为个案存在。

特殊保留村庄社区是那些由于具有历史文化或自然景观等特殊资源或

功能而需要保留下来，或者可以和旅游等第三产业结合，吸引城里人前来休闲并短期居住的村庄。这类村庄一般会受到生态资源涵养区的功能定位的影响，产业发展受到限制，主要是依托当地自然风光、历史人文等资源，结合观光采摘旅游等三产项目开发，实现生态产业化，维持一定的人口，如四马台、爨底下、西水峪、麻峪房、雕窝等。将来这样的村庄主要是作为一个旅游景点而存在。这部分村庄大多位于远郊山区，区位和交通条件较差，一般不具有产业和人口的大规模集聚功能，人口形成外流趋势。密云县的娄子峪村，1978—2006 年四个时点，村庄参加分配人数分别为 700 人、659 人、615 人和 530 人，人口减少趋势明显。部分村庄也可能随着旅游业的发展而呈现人口回流趋势。

（4）空心化社区类型。这类村庄居多数，其与新村化社区的区别在于村庄居民点往往不具有完整的生活功能。新村化社区如果在将来丧失了产业支撑，资本积累能力弱化，不能吸引外来人口，就业机会不足，导致大量人口外迁，就容易形成村庄的空心化（当然，不排除随着郊区化的影响，部分空心村迎来新的城市人口）。再如生态涵养地区的村庄，从长远看，可能丧失作为居民点的永久生活居住功能，为适应山区生态涵养区的功能定位，需要一定的山区护林人员，但其居住形态主要向护林点方向转化。

这些地区的大部分村庄由于缺乏产业支撑，集体经济逐渐衰落，各项事业发展缓慢，甚至发生严重倒退，村民满意度下降，农户出于对自身和下代子女的考虑，纷纷外迁，逐渐成为人口流出地区，甚至成为空心化社区。随之，村庄的永久居住功能逐渐消失，将逐渐演化为小型农场或护林点，或经村庄整治彻底消失。

西黄垡村是村庄发展由强变弱的典型，村庄人口在逐渐萎缩。1978—2006 年四个时点，村庄参加分配人口数分别为 1100 人、1045 人、989 人和 900 人，人口外迁趋势明显。而在 1978 年改革开放初期，西黄垡村是 40 个村庄里经济总收入水平最高的村庄。由于长期没能进行产业升级而日渐衰落下来。到 1988 年降为 40 个村庄里的第 7 名，到 1998 年降为第 19 名，而到 2006 年则到了第 24 名。目前村庄土地总面积 2700 亩，但是 2500 亩均为耕地，可见其主导产业仍然是定位于农业。尽管近年来大力发展的都市型现代农业使该村庄的人均收入水平有了大幅增加，但人口集聚的功能很难发育起来，反倒成为人口流出区。再如西赵各庄村，改革开放以来，村庄内总人口呈现出逐步减少的趋势，已由 1978 年的 1001 人，减少到目前的 650 人。将来很有可能被归并到其他中心村，原址成为一个单纯的农场，类似的村庄还有安乐庄、稷山营、吴雄寺、四各庄等。

上述 4 种村庄发展类型如表 3 - 4 所示。

**表 3 - 4　　乡村发展演变的类型和方向**

<table>
<tr><td rowspan="11">传统村落</td><td>发展趋向</td><td>区位类型</td></tr>
<tr><td rowspan="3">城市化社区</td><td>中心城周边进入城市规划建设范围区的村庄</td></tr>
<tr><td>区县城周边进入城市规划建设范围区的村庄</td></tr>
<tr><td>城市外围组团进入城市规划建设范围区的村庄</td></tr>
<tr><td rowspan="3">城镇化社区</td><td>重点镇中心区进入镇区规划建设范围内的村庄</td></tr>
<tr><td>一般镇中心区进入镇区规划建设范围内的村庄</td></tr>
<tr><td>不在镇中心但独立完成城镇化的村庄</td></tr>
<tr><td rowspan="2">新村化社区</td><td>就地改造型现代村庄社区</td></tr>
<tr><td>具有自然生态或历史人文资源保护价值等特殊功能型村庄</td></tr>
<tr><td rowspan="2">空心化社区</td><td>向专业农场护林点转化</td></tr>
<tr><td>经村庄整治而消失</td></tr>
</table>

## （三）村庄发展与新农村建设的关系

2005 年，中国共产党的十六届五中全会提出了推进社会主义新农村建设的要求。这次提出的新农村建设与以往不同，已经不再是一个远景的目标，而是在历史发展到现阶段的必然要求。

### 1. 村庄发展规律是新农村建设的逻辑原点

“人类的一多半人口和贫困人口中的绝大多数都在村庄居住和工作，

……村庄农户在要素和产品市场上的相互作用建立了地方性的收入联结和一般均衡反馈关系，村庄组织制度塑造了这些相互作用……关心经济福利和城乡经济增长的政策制定者和学者需要认识到村庄在经济发展和减贫中的中心作用”① （Taylor、Adelman，1996）。基于村庄的重要意义，村庄应是推动农村发展的基本动力源，是新农村建设的基本单元。村庄发展与新农村建设的关系主要体现在新农村建设的政策和措施要适应村庄发展的内在趋势和规律性，不能超越村庄发展的不同阶段，应依据村庄的不同类型进行分类指导、因村施政。

### 2. 新农村建设要因村施政

依据区位特点的差异，村庄发展往往具有不同的趋向，同区位的村庄可能处于村庄发展的不同阶段。这种村庄的时空差异，要求新农村建设战略要把城市化、城镇化与新农村建设结合起来，统筹规划、因村施政。

其中，新农村建设的重点是镇中心村（一般为镇政府所在地）以及不在镇中心但有集聚能力的村庄。那些逐渐衰落的村庄，应该把新农村建设的重点放在村庄环境整治和发展现代农业上面来。在城市周边或城市边缘组团所在地的村庄，主要是适应城市化进程、加快产权制度改革和旧村改造，尽快融入城市。

不同区位的村庄有不同的发展任务和努力方向，新农村建设的战略框架应该因地制宜地建立在村庄发展方向的基点上，解决不同类型村庄面临的主要矛盾和问题。如在一些镇中心区，要尽可能地培育村庄集聚产业和人口的功能，科学合理地规划布局，降低农民进城的成本，同时创新融资模式，降低村庄转化为城镇的融资成本。对一些人口减少的平原地区村庄，应把重点放在加快劳动力转移和农地流转，而不宜进行大拆大建。

### 3. 新农村建设是加快村庄发展的重要途径

村庄发展趋势是新农村建设路径的依据，而新农村建设是推动村庄发

① J. Edward Taylor and Irma Adelman, *Village Economies: the Design, Estimation, and Use of Villagewide Economic Models*, (London: Cambridge University Press, 1996), p. 1.

展的重要途径，二者是内在统一的关系。村庄发展趋向的不同决定了新农村建设形式以及相应配套政策上的差异。新农村建设要适应这种变化的趋势，并有前瞻性地进行推进。如村庄人口的迁移导致村庄规模的变化，直接决定了村庄发展的趋势。在新农村建设过程中，需要规划先行。而编制规划首先需要对村庄人口的变化趋势及影响因素给予充分关注。基于此，对村庄类型进行区分，并对新农村建设的政策进行顶层设计。

第四章

# 村庄发展的特征事实：假说的提出

为什么有的村庄越来越穷，有的村庄越来越富？穷村能否比富村增长得更快并最终拉平村庄之间的差距？村庄之间的相对差距会越来越大吗？对这一系列问题的回答，首先需要系统考察或了解村庄发展及差异演化的具体情况。本章对北京郊区 40 个村庄近三十年的历史数据进行分析，归纳总结了村庄在人均收入、集体积累水平以及人口规模等方面的不同的演化趋势。在此基础上，用 40 个村庄 2006 年的横截面数据对村庄间差异进行了计量分析，观察了影响村庄之间差异的主要变量，并借此提出村庄发展的理论假说。

## 一、村庄发展差异演变的历史考察

### （一）总收入的增长与差异演化特征：俱乐部收敛

村庄经济总收入属于综合性指标，反映了村庄发展的基本态势，包括公有经济收入和非公有经济收入两部分。按经营层次划分，前者包括村级集体经济组织收入和所属集体企业收入，后者包括农户经营收入和私营企业收入。通过运用马尔可夫链方法，可以发现村庄之间具有俱乐部收敛性质。

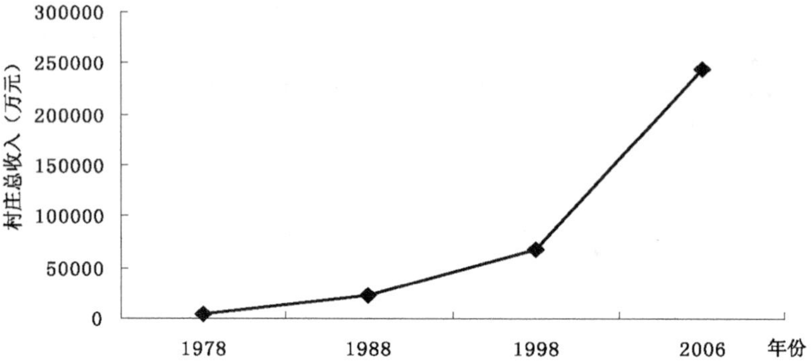


图4－1　40个村庄汇总总收入增长趋势

## 1. 村庄总收入总体上增长迅速，但村庄之间发展速度不均衡

图4－1表明，40个村庄加总总收入从1978年开始，增长速度不断加快，按可比价格计算，年均增长率达到15.5%，从1978年的4287万元迅速上升到2006年的243666万元。1998—2006年，40个村庄总收入年均增长率达到了17.2%，呈现出加速态势。其背后是农村地区开启了产业结构性变革：以肉、蛋、奶等产品为代表的农业多种经营；以农产品加工业、服装制造等为代表的农村工业化；物业租赁、批发零售、观光休闲等农村服务业的快速发展等。

通过对40个村庄内部进行对比发现，村庄总收入在增长速度上存在较大差异。图4－2是各村庄1978—2006年总收入年增长率的分布情况，反映了村庄发展的非均衡性特征。近三十年来，村庄总收入的年增长率存在较大的差异：有17.5%的村庄总收入的年增长率超过了20%，而12.5%的村庄总收入的年增长率低于8%，甚至有2.5%的村庄是负增长。

## 2. 村庄总收入出现了明显的分化趋势

从总收入水平上看，村庄之间从高到低，具有较大的动态和静态的差距和变化。根据村庄经济总收入这个指标，在1978—2006年的四个时点上，按“好（富裕村）”、“中（一般村）”、“差（贫困村）”三个级别，对村庄分别进行了分组和排序。划分标准是排名前14的村庄为富裕村，排名后13的村庄为贫困村，排在中间的13个村庄为一般村。由此，形成

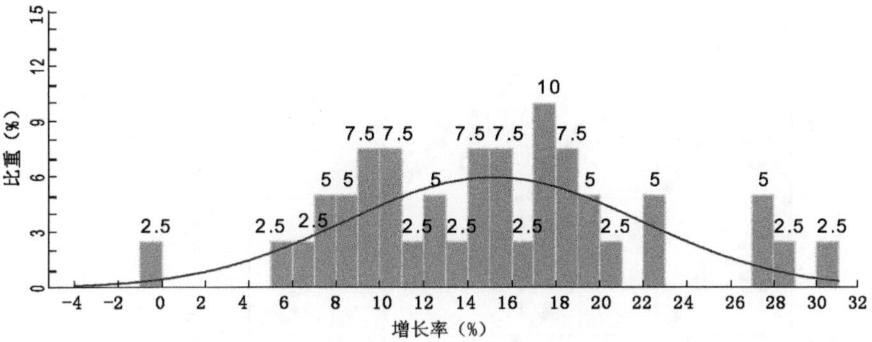


图 4－2　1978—2006 年 40 个村庄总收入增长率分布

了马尔可夫链（概率）演化矩阵，反映了村庄分化演变的概貌：

表 4－1　　　　1978—2006 年村庄总收入的演化概率矩阵

| | | 2006 年 | | |
|---|---|---|---|---|
| | | 好 | 中 | 差 |
| 1978 年 | 好 | 36% | 43% | 21% |
| | 中 | 62% | 23% | 15% |
| | 差 | 8% | 31% | 61% |

注：矩阵中的数据表示 1978—2006 年村庄发展与演变的概率，如 36% 表示在 1978 年处于“好”级别的村庄在 2006 年仍然处于“好”级别的概率，其他以此类推。

由表 4－1 可以看出，村庄经济总收入发生了明显的分化。1978 年 14 个村庄经济收入属于第一等级的村庄到 2006 年仅剩 5 个，即矩阵中“好—好”部分的概率仅为 36%，有 6 个村降到第二等级（概率为 43%），有 3 个村已经演变为第三等级（概率为 21%）。而 1978 年发展中等的村庄有 62% 发展为第一等级的村庄，表明村庄之间可能发生了收敛。另外，村庄总收入变化也存在一定程度的俱乐部收敛特征，如“差—差”的概率达到了 61%。只是由于时期较长，俱乐部收敛特征不是很明显，要在阶段分析中进一步比较和印证。

### 3. 村庄总收入分化的阶段性变化特点：俱乐部收敛进一步显现

对村庄分化演变的阶段性特点可以从图 4－3 中看出来。首先，仍然从村庄经济总收入角度观察村庄发展变化的基本形式。

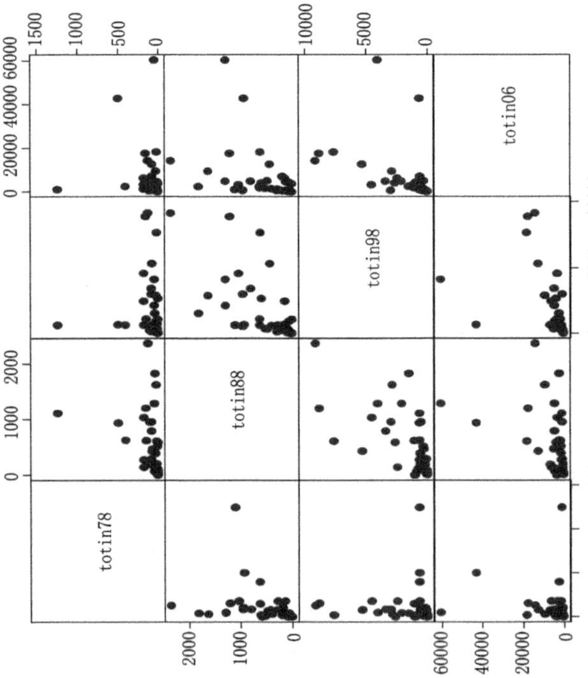


a. 1978—2006年40个村庄总收入分化演变矩阵图

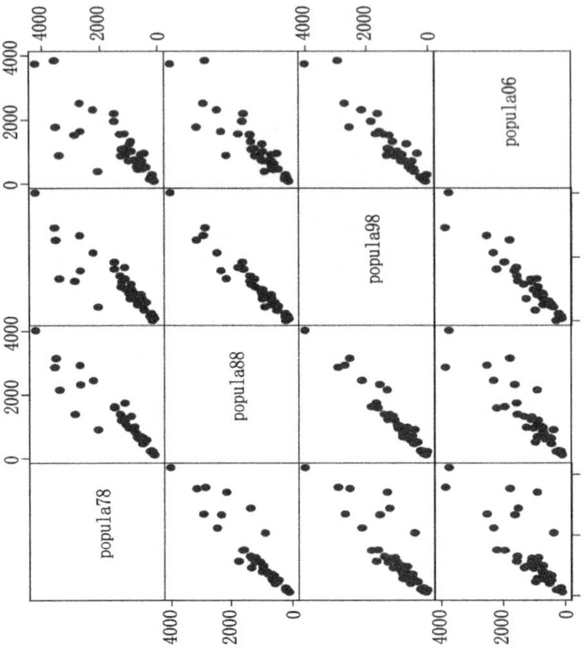


b. 1978—2006年40个村庄人口规模分化演变矩阵图

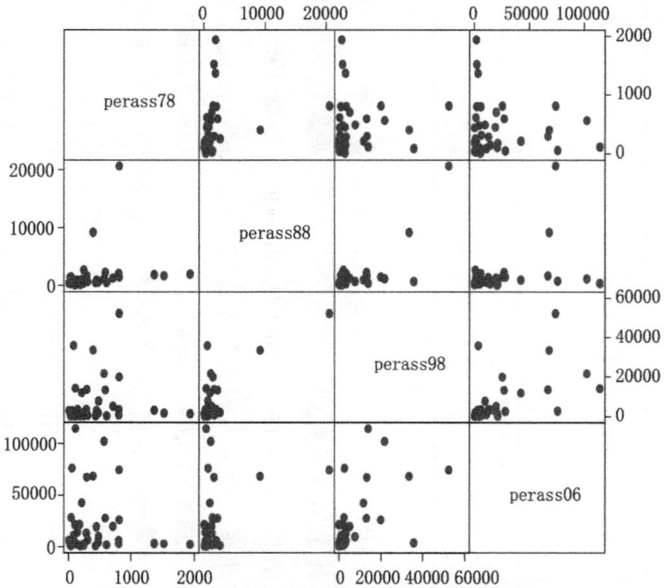


c. 1978—2006年40个村庄人均所有者权益分化演变矩阵图

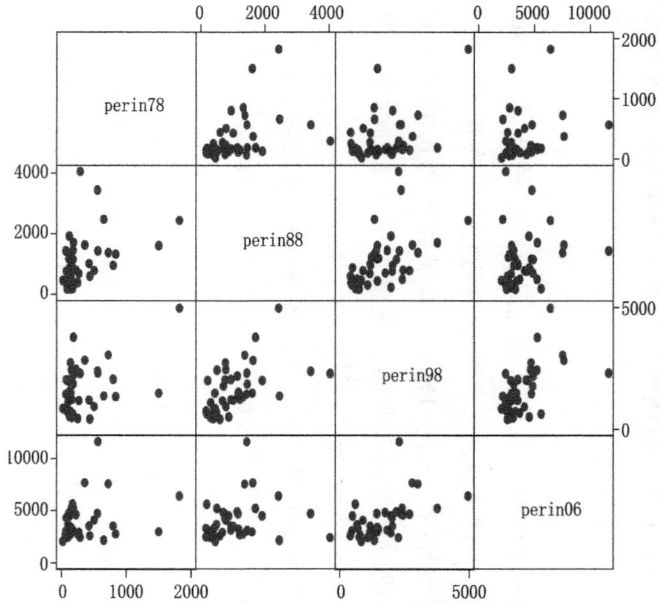


d. 1978—2006年 40个村庄人均收入分化演变矩阵图

**图 4－3　村庄分化演变的矩阵分析**

注：图 a、b、c、d 分别是 40 个村庄各村庄经济总收入、人口规模、人均所有者权益和人均收入的矩阵演化图。本部分主要分析总收入的分化演变，其他几个图是作为对照。横轴从左到右分别是 1978 年、1988 年、1998 年和 2006 年的数值；纵轴从上到下分别为 1978 年、1988 年、1998 年和 2006 年的 40 个村庄相应数值，由此形成了四个各有 12 个组合的矩阵。所用数据均以 1978 年为基期进行了价格指数调整，以消除物价上涨的影响。组合点表示的是某一个村庄某两个时间点的组合，反映了村庄之间在经济总收入等指标排序上的在两个时点上的动态变化。

改革开放后的第一个十年，村庄经济总收入呈现共同快速发展的态势；第二个十年，则发生了显著的分化，随后又出现了相对的稳定。这 20 年可分为三个阶段：

第一阶段，1978—1988 年：在家庭承包经营体制的环境下，40 个村庄呈现了普涨格局，在左侧散点图矩阵中表现为垂直分布形态。根据 Lin (1992)，家庭联产承包制对 1978—1984 年农业经济增长的贡献大约是 42%，通常把农村这段时期的增长称为制度变革带动下的超常规增长阶段。同时，村庄间总收入水平开始出现村庄之间的分化，只是分化程度不很明显。如表 4 - 2 所示，1978 年处于最高等级的村庄到 1988 年仍有 71% 的村庄位于最高等级，而成为最差的村庄为 0，降为中等的村庄占 29%；但是，处于中等层次的村庄已经开始了分化，1978 年的中等层次村庄，到 1988 年会有 31% 的村庄占上升为“好村”，23% 的村庄变为“差村”；而 1978 年“差村”则大部分（67%）仍然处于差的一组内，只有 23% 的可能性上升为中等村。表明在这一阶段出现了一定程度的村庄间俱乐部收敛。

表 4 - 2　　1978—1988 年村庄间总收入演化比例矩阵

| | | 1988 年 | | |
|---|---|---|---|---|
| | | 好 | 中 | 差 |
| 1978 年 | 好 | 71% | 29% | 0% |
| | 中 | 31% | 46% | 23% |
| | 差 | 0% | 23% | 67% |

第二阶段，1988—1998 年：一些村庄的发展速度慢下来，一些村庄则加快了发展速度，甚至出现了赶超，表现在散点图中为发散的形状，表明村庄之间总收入在增长速度上存在一定的收敛特征。根据 1995 年中国农民收入基尼系数的计算，劳动力收入和家庭经营收入对农民收入基尼系数的贡献率分别达到了 58% 和 35%。同时，劳动力收入的地区间基尼系数大大高于家庭经营收入的基尼系数，1995 年，前者为 0.54，后者只有 0.13。因此，非农就业机会的差异在很大程度上就决定了农民收入的差异（万广华，1997、2001；Rozelle，1994；张车伟，2005）。在这段时期，乡镇企业的发展程度成为村庄之间发展差异的重要影响因素，可以

称为“农村工业化”阶段。如表4－3所示，在这一阶段，村庄之间的收敛特征没有第一阶段突出，在部分组甚至存在显著的分化趋势，如1988年的中等村庄在1998年仍然处于中等水平的村庄仅占38%，31%的村庄上升为“好村”，31%的村庄下降为“差村”。总体上看，俱乐部收敛的特征开始显现，如“好—好”与“差—差”的占比分别达到了71%和69%。

表4－3　1988—1998年村庄总收入演化比例矩阵

| | | 1998年 | | |
|---|---|---|---|---|
| | | 好 | 中 | 差 |
| 1988年 | 好 | 71% | 29% | 0% |
| | 中 | 31% | 38% | 31% |
| | 差 | 0% | 31% | 69% |

第三阶段，1998—2006年：郊区工业化和城镇化进入中后期阶段，城市对乡村的经济辐射力度加强，村庄之间逐渐形成了相对稳定的序列。如表4－4所示，在这一阶段，村庄之间继续分化的趋势显著趋缓，尤其是那些“差村”，到2006年仍然位于这一等级的概率为92%，即贫困村庄再追上赶富裕村的可能性已经很低了，而“好村”仍然为“好村”的比例占70%。这意味着，资源结构和初始收入条件相近的村庄组的俱乐部收敛趋势已经非常明显了，单纯靠村庄自身的力量寻求发展新空间已经非常有限了。

表4－4　1998—2006年村庄总收入演化比例矩阵

| | | 2006年 | | |
|---|---|---|---|---|
| | | 好 | 中 | 差 |
| 1998年 | 好 | 7% | 29% | 1% |
| | 中 | 38% | 62% | 0% |
| | 差 | 0% | 8% | 92% |

这种演化趋势的稳定性意味着村庄内部影响变量的作用开始变强，而原来的外部影响因素逐渐变弱，使村庄在不同水平上形成了俱乐部收敛。这段时期，城市郊区化加快了产业和功能向郊区的转移，由此带来的市场

机遇在农村地区已经实现整体覆盖，抢先抓住市场机遇的村庄逐渐形成了垄断竞争优势，区位差异使这种分化格局进一步固化，后面的计量实证检验中也验证了这一猜想。为此，当前需要培育在乡镇一级的更高层的市场组织主体，冲破村庄产权封闭的边界，落地“高、精、尖”的产业项目，实施乡镇统筹、推进区域均衡协调发展，否则，穷村可能永远贫穷下去，陷入“穷村俱乐部”的陷阱。

## （二）人均收入的增长与差异演化特征

人均收入指标是分析收入分配的传统指标，能集中地反映农户层面生活质量的变化，也是体现村庄发展情况的基本指标。

### 1. 人均收入增长的总体特征

人均收入增长迅猛。改革开放以来，农户人均收入普遍快速上涨。如图 4－4 所示，40 个村庄的人均收入水平快速提升，从 1978 年的 329. 8 元上升到 2006 年的 4045. 1 元，年均增长 9. 4%。

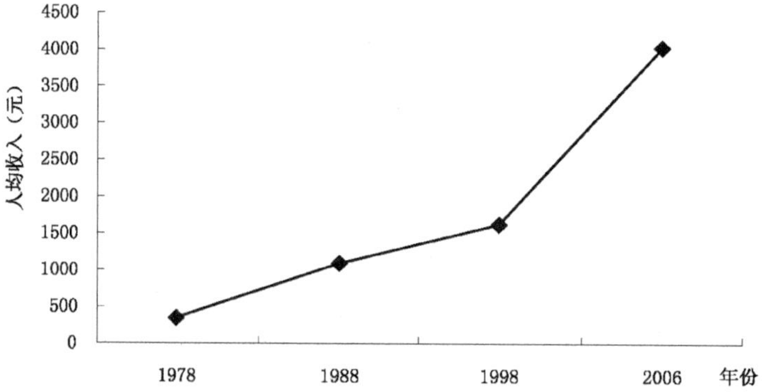


**图 4－4　40 个村庄人均收入变化**

在表 4－5 和图 4－5 中，可以看到无论是 40 个村庄总体，还是各个区域组的村庄，人均收入均值都有了持续的大幅上升。

区域之间存在结构性差异。城乡接合部组的村庄人均收入一直高于平原组和山区组村庄的人均收入，而山区组人均收入自 1998 年以后渐渐超过了平原组，这与城市郊区化带动山区资源开发、加快传统农业向第三产业的升级、以观光休闲为主要内容的都市型现代农业的快速发展有直接关系。

**表 4-5　40 个村庄人均收入及年增长率**　单位：元，%

| | 40 个村庄总体 | 城乡接合部村庄 | 平原村庄 | 山区村庄 |
|---|---|---|---|---|
| 1978 年人均收入 | 329.8 | 275 | 374.0 | 320.0 |
| 1988 年人均收入 | 1098.5 | 1405 | 1007.6 | 904.5 |
| 1998 年人均收入 | 1640.5 | 2228 | 1426.3 | 1330.6 |
| 2006 年人均收入 | 4045.1 | 5564 | 3088.4 | 3866.6 |
| 1978—1988 年增长率 | 13 | 18 | 10 | 11 |
| 1988—1998 年增长率 | 4 | 5 | 4 | 4 |
| 1998—2006 年增长率 | 12 | 12 | 10 | 14 |

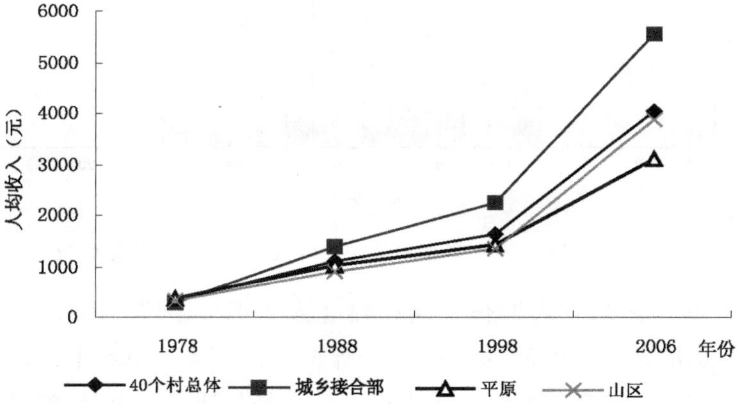


**图 4-5　40 个村庄人均收入变化情况**

增长速度经历了“快、慢、快”的过程。如表 4-5 所示，在近三十年的增长过程中，各组增长速度均经历了先高、后低、再高的三个阶段，增长率分别为 13%、4% 和 12%。1978—1988 年，由于体制变革效应，村庄经历了一次超常规增长，尤其是城乡接合部地区，年增长率达到了 18%；1988—1998 年，增长速度下降到 4%，各组之间形成了匀速增长态势；1998 年以后，增长再次提速，重新回到两位数的增长率水平上来；1998—2006 年，增长速度为年均 11.9%，尤其是山区组的村庄平均收入年增长率达到了 14%，并迅速超过了平原地区的期望收入水平。

### 2. 村庄之间人均收入增长率比较

村庄间收入水平差异的一个重要原因是收入增长速度的差异，在一个较长的时间区间观察尤为明显。图4-6显示了人均收入增长率在村庄间的分布情况。

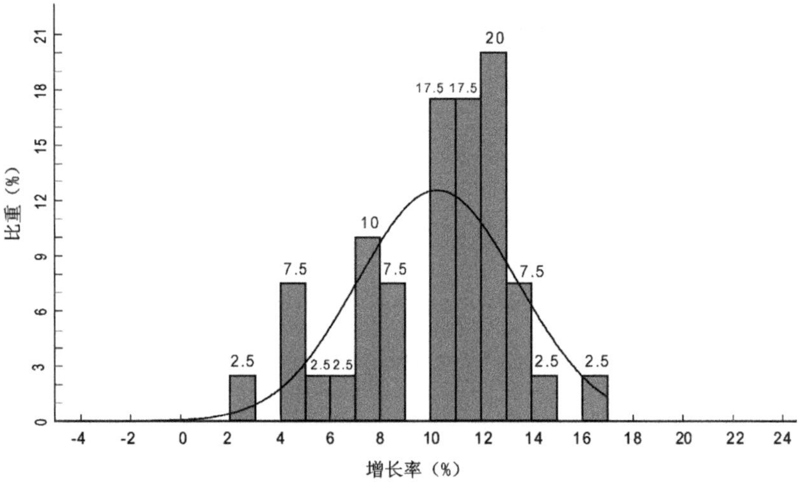


**图4-6　1978—2006年各村庄的人均收入增长率占比重情况**

40个村庄人均收入增长率变动幅度为2.42%—17.94%，期望值为0.1087，标准差为0.035。如图4-6所表示，1978—2006年，人均收入增长率在10%—14%的村庄比重为62.5%。增长速度低于3%的村庄或高于15%的村庄比重分别约为2.5%。村庄之间存在显著的增长率差异，直观上可以解释在经济长期增长中的差异。考虑到经济增长初始条件的不同，如果增长率高的村庄是那些起步水平较低的村庄，就可以推测村庄之间存在收敛性特征。

### 3. 村庄间人均收入的动态比较分析：穷村可能超越富村，总体分化趋向减弱

首先是村庄之间位次变化明显，许多穷村位次出现了提升。从表4-6中可以看出，近三十年来村庄之间收入水平的位次发生了剧烈的变

化。许多原先处于前列的村庄被超过，且排位不断落后。如原先人均收入水平较高的西赵各庄村、稷山营村、四各庄村和西黄垡村，在 1978 年分别是第 3、6、2、4 名，到 2006 年排名大幅下落至第 31、39、28、19 名。而原先相对落后或中等的村庄，如八角村、四马台村、东大街村、草桥村、南宫村和高碑店村，分别由 1978 年的第 17、32、23、19、27、12 名上升到 2006 年的第 6、11、9、8、12、2 名。这种村庄位次上的变化意味着村庄之间在人均收入水平上出现了收敛现象。

**表 4-6　　40 个村庄人均收入位次变化**

| 村　庄 | 1978 年 | 1988 年 | 1998 年 | 2006 年 |
|---|---|---|---|---|
| 八角 | 17 | 6 | 2 | 6 |
| 太平庄 | 5 | 12 | 3 | 3 |
| 车耳营 | 25 | 32 | 19 | 21 |
| 岔道 | 1 | 4 | 1 | 4 |
| 小鲁庄 | 8 | 23 | 30 | 17 |
| 小丰营 | 18 | 9 | 16 | 25 |
| 窦店 | 30 | 15 | 18 | 23 |
| 南街 | 31 | 5 | 15 | 15 |
| 四马台 | 32 | 16 | 21 | 11 |
| 涧沟 | 26 | 14 | 25 | 34 |
| 爨底下 | 39 | 33 | 32 | 33 |
| 大峪 | 38 | 11 | 22 | 27 |
| 西赵各庄 | 3 | 13 | 24 | 31 |
| 稷山营 | 6 | 3 | 23 | 39 |
| 吴雄寺 | 36 | 37 | 14 | 30 |
| 安乐庄 | 11 | 18 | 27 | 20 |
| 东大街 | 23 | 26 | 17 | 9 |
| 西水峪 | 29 | 21 | 37 | 14 |
| 东帽湾 | 22 | 20 | 26 | 24 |

续表

| 村　庄 | 1978 年 | 1988 年 | 1998 年 | 2006 年 |
|---|---|---|---|---|
| 三合庄 | 37 | 25 | 13 | 16 |
| 西辛峰 | 13 | 27 | 28 | 29 |
| 麻峪房 | 21 | 35 | 38 | 26 |
| 雕窝 | 20 | 38 | 36 | 5 |
| 和平街 | 16 | 22 | 6 | 13 |
| 西樊各庄 | 15 | 34 | 39 | 32 |
| 蔡家洼 | 34 | 36 | 29 | 38 |
| 庄禾屯 | 28 | 39 | 34 | 22 |
| 娄子峪 | 35 | 40 | 33 | 36 |
| 狼垡二村 | 9 | 2 | 8 | 10 |
| 黎明 | 10 | 28 | 40 | 35 |
| 四各庄 | 2 | 8 | 20 | 28 |
| 西黄垡 | 4 | 19 | 12 | 19 |
| 草桥 | 19 | 17 | 11 | 8 |
| 南宫 | 27 | 24 | 5 | 12 |
| 大稿 | 24 | 29 | 7 | 7 |
| 西总屯 | 33 | 30 | 35 | 18 |
| 草厂 | 14 | 1 | 10 | 37 |
| 仇庄 | 40 | 31 | 31 | 40 |
| 高碑店 | 12 | 7 | 4 | 2 |
| 十里河 | 7 | 10 | 9 | 1 |

其次是村庄人均收入相对水平值的变化剧烈，向中间水平聚集态势明显。表 4－7 观察，和上面各村庄位次变化情况类似，相对水平上期较高的村庄在下一期大多都下降了，相反的，原来相对水平较低的村庄在下一期都上升了，这意味着村庄间人均收入水平发生了明显收敛，穷村可能比富村增长地更快。如 1978—1988 年，相对水平值

在200以上的村庄，到下一期的相对水平变化均为负值。相对水平值在100—200的村庄，除稷山营村、狼堡二村和高碑店村外，相对水平都下降了。同时，相对水平值在1978年处于50以下的20个村庄中，除去6个村庄相对水平在1988年下降外，其余14个村庄的收入水平都发生了上升，占比70%。在1988—1998年和1998—2006年两个时期，大体上也呈现了类似的变化趋势。这与魏后凯（1997）的研究结论是相反的，这与分析对象的地理位置、单元规模、发展阶段等特征性因素差异相关。

从排序情况看，一个典型的特点是中等村的数量在逐渐增多，下等村的数量在逐渐减少。这说明村庄之间人均收入水平在向均值集中，即离散程度在下降。如1978、1988、1998、2006年，下等村的数量依次为：20、12、9和1个。大量的村庄人均收入水平在向中等水平集中，收敛趋势明显，即村庄之间的人均收入水平可能存在$\beta$-绝对收敛。

## （三）人均所有者权益的增长与差异演化特征

人均所有者权益即人均集体净资产，这个指标是专门反映村庄集体财富积累水平的，标志着村庄经济实力的强弱，如村庄投资能力、公共服务水平、集体福利水平等，对村庄的凝聚力和可持续发展能力具有关键性的影响。

### 1. 总体描述

如图4-7和表4-8所示，1978年以来，人均所有者权益无论是40个村总体还是各分区域都出现了快速的增长。

首先，呈现总体上的快速增长态势。40个村庄人均所有者权益从1978年的391.3元上升到了2006年的20287.7元，增长了近52倍，年均增长速度15.1%。分区域来看，也都有了快速的增长。

其次，区域之间的发展水平存在显著差异。1978—1998年，区域之间的发展水平存在差异：城乡接合部地区的村庄人均所有者权益始终高于平原和山区；平原地区的水平始终高于山区。

表4-7　40个村庄人均收入相对水平变化

| 村庄 | 类型 | 1978年相对值 | 村庄 | 类型 | 1988年相对值 | 相对值变化 | 村庄 | 类型 | 1998年相对值 | 相对值变化 | 村庄 | 类型 | 2006年相对值 | 相对值变化 |
|---|---|---|---|---|---|---|---|---|---|---|---|---|---|---|
| 上等村庄 | | | 上等村庄 | | | | 上等村庄 | | | | 上等村庄 | | | |
| 岔道 | 3 | 551.2 | 草厂 | 2 | 368.3 | 280.4 | 岔道 | 3 | 301.6 | 80.1 | 十里河 | 1 | 287.8 | 147.6 |
| 四各庄 | 2 | 454.5 | 狼垡二村 | 1 | 313.2 | 145.6 | 八角 | 1 | 229.4 | 73.5 | 高碑店 | 1 | 188.9 | 18.1 |
| 西赵各庄 | 2 | 255.2 | 稷山营 | 2 | 224.6 | 27 | 太平庄 | 1 | 184.2 | 58.6 | 太平庄 | 1 | 186.2 | 2 |
| 西黄垡 | 2 | 242.4 | 岔道 | 3 | 221.5 | -329.7 | 高碑店 | 1 | 170.8 | 21.5 | 岔道 | 3 | 158.8 | -142.7 |
| 太平庄 | 1 | 219.4 | 南街 | 1 | 175.8 | 138.9 | 南宫 | 2 | 164.6 | 93.8 | 上中等村庄 | | | |
| 稷山营 | 2 | 197.6 | 八角 | 1 | 155.8 | 99.8 | 上中等村庄 | | | | 雕窝 | 3 | 138.8 | 101.7 |
| 十里河 | 1 | 169.7 | 上中等村庄 | | | | 和平街 | 1 | 149.6 | 78.1 | 八角 | 1 | 129.9 | -99.5 |
| 狼垡二村 | 1 | 167.6 | 高碑店 | 1 | 149.3 | 40.2 | 大稿 | 2 | 147.6 | 101.3 | 大稿 | 2 | 129.2 | -18.3 |
| 小鲁庄 | 3 | 151.5 | 四各庄 | 2 | 146.5 | -308.1 | 狼垡二村 | 1 | 144.5 | -168.7 | 草桥 | 1 | 121.2 | -12.1 |
| 上中等村庄 | | | 小丰营 | 3 | 132.2 | 77.7 | 十里河 | 1 | 140.2 | 8.6 | 东大街 | 1 | 120.3 | 13.6 |
| 黎明 | 2 | 132.1 | 十里河 | 1 | 131.5 | -38.2 | 草厂 | 2 | 138.3 | -230 | 狼垡二村 | 1 | 117.9 | -26.5 |
| 安乐庄 | 2 | 128.8 | 大峪 | 1 | 130.2 | 109.3 | 草桥 | 1 | 133.2 | 29.4 | 四马台 | 3 | 117.3 | 29.8 |
| 高碑店 | 1 | 109.1 | 太平庄 | 1 | 125.6 | -93.8 | 西黄垡 | 2 | 124.9 | 38.6 | 南宫 | 2 | 116.2 | -48.4 |
| 下中等村庄 | | | 西赵各庄 | 2 | 120.3 | -134.9 | 三合庄 | 1 | 123.4 | 54.3 | 和平街 | 1 | 115 | -34.6 |

续表

| 村庄 | 类型 | 1978年相对值 | 村庄 | 类型 | 1988年相对值 | 相对值变化 | 村庄 | 类型 | 1998年相对值 | 相对值变化 | 村庄 | 类型 | 2006年相对值 | 相对值变化 |
| --- | --- | --- | --- | --- | --- | --- | --- | --- | --- | --- | --- | --- | --- | --- |
| 草厂 | 2 | 87.9 | 涧沟 | 3 | 111.1 | 68.1 | 吴雄寺 | 2 | 121.1 | 101.2 | 西水峪 | 3 | 112.3 | 82.5 |
| 西辛峰 | 2 | 81.8 | 窦店 | 2 | 107.1 | 69.9 | 南街 | 1 | 121 | -54.8 | 南街 | 1 | 112.1 | -8.9 |
| 西樊各庄 | 2 | 76.4 | 四马台 | 3 | 106.6 | 71.8 | 小丰营 | 3 | 112 | -20.2 | 三合庄 | 1 | 106.3 | -17.1 |
| 和平街 | 1 | 67.6 | 草桥 | 1 | 103.9 | 50.2 | 东大街 | 1 | 106.7 | 42.8 | 小鲁庄 | 3 | 101.1 | 46 |
| 八角 | 1 | 56.1 | 下中等村庄 | | | | 下中等村庄 | | | | 下中等村庄 | | | |
| 小丰营 | 3 | 54.5 | 安乐庄 | 2 | 92.1 | -36.7 | 窦店 | 2 | 91.2 | -15.9 | 西总屯 | 1 | 90.6 | 49.9 |
| 草桥 | 1 | 53.6 | 西黄垡 | 2 | 86.4 | -156 | 车耳营 | 2 | 88.5 | 47.9 | 西黄垡 | 2 | 86.8 | -38.1 |
| 雕窝 | 3 | 51.5 | 东帽湾 | 3 | 85.7 | 37.8 | 四各庄 | 2 | 88.3 | -58.1 | 安乐庄 | 2 | 86.1 | 14.7 |
| 下等村庄 | | | 西水峪 | 3 | 79.5 | 40.8 | 四马台 | 3 | 87.6 | -19.1 | 车耳营 | 2 | 83.4 | -5.1 |
| 麻峪房 | 3 | 48.5 | 和平街 | 1 | 71.5 | 3.9 | 大峪 | 1 | 85.4 | -44.7 | 庄禾屯 | 2 | 81.2 | 38.1 |
| 东帽湾 | 3 | 47.9 | 小鲁庄 | 3 | 71.1 | -80.4 | 稷山营 | 2 | 81.3 | -143.3 | 窦店 | 2 | 80.4 | -10.9 |
| 东大街 | 1 | 45.8 | 南宫 | 2 | 70.8 | 28.1 | 西赵各庄 | 2 | 80 | -40.3 | 东帽湾 | 3 | 77.5 | 5.2 |
| 大稿 | 2 | 45.5 | 三合庄 | 1 | 69.1 | 47.3 | 涧沟 | 3 | 73.9 | -37.2 | 小丰营 | 3 | 77.1 | -34.9 |
| 车耳营 | 2 | 44.7 | 东大街 | 1 | 63.9 | 18.2 | 东帽湾 | 3 | 72.4 | -13.3 | 麻峪房 | 3 | 75.9 | 46.8 |
| 涧沟 | 3 | 43 | 西辛峰 | 2 | 61.6 | -20.2 | 安乐庄 | 2 | 71.5 | -20.6 | 大峪 | 1 | 74.5 | -10.9 |
| 南宫 | 2 | 42.7 | 黎明 | 2 | 55.2 | -76.9 | 西辛峰 | 2 | 70.4 | 8.7 | 四各庄 | 2 | 72.4 | -15.9 |

续表

| 村庄 | 类型 | 1978 年相对值 | 村庄 | 类型 | 1988 年相对值 | 相对值变化 | 村庄 | 类型 | 1998 年相对值 | 相对值变化 | 村庄 | 类型 | 2006 年相对值 | 相对值变化 |
|---|---|---|---|---|---|---|---|---|---|---|---|---|---|---|
| 庄禾屯 | 2 | 42.1 | 下等村庄 | | | | 蔡家洼 | 2 | 65.8 | 37.7 | 西辛峰 | 2 | 71.4 | 1.1 |
| 西水峪 | 3 | 38.7 | 大稿 | 2 | 46.2 | 0.8 | 小鲁庄 | 3 | 55 | -16.1 | 吴雄寺 | 2 | 70.9 | -50.2 |
| 窦店 | 2 | 37.3 | 西总屯 | 1 | 45.6 | 14.1 | 仇庄 | 2 | 50.4 | 9.1 | 西赵各庄 | 2 | 67.8 | -12.3 |
| 南街 | 1 | 37 | 仇庄 | 2 | 41.2 | 35.2 | 下等村庄 | | | | 西樊各庄 | 2 | 67.2 | 41.1 |
| 四马台 | 3 | 34.8 | 车耳营 | 2 | 40.5 | -4.2 | 爨底下 | 3 | 47.8 | 10.8 | 爨底下 | 3 | 66.4 | 18.6 |
| 西总屯 | 1 | 31.5 | 爨底下 | 3 | 37 | 18.9 | 娄子峪 | 3 | 45.7 | 30.1 | 涧沟 | 3 | 65.3 | -8.6 |
| 蔡家洼 | 2 | 29.9 | 西樊各庄 | 2 | 35.3 | -41 | 庄禾屯 | 2 | 43.1 | 27.3 | 黎明 | 2 | 63.5 | 38.9 |
| 娄子峪 | 3 | 27.3 | 麻峪房 | 3 | 28.4 | -20 | 西总屯 | 1 | 40.8 | -4.9 | 娄子峪 | 3 | 60.9 | 15.2 |
| 吴雄寺 | 2 | 26.1 | 蔡家洼 | 2 | 28.1 | -1.8 | 雕窝 | 3 | 37.1 | 19.8 | 草厂 | 2 | 59.5 | -78.8 |
| 三合庄 | 1 | 21.8 | 吴雄寺 | 2 | 19.9 | -6.2 | 西水峪 | 3 | 29.8 | -49.7 | 蔡家洼 | 2 | 59 | -6.8 |
| 大峪 | 1 | 20.9 | 雕窝 | 3 | 17.3 | -34.2 | 麻峪房 | 3 | 29.1 | 0.6 | 稷山营 | 2 | 52.9 | -28.4 |
| 爨底下 | 3 | 18.2 | 庄禾屯 | 2 | 15.8 | -26.3 | 西樊各庄 | 2 | 26.1 | -9.3 | 下等村庄 | | | |
| 仇庄 | 2 | 6.1 | 娄子峪 | 3 | 15.6 | -11.6 | 黎明 | 2 | 24.6 | -30.6 | 仇庄 | 2 | 50.2 | -0.2 |

注：该表是关于各村人均收入及相对水平变化情况，并按照每一个时期的相对水平值由高到低的顺序进行了排序和等级划分。相对水平值在 150 以上的为“上等村”，相对水平达到 100—150 为“上中等村”，达到 50—100 为“下中等村”，50 以下的为“下等村”。类型中“1”、“2”、“3”分别代表城乡接合部地区、平原地区和山区地区。相对值变化为本年值减去上年值。观察发现，中等村数量在快速增加，说明人均收入在村庄之间存在收敛趋势。

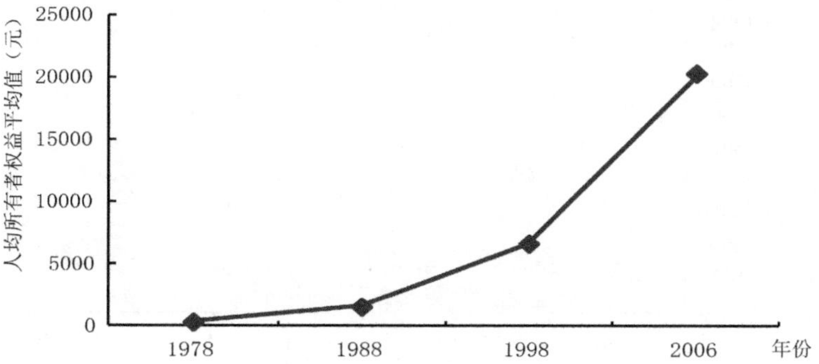


**图4－7　40个村庄人均所有者权益平均值变化情况**

**表4－8**　　**40个村庄人均所有者权益增长趋势**　　单位：元，%

| | 40个村庄总体 | 城乡接合部村庄 | 平原村庄 | 山区村庄 |
|---|---|---|---|---|
| 1978年人均所有者权益 | 391.3 | 526.3 | 409.0 | 216.8 |
| 1988年人均所有者权益 | 1617.2 | 3551.9 | 865.2 | 668.9 |
| 1998年人均所有者权益 | 6684.7 | 17416.3 | 2772.4 | 1023.9 |
| 2006年人均所有者权益 | 20287.7 | 41998.3 | 13952.2 | 6394.6 |
| 1978—1988年增长率 | 15.3 | 21.0 | 7.8 | 11.9 |
| 1988—1998年增长率 | 15.3 | 17.0 | 12.4 | 4.3 |
| 1998—2006年增长率 | 14.9 | 12.0 | 22.4 | 25.7 |

从增长率来看，区域之间存在交替关系。虽然从40个村庄总体上看，年均增长率维持在15%左右，但不同区域之间增长速度存在显著的阶段性差异。起始阶段，城乡接合部地区增长速度远远高于其他两类地区，之后速度逐渐减慢。1998—2006年，平原地区和山区的增长率分别达到22.4%和25.7%，远远超过城乡接合部地区12%的增长率。原因在于郊区农村发展的动力主要来自中心城区的产业和功能向郊区的梯度转移，区位优势突出的城乡接合部地区较早获得市场机遇而受益。当该地区村庄的产业空间日益拥挤的情况下，产业和功能会向远郊地区进行外溢和扩散，带动远郊地区在原先较低的起步水平上实现了快速增长。

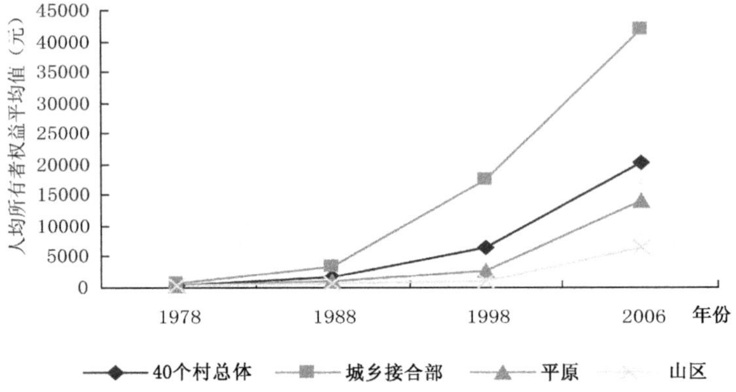


图 4－8　40 个村庄人均所有者权益平均值变化趋势

## 2. 村庄之间人均有者权益增长率差异突出

统计分析结果显示，1978—2006 年村庄间人均所有者权益增长率存在显著的差异，变动幅度为［－2.7%，29.5%］，增长率的期望值为 13.3%，呈现出较人均收入更显著的分化趋势。图 4－9 所示，呈现负增长的村比重为 5%，而增长率超过 26% 的村庄为 10%，从分布格局看，未能像人均收入那样呈现出典型的正态分布。

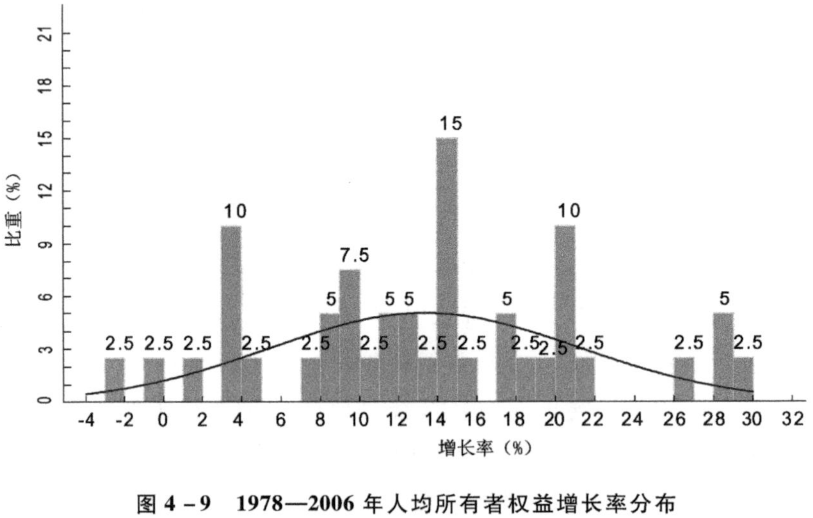


图 4－9　1978—2006 年人均所有者权益增长率分布

### 3. 人均所有者权益的动态分析：穷村可能超越富村，分化趋于加剧

城乡接合部地区的村庄依托天然的区位优势，一般产业升级速度快，集体积累较多，人均所有者权益普遍较高，如表4－9中的八角村，草桥村等；平原或山区往往呈现相反的情况，如车耳营、吴雄寺等。观察表4－9，可以发现1978年人均所有者权益比较低的一些村庄迅速赶了上来，这与上面的$\beta$－收敛分析的结论是相一致的。即从绝对水平排名看，有大量的落后村庄实现了赶超，村庄之间的人均所有者权益存在收敛的趋势。

首先，穷村可能比富村增长地更快，这与村庄间人均收入收敛性质相近。如果从动态的视角看，在相同或类似区位的村庄排名往往在近三十年的发展过程中发生了重大的变化。如西黄垡村从原先的第一名的位置，在1988年、1998年和2006年，分别落到第6、第24和第32位；而区位条件并不比西黄垡村强的小鲁庄村借助旧村改造试点政策，利用荒地进行房地产开发，实现村经济快速发展，其人均所有者权益在40个村庄的排名，从1978年、1988年和1998年的第40位、第39位和第39位，用了八年时间迅速上升到了第11位，已经和城乡接合部地区村庄的集体财富积累水平接近。

**表4－9　　　40个村庄人均所有者权益位次变化**

| 村庄 | 1978年 | 1988年 | 1998年 | 2006年 |
|---|---|---|---|---|
| 八角 | 4 | 1 | 1 | 4 |
| 太平庄 | 16 | 2 | 3 | 5 |
| 车耳营 | 24 | 37 | 14 | 15 |
| 岔道 | 7 | 5 | 13 | 20 |
| 小鲁庄 | 40 | 39 | 39 | 11 |
| 小丰营 | 25 | 18 | 27 | 31 |
| 窦店 | 19 | 13 | 12 | 16 |
| 南街 | 12 | 22 | 10 | 18 |
| 四马台 | 14 | 19 | 17 | 14 |

续表

| 村庄 | 1978年 | 1988年 | 1998年 | 2006年 |
| --- | --- | --- | --- | --- |
| 涧沟 | 29 | 34 | 32 | 22 |
| 爨底下 | 31 | 25 | 26 | 17 |
| 大峪 | 8 | 15 | 11 | 13 |
| 西赵各庄 | 13 | 26 | 23 | 23 |
| 稷山营 | 6 | 8 | 28 | 27 |
| 吴雄寺 | 28 | 40 | 25 | 12 |
| 安乐庄 | 17 | 21 | 30 | 19 |
| 东大街 | 30 | 23 | 2 | 25 |
| 西水峪 | 36 | 33 | 31 | 35 |
| 东帽湾 | 38 | 14 | 21 | 34 |
| 三合庄 | 35 | 12 | 19 | 8 |
| 西辛峰 | 39 | 32 | 16 | 21 |
| 麻峪房 | 26 | 36 | 38 | 29 |
| 雕窝 | 9 | 28 | 35 | 33 |
| 和平街 | 5 | 11 | 5 | 10 |
| 西樊各庄 | 15 | 27 | 34 | 40 |
| 蔡家洼 | 32 | 24 | 33 | 24 |
| 庄禾屯 | 3 | 7 | 15 | 26 |
| 娄子峪 | 37 | 35 | 36 | 39 |
| 狼垡二村 | 2 | 10 | 22 | 28 |
| 黎明 | 21 | 31 | 37 | 30 |
| 四各庄 | 23 | 38 | 40 | 38 |
| 西黄垡 | 1 | 6 | 24 | 32 |
| 草桥 | 18 | 9 | 7 | 6 |
| 南宫 | 22 | 17 | 9 | 7 |
| 大稿 | 27 | 30 | 6 | 1 |

续表

| 村庄 | 1978 年 | 1988 年 | 1998 年 | 2006 年 |
|---|---|---|---|---|
| 西总屯 | 33 | 20 | 18 | 3 |
| 草厂 | 20 | 3 | 20 | 36 |
| 仇庄 | 34 | 29 | 29 | 37 |
| 高碑店 | 10 | 4 | 8 | 9 |
| 十里河 | 11 | 16 | 4 | 2 |

其次，人均所有者权益相对水平发生显著分化。如表 4－10，人均所有者权益的中等收入组（包括上中等、下中等两组）的村庄逐渐减少，而下等村日益增多，尽管 1998—2006 年分化趋势略微有所缓和。在 1998 年，中等村庄仅有 4 个，仅占总体的 10%，这意味着 90% 的村庄已经两极分化了。

## （四）村庄间人口规模变化特征

人口是经济持续发展的基础。本部分重点对村庄间人口规模的变化情况进行分析和比较，总结村庄发展的特征事实。40 个村庄数据显示，改革开放以来，农业人口与劳动力均呈缓慢减少趋势。截至 2006 年年底，40 个村庄农业户籍人口 43760 人，劳动力 23885 人，分别比 1978 年减少 6536 人和 874 人。40 个村庄平均每个村庄人口 1094 人，其中最多的丰台草桥村 3856 人，最少的门头沟爨底下村 80 人。集体经济比较发达的村庄，一般都能在村庄内解决劳动力的就业问题，还为许多外来劳动力提供了就业机会，甚至形成外来人口大于本地人口的“倒挂”局面。如位于南三环与南四环之间的丰台区草桥村，常住外来人口已经超过了 10000 多人，是当地人口的 3 倍多。由于数据可得性的原因，主要分析集体经济组织成员（即参加分配人口，一般为农业户籍人口）的变动特征。

### 1. 总体趋势

改革开放后，随着农村地区市场化进程快速推进，大量农村劳动力实

表 4－10　　40个村庄人均所有者权益相对水平变化

| 村庄 | 类型 | 1978年相对值 | 村庄 | 类型 | 1988年相对值 | 相对值变化 | 村庄 | 类型 | 1998年相对值 | 相对值变化 | 村庄 | 类型 | 2006年相对值 | 相对值变化 |
|---|---|---|---|---|---|---|---|---|---|---|---|---|---|---|
| 上等村庄 | | | 上等村庄 | | | | 上等村庄 | | | | 上等村庄 | | | |
| 西黄垡 | 2 | 4.94 | 八角 | 1 | 12.71 | 10.65 | 八角 | 1 | 7.83 | -4.88 | 大稿 | 2 | 5.63 | 3.55 |
| 狼垡二村 | 1 | 3.89 | 太平庄 | 1 | 5.68 | 4.69 | 东大街 | 1 | 5.35 | 4.96 | 十里河 | 1 | 5.04 | 1.8 |
| 庄禾屯 | 2 | 3.49 | 草厂 | 2 | 1.63 | 1 | 太平庄 | 1 | 5.02 | -0.67 | 西总屯 | 1 | 3.74 | 3.35 |
| 八角 | 1 | 2.05 | 上中等村庄 | | | | 十里河 | 1 | 3.24 | 2.51 | 八角 | 1 | 3.65 | -4.18 |
| 和平街 | 1 | 2.05 | 高碑店 | 1 | 1.39 | -0.1 | 和平街 | 1 | 2.97 | 2.06 | 太平庄 | 1 | 3.36 | -1.65 |
| 稷山营 | 2 | 2.04 | 岔道 | 3 | 1.27 | -0.76 | 大稿 | 2 | 2.09 | 1.85 | 草桥 | 1 | 3.31 | 1.31 |
| 岔道 | 3 | 2.04 | 西黄垡 | 2 | 1.19 | -3.75 | 草桥 | 1 | 2 | 0.96 | 南宫 | 2 | 2.08 | 0.33 |
| 大峪 | 1 | 1.8 | 庄禾屯 | 2 | 1.16 | -2.33 | 高碑店 | 1 | 1.96 | 0.57 | 上中等村庄 | | | |
| 雕窝 | 3 | 1.54 | 稷山营 | 2 | 1.07 | -0.97 | 南宫 | 2 | 1.76 | 1.14 | 三合庄 | 1 | 1.39 | 1.03 |
| 上中等村庄 | | | 草桥 | 1 | 1.03 | 0.3 | 上中等村庄 | | | | 高碑店 | 1 | 1.34 | -0.62 |
| 高碑店 | 1 | 1.5 | 下中等村庄 | | | | 南街 | 1 | 1.14 | 0.74 | 和平街 | 1 | 1.25 | -1.72 |
| 十里河 | 1 | 1.43 | 狼垡二村 | 1 | 1 | -2.89 | 下中等村庄 | | | | 小鲁庄 | 3 | 1.05 | 1.04 |
| 南街 | 1 | 1.22 | 和平街 | 1 | 0.91 | -1.14 | 大峪 | 1 | 0.77 | -0.02 | 吴雄寺 | 2 | 1.04 | 0.85 |
| 西赵各庄 | 2 | 1.21 | 三合庄 | 1 | 0.88 | 0.77 | 窦店 | 2 | 0.52 | -0.33 | 下中等村庄 | | | |

续表

| 村庄 | 类型 | 1978年相对值 | 村庄 | 类型 | 1988年相对值 | 相对值变化 | 村庄 | 类型 | 1998年相对值 | 相对值变化 | 村庄 | 类型 | 2006年相对值 | 相对值变化 |
|---|---|---|---|---|---|---|---|---|---|---|---|---|---|---|
| 四马台 | 3 | 1.14 | 窦店 | 2 | 0.85 | 0.13 | 岔道 | 3 | 0.52 | -0.76 | 大峪 | 1 | 0.98 | 0.21 |
| 西樊各庄 | 2 | 1.1 | 东帽湾 | 3 | 0.85 | 0.78 | 下等村庄 | | | | 四马台 | 3 | 0.93 | 0.51 |
| 下中等村庄 | | | 大峪 | 1 | 0.79 | -1.01 | 车耳营 | 2 | 0.5 | 0.35 | 车耳营 | 2 | 0.7 | 0.21 |
| 太平庄 | 1 | 1 | 十里河 | 1 | 0.73 | -0.7 | 庄禾屯 | 2 | 0.45 | -0.71 | 窦店 | 2 | 0.63 | 0.11 |
| 安乐庄 | 2 | 0.78 | 南宫 | 2 | 0.62 | 0.08 | 西辛峰 | 2 | 0.42 | 0.22 | 爨底下 | 3 | 0.54 | 0.37 |
| 草桥 | 1 | 0.73 | 小丰营 | 3 | 0.53 | 0.19 | 四马台 | 3 | 0.42 | -0.09 | 下等村庄 | | | |
| 窦店 | 2 | 0.72 | 四马台 | 3 | 0.51 | -0.63 | 西总屯 | 1 | 0.4 | -0.06 | 南街 | 1 | 0.48 | -0.65 |
| 草厂 | 2 | 0.62 | 下等村庄 | | | | 三合庄 | 1 | 0.35 | -0.53 | 安乐庄 | 2 | 0.32 | 0.24 |
| 黎明 | 2 | 0.6 | 西总屯 | 1 | 0.46 | 0.31 | 草厂 | 2 | 0.3 | -1.33 | 岔道 | 3 | 0.29 | -0.22 |
| 南宫 | 2 | 0.53 | 安乐庄 | 2 | 0.4 | -0.37 | 东帽湾 | 3 | 0.27 | -0.58 | 西辛峰 | 2 | 0.29 | -0.14 |
| 下等村庄 | | | 南街 | 1 | 0.39 | -0.83 | 狼堡二村 | 1 | 0.25 | -0.75 | 涧沟 | 3 | 0.24 | 0.2 |
| 四各庄 | 2 | 0.49 | 东大街 | 1 | 0.39 | 0.17 | 西赵各庄 | 2 | 0.24 | -0.08 | 西赵各庄 | 2 | 0.22 | -0.02 |
| 小鲁庄 | 3 | 0.4 | 蔡家洼 | 2 | 0.38 | 0.17 | 西黄堡 | 2 | 0.19 | -1.01 | 蔡家洼 | 2 | 0.2 | 0.16 |
| 车耳营 | 2 | 0.35 | 爨底下 | 3 | 0.35 | 0.14 | 吴雄寺 | 2 | 0.18 | 0.16 | 东大街 | 1 | 0.18 | -5.17 |
| 小丰营 | 3 | 0.34 | 西赵各庄 | 2 | 0.32 | -0.88 | 爨底下 | 3 | 0.17 | -0.18 | 庄禾屯 | 2 | 0.16 | -0.29 |

续表

| 村庄 | 类型 | 1978年相对值 | 村庄 | 类型 | 1988年相对值 | 相对值变化 | 村庄 | 类型 | 1998年相对值 | 相对值变化 | 村庄 | 类型 | 2006年相对值 | 相对值变化 |
|---|---|---|---|---|---|---|---|---|---|---|---|---|---|---|
| 麻峪房 | 3 | 0.33 | 西樊各庄 | 2 | 0.29 | -0.81 | 小丰营 | 3 | 0.13 | -0.4 | 稷山营 | 2 | 0.12 | -0.01 |
| 大稿 | 2 | 0.28 | 雕窝 | 3 | 0.27 | -1.26 | 稷山营 | 2 | 0.12 | -0.95 | 狼垡二村 | 1 | 0.11 | -0.13 |
| 吴雄寺 | 2 | 0.26 | 仇庄 | 2 | 0.26 | 0.13 | 仇庄 | 2 | 0.1 | -0.16 | 麻峪房 | 3 | 0.11 | 0.09 |
| 涧沟 | 3 | 0.24 | 大稿 | 2 | 0.24 | -0.04 | 安乐庄 | 2 | 0.08 | -0.32 | 黎明 | 2 | 0.11 | 0.09 |
| 东大街 | 1 | 0.22 | 黎明 | 2 | 0.21 | -0.39 | 西水峪 | 3 | 0.05 | -0.15 | 小丰营 | 3 | 0.09 | -0.04 |
| 爨底下 | 3 | 0.21 | 西辛峰 | 2 | 0.21 | 0.19 | 涧沟 | 3 | 0.04 | -0.13 | 西黄垡 | 2 | 0.09 | -0.09 |
| 蔡家洼 | 2 | 0.21 | 西水峪 | 3 | 0.2 | 0.1 | 蔡家洼 | 2 | 0.04 | -0.34 | 雕窝 | 3 | 0.07 | 0.05 |
| 西总屯 | 1 | 0.14 | 涧沟 | 3 | 0.17 | -0.07 | 西樊各庄 | 2 | 0.04 | -0.25 | 东帽湾 | 3 | 0.06 | -0.21 |
| 仇庄 | 2 | 0.13 | 娄子峪 | 3 | 0.16 | 0.07 | 雕窝 | 3 | 0.02 | -0.25 | 西水峪 | 3 | 0.05 | 0 |
| 三合庄 | 1 | 0.11 | 麻峪房 | 3 | 0.15 | -0.17 | 娄子峪 | 3 | 0.02 | -0.13 | 草厂 | 2 | 0.05 | -0.25 |
| 西水峪 | 3 | 0.1 | 车耳营 | 2 | 0.15 | -0.21 | 黎明 | 2 | 0.02 | -0.19 | 仇庄 | 2 | 0.03 | -0.07 |
| 东帽湾 | 3 | 0.08 | 四各庄 | 2 | 0.09 | -0.39 | 麻峪房 | 3 | 0.02 | -0.13 | 四各庄 | 2 | 0.02 | 0.01 |
| 娄子峪 | 3 | 0.08 | 小鲁庄 | 3 | 0.08 | -0.32 | 小鲁庄 | 3 | 0.01 | -0.07 | 娄子峪 | 3 | 0.02 | 0 |
| 西辛峰 | 2 | 0.01 | 吴雄寺 | 2 | 0.03 | -0.23 | 四各庄 | 2 | 0.01 | -0.08 | 西樊各庄 | 2 | 0.01 | -0.03 |

注：和表4-7对人均收入的分析类似，对40个村庄的人均所有者权益进行了相应的排序，每一时期都按照相对水平值分出上等村、上中等村、下中等村和下等村四个等级。对比发现，人均所有者权益的中等村数量快速减少，而下等村和上等村数量快速增加，说明相对差距在扩大。

现了非农转移，加之征地转居、大中专考学等因素，农业户籍人口规模快速下降。如图 4－3 所示，间隔时期越长，村庄越偏离对角线，说明村庄在一个较长的时期内确实发生了村庄人口规模的分化。

### 2. 人口规模变动的区域结构分析

40 个村庄的总体分析主要给出一个村庄人口规模变化的大致图景，而不能反映村庄人口规模变化在地区之间的差异。下面从城乡接合部、平原和山区三类不同的区域，分别观察村庄人口规模的变化特征，对区域间差异进行比较分析。如表 4－11 所示，40 个村庄平均人口规模从 1978 年的 1257 人下降到 1988 年的 1182 人，10 年时间内村庄平均规模萎缩了 6%。1998 年，村庄人口平均规模进一步下降到原来的 85%，仅有 1069 人。1998—2006 年，村庄平均人口规模停止了下降，并有微弱的反弹，上升到 1094 人。

**表 4－11　　村庄平均人口规模变动及区域间比较　　单位：人**

| | 1978 年 | 1988 年 | 1998 年 | 2006 年 |
|---|---|---|---|---|
| 40 个村庄总体 | 1257 | 1182 | 1069 | 1094 |
| 城乡接合部 | 1881 | 1447 | 1147 | 1293 |
| 平原 | 1280 | 1382 | 1319 | 1280 |
| 山区 | 542 | 584 | 595 | 588 |

区域之间的变动存在明显差异：城乡接合部地区村庄变化最大，先快速下降后开始反弹；平原地区的村庄短暂上升后持续下降；山区情况与平原地区类似。

城乡接合部地区的村庄靠近中心城区，最先受到城市辐射和带动。基于地域上的特殊优越性，加之城市扩张的直接影响，该地区的村民向城市迁移的速度要比其他地区更快些。大量的村民转工转居，脱离了原村庄集体，成为城市居民。如表 4－11 所示，1978 年城乡接合部地区村庄平均人口规模远高于平原和山区，达到 1881 人，而 1998 年仅为 1147 人，被平原地区的人口反超。但是，1998—2006 年该地区的人口又开始有所反弹。这说明，伴随着城乡一体化进程推进，集体土地权益价值日益显现，

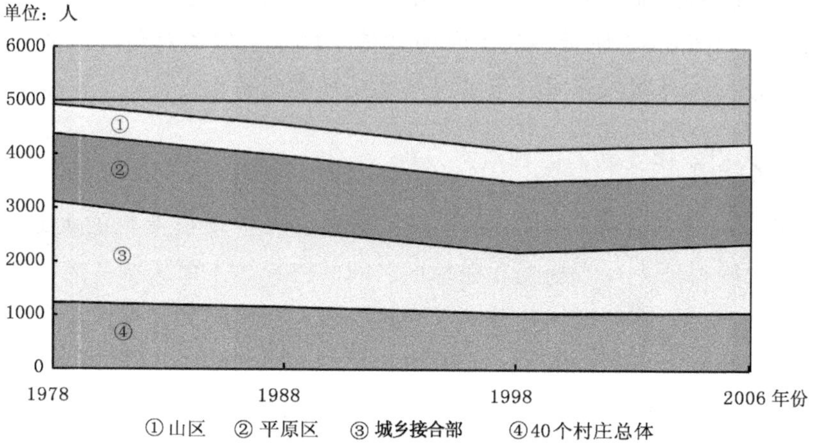


**图 4－10　村庄人口规模变动及区域间比较**

解决就业能力不断增强，村集体组织成员离开村集体，向市民转变的动机逐渐减弱。一些集体经济组织成员虽然转为居民，但仍保留了集体经济组织成员身份。

平原地区的村庄长期以来以传统农业为主，村庄人口规模介于城乡接合部和山区之间。家庭承包制改革使农业剩余劳动力从传统体制下解放出来，但是农户通过发展农业多种经营，加之以乡镇企业为代表的农村各类非农产业的快速发展，“进厂不进城”，消化了大量的农业剩余劳动力，村庄农业人口起初并未明显减少，反而逐渐上升，1988 年村庄平均人口达到了 1382 人，上升了 8%。之后，随着城市经济体制改革以及乡镇企业改制，村集体解决剩余劳动力能力逐渐减弱，平原地区的人口和劳动力大量向外迁移，村庄人口规模持续萎缩。1998 年村庄平均人口已经下降到 1319 人，2006 年则进一步下降到了 1280 人，再次低于城乡接合部地区的村庄人口规模，仅为 1988 年的 92.7%，基本上已经回到了 1978 年的水平。连续近二十年的村庄人口规模萎缩，说明平原地区村庄未来除少量具有二三产业支撑的村庄外，大部分村庄属于人口流出村，未来可能成为家庭农场类型的生产场所，而村庄的生活功能会逐渐消失。

山区的村庄人口规模始终是三类地区中最小的，且变化幅度相对较小，呈现缓慢增加（1978—1998 年）、然后逐渐减少的态势（1998—2006

年）。山区要承担全市的生态涵养功能，应以林业为主。部分地区发展休闲观光农业，如以主题公园、民俗旅游、历史文化名村等为内容的休闲旅游服务业，通过吸引城市人口维持村庄的可持续发展。但是，村庄人口整体外流的趋势仍然难以避免。部分村庄将来会分布一些非社区意义上的护林点，作为护林员的专用居所。

## （五）其他变动特征

### 1. 村庄土地资源利用结构变动特征

40个村庄总共现有农用地面积103275亩，平均每个村庄2582亩，最多的门头沟爨底下村有10323亩，最少的石景山八角村53亩。从结构上看，出现了“一增一减”的变化，即园地、林地及其他用地（主要是建设用地）增加较快，粮食作物面积大幅度减少。

2006年园地、林地和其他用地面积分别为17420亩、46333亩和11240亩，占农业用地总量的16.9%、44.9%和10.9%，分别比1978年增加了10431亩、32435亩和7357亩；粮食作物面积27982亩，占农业用地总量的38.8%，比1978年减少了40042亩，减少幅度58.9%，即改革开放以来，粮食作物面积减少了一半多。土地利用结构的这种变化表明，随着郊区城镇化进程不断加快，村庄总体上已经逐渐由传统农业阶段发展到城郊型或都市型农业阶段，农业与二三产业呈现相互融合的趋势。

### 2. 村庄产业结构的变化特征

经过近三十年的改革开放，40个村庄的产业结构已经发生了实质性的变化。

一是第三产业增长迅速。由原来的“一二三”型产业结构倒转为“三二一”型产业结构。2006年40个村庄的经济总收入为81.62亿元：来自一产的收入3.14亿元，占3.8%；来自二产的收入17.3亿元，占21.2%；来自三产的收入61.18亿元，占75%。分别比1978年增加了71.3，29.2和87.3个百分点。大多数村庄在向第三产业进行升级，只有在远郊平原的纯农业地区仍以第一产业为主导。其中，以一产为主导产业的 12 个村庄、二产的 11 个村庄、三产的 23 个村庄（有 6 个村庄选择了 2 个主导产业）。二是主导产业的选择具有明显的区域特征。以一产为主导产业的一般位于平原地区，亦有向三产延伸的趋势，如四各庄、黎明村等；以二产为主导产业的以平原为主，如窦店、西辛峰、大稿等；三产主导的村庄一般位于城乡接合部或山区，如八角、爨底下等。三是乡村旅游业已经成为带动农民致富的新兴产业。在 40 个村庄中有 13 个村庄是民俗旅游村，民俗旅游户 589 人，2006 年民俗旅游收入达 4159.6 万元，户均年收入达 70621 元，已经成为郊区农村发展的亮点和农民增收致富的增长点。

## 二、村庄间差距的解释：静态分析的视角

为什么同样是处于城乡二元结构下，有些村庄会有更高的人均收入，而另一些村庄人均收入水平更低？为什么一些村庄有更强大的集体经济（人均所有者权益），而另一些村庄则处于低水平发展状态？为什么中心城的产业和功能扩散，可以带动 A 村，而不能带动邻近的 B 村和 C 村？为什么 B 村和 C 村向纯农业型社区方向发展，人口永久居住功能在不断萎缩，而 A 村则具有了集聚功能，并向城镇化社区方向发展？对这些问题的回答实质上是要解释村庄发展差异的影响因素，这些问题也是在开展村庄发展研究时首先需要面对的。下面通过计量分析方法对村庄差异进行初步的分析和解释，并提供一个典型案例。在此基础上提出村庄发展的一个假说，并在第五至七章作动态实证分析。

### （一）主要影响因素分析

“户富”、“村富”分别表现在人均收入与人均所有者权益两个方面。本节利用 40 个村庄在 2006 年的横截面数据，从静态的角度对村庄发展绩效差异问题给出一个初步的计量分析，后文再作进一步拓展。表 4－12 是对 2006 年村庄人均收入和人均所有者权益影响因素的计量分

析结果。

**表 4－12　　2006 年村庄之间人均收入和人均所有者权益差异影响因素的计量分析结果**

| | 因变量（2006 年） | | | |
|---|---|---|---|---|
| | ln(村庄人均收入) | | ln(村庄人均所有者权益) | |
| 自变量 | (1) | (2) | (3) | (4) |
| ln（2006 年人均所有者权益） | 0.0835 *<br>(0.0405) | 0.0998 ***<br>(0.0306) | | |
| ln（2006 年人均收入中公有经济比重） | －0.0492<br>(0.0412) | | | |
| 村支书初中及以下学历（是＝1；否＝0） | －0.311 *<br>(0.160) | | | －1.838 **<br>(0.709) |
| 城乡接合部（是＝1；否＝0） | 0.127<br>(0.155) | 0.0883<br>(0.131) | －0.554<br>(0.934) | 1.621 ***<br>(0.492) |
| 平原（是＝1；否＝0） | | －0.213 **<br>(0.104) | | |
| 山区（是＝1；否＝0） | 0.389 **<br>(0.172) | | －0.736<br>(0.742) | －0.0639<br>(0.557) |
| 是否村干部兼职（是＝1；否＝0） | －0.224<br>(0.126) | －0.189 **<br>(0.0909) | | |
| 是否自建合作医疗（是＝1；否＝0） | | | 0.918<br>(0.567) | 0.703<br>(0.438) |
| ln（2006 年村户均耕地面积） | －0.0495<br>(0.0562) | | －0.862 ***<br>(0.278) | |
| ln（人口数量） | 0.0967<br>(0.0855) | | －0.511<br>(0.448) | 0.211<br>(0.267) |
| 常数项 | 6.690 ***<br>(0.861) | 7.489 ***<br>(0.262) | 12.4 ***<br>(3.381) | 6.813 ***<br>(1.891) |
| 观察样本 | 21 | 40 | 28 | 40 |
| 拟合优度 | 0.8 | 0.56 | 0.46 | 0.48 |

注：*、**、*** 分别表示 10%、5% 和 1% 显著性水平。

### 1. 村庄之间人均收入差异的分析

提高村庄人均收入显著的变量有：人均所有者权益、村支书学历水平，这两个变量分别代表了村庄的物质资本积累水平和人力资本水平。计量结果显示，人均所有者权益每增加一个单位，人均收入就可能增加8.35%。公有经济比重对人均收入的影响不显著，如果去掉公有经济比重变量，人均所有者权益对人均收入的影响将变得十分显著，达到了1%的显著程度。如果村支书学历水平等于或低于初中水平，村庄人均收入的对数值就会下降0.311。由于村干部的人力资本水平数据没有在调研中全部获得，考虑到村支书在村庄发展决策中的重要影响力，只能把村支书的人力资本水平作为代替。同时，这一变量也反映了村庄能人问题，人力资本水平越高的村支书成为村庄能人的可能性越高。

村干部兼职可能会不利于村庄人均收入的增长，但是回归方程（1）中，这种关系并不显著。这个指标代表了村庄治理中的集权程度，单纯从数量分析上看，集权不如分权更有利于提高农民收入。

户均耕地面积与村庄人均收入之间也是反向关系。户均耕地面积在一定程度上受到村庄产业升级速度的影响，反映了产业升级速度的快慢。改革开放以来，从事农业生产的机会成本越来越高，为了适应产业升级的需要，大量的农地向非农建设用地转变，这种土地用途的转变在近郊地区表现得更为突出，这意味着村庄的产业升级滞后将制约村庄人均收入水平的提高。

村庄公有经济比重和村庄人均所有者权益存在相关关系。回归方程（2）中若干变量去掉后，发现村庄人均所有者权益对人均收入水平的影响显著程度显然提高了，达到了1%的显著性程度。可见，村庄是否拥有一个发达的集体经济往往成为村庄间人均收入差异的重要影响因素。

而控制了区位差异后，发现城乡接合部地区的村庄倾向于具有更高水平的人均收入。平原地区的村庄人均收入水平最差，甚至低于山区的人均收入水平。这和近年来山区普遍发展民俗旅游产业有关。由于选择样本数量较少，山区和平原之间差距比较不具有更多实际意义。

### 2. 村庄之间人均所有者权益差异的分析

回归方程（3）和（4）对村庄间人均所有者权益差异进行了计量分析，发现最显著的变量是区位因素、村支书学历和户均耕地面积。

城乡接合部、平原和山区三类区位在人均所有者权益上具有显著的差异性。在城乡接合部地区的村庄具有更高的人均所有者权益，系数显著性达到了1%。这与该地区拥有更多的产业升级的市场机遇以及土地价值的上升具有密切的关系。与人均收入水平的计量结果不同，在对人均所有者权益影响因素的检验中发现，平原区位的村庄较比山区具有更高的人均所有者权益水平。

村支书往往是发展村庄集体经济的带头人，村支书学历水平对村庄集体积累水平具有重要的正向影响，方程（4）显示，其对人均所有者权益的影响强于对人均收入水平的影响。如果学历水平等于或低于初中水平，村庄的人均所有者权益会显著降低，系数显著程度达到了5%。村庄人口数量对于解释村庄间人均所有者权益不显著，且系数不稳定。户均耕地面积对人均所有者权益产生负向影响，显著程度也达到了1%。

以上是对村庄之间的农户层面的人均收入和村庄集体层面的人均所有者权益的初步的计量分析。其中，对人均收入差异的解释上，人均所有者权益和村支书的学历水平影响显著；在对人均所有者权益差异的解释上，区位、户均耕地面积以及村支书的学历水平影响显著。总之，村庄发展差异的主要影响因素是能人、集体经济实力、区位以及产业结构等。

## （二）村庄治理对村庄之间差距的解释：倍差法

以上对村庄间差异的解释存在遗漏变量的可能，其中一个重要的可能遗漏就是村庄治理变量，在现有村庄治理体制下，村庄治理效果主要取决于是否产生村庄治理能人。这个变量很难量化，也很难在上述计量分析中直接检测出来。村庄是否发生兼职并不能代表着治理水平的高低，只有实现对村庄长期的治理才有可能出现治理能人。为此，接下来用倍差（又称双重差分，Difference – in – Differences，DID）法，通过消除掉跨期固定影响效应，对村庄治理水平与村庄发展差异关系问题进行专门的分析。

村庄治理本身是一个政治学的概念。长期以来，村庄治理对经济增长贡献的严格界定以及其本身的内生性问题都未能取得确切的结论，而通过代理变量进行直接测量的办法很可能削足适履，自然也得不到科学的结论，甚至会对政策制定产生严重误导。在拥有相对比较完整的面板数据的条件下，选择一个直观的指标，通过DID方法进行分析，有希望给出一个更有价值的结论。

实际上，村庄治理水平和一般意义上的影响变量的一个重要区别在于前一般是和村里的核心管理者的能力相联系，是一个具有非常强的主观色彩的变量，而一般的影响变量往往是一个客观的变量。为了能够较为客观地衡量村庄治理水平对村庄人均收入的影响，采用“村支书的任职时间”为衡量指标，当超过15年①的情况下（即村主要领导人，以村支书为代表，三年一届，连任五届），该村被定义为“村庄治理稳定村”，否则，定义为“村庄治理非稳定村”。为此，可以考虑分组计量的方法，可以从“村庄是否为稳定村”对村庄经济的影响角度切入，这样村庄就成为一个自然实验的对象。用倍差法通过样本分组和两期面板数据比较，就有可能较好地测量村庄治理对农村发展的贡献，同时消除对两类样本组在同期共同影响的因素。

倍差法被广为使用在政策分析和工程评估中，用于估计一项政府政策或一个公共工程带来的净影响的一种计量方法。这里把村庄治理类似于一项工程的实施，基本思路是将调查样本分为两组，一组是产生“高水平村庄治理”的对象，即所谓的“控制组”，一组是未产生“高水平村庄治理”的对象，即“对照组”。根据控制组和对照组在村庄治理产生前后的相关信息，可以计算控制组村庄治理产生前后某个指标（如村庄人均资本存量）的变化量（收入增长量），同时，计算对照组在同期同一指标的变化量，然后计算上述两个变化量的差值（即所谓的“倍差值”）。在此基础上，对不同类型的村之间进行组间对比分析，或根据区域不同进行组间比较，抽象出村庄治理对村庄发展影响的一般性结论。

---

① 由于这里的DID分析间隔期是1988—2006年共18年，选择在任15年以上的村支书所在村为治理稳定村。

假设要分析村庄治理对农村人均收入的影响，被调查村按照是否产生了村庄治理分为 A 组村庄与 B 组村庄。在一个时期内，村庄治理的产生是一个外生的变量，或者说是可遇不可求的，因而村庄样本可以作为自然实验的对象。其中，A 组村庄（控制组）产生了高水平村庄治理（简称“产生村”），B 组村庄（对照组）没有产生高水平村庄治理（简称为“未产生村”）。令变量 $E$ 代表衡量村庄是否产生高水平村庄治理的虚拟变量，产生则 $E$ 等于 1，否则等于 0；变量 $T$ 代表样本数据是否来自产生高水平村庄治理后那个时期的虚拟变量，是则 $T$ 等于 1，否则等于 0。假设 $\varepsilon$ 为扰动项，代表其他无法观察到的、没有控制的、影响村民收入的因素。这样，就可以建立以下村民收入的简单 DID 模型：

$$Y = \alpha_0 + \alpha_1 T + \nu E + \delta T \times E + \varepsilon \qquad (4-1)$$

由此，可以得到产生村和未产生村各自收入变动的模型，其中：

对于未产生村，$E = 0$，故模型可以表示为：

$$Y = \alpha_0 + \alpha_1 T + \varepsilon \qquad (4-2)$$

故未产生村在产生村庄治理前后的收入分别为：

$$\begin{cases} Y = \alpha_0, & \text{当 } T = 0\text{，产生前} \\ Y = \alpha_0 + \alpha_1, & \text{当 } T = 1\text{，产生后} \end{cases} \qquad (4-3)$$

可见，村庄治理产生前后，未产生村的收入平均变动为：

$$dif1 = (\alpha_0 + \alpha_1) - (\alpha_0) = \alpha_1 \qquad (4-4)$$

对于产生村，$E = 1$，故模型可以表示为：

$$Y = \alpha_0 + \alpha_1 T + \nu E + \delta T \times E + \varepsilon \qquad (4-5)$$

故产生村在村庄治理产生前后的收入分别为：

$$\begin{cases} Y = \alpha_0 + \nu, & \text{当 } T = 0\text{，产生前} \\ Y = \alpha_0 + \alpha_1 + \nu + \delta, & \text{当 } T = 1\text{，产生后} \end{cases} \qquad (4-6)$$

可见，村庄治理产生前后，产生村的收入平均变动为：

$$dif2 = (\alpha_0 + \alpha_1 + \nu + \delta) - (\alpha_0 + \nu) = \alpha_1 + \delta \qquad (4-7)$$

如果调查样本是随机选取的，剔除产生村和未产生村之间的系统性差异（由是否产生村庄治理虚拟变量控制），那么如果产生村没有产生村庄治理，其收入变动应该与未产生村收入变动相当，收入平均变动为 $\alpha_1$，但实际上产生村在村庄治理前后的收入平均变动为 $\alpha_1 + \delta$。因此，产生村庄治理对产生村村民人均收入的净影响为：

$$dif = dif2 - dif1 = (\alpha_1 + \delta) - (\alpha_1) = \delta \quad (4-8)$$

所以，总模型中 $T \times E$ 项系数代表了产生村庄治理对产生村村民人均收入的净影响。

通过对上面思路的梳理可以看到，倍差法操作简单且逻辑清晰，在政策评估等方面具有较强的应用价值。但是，倍差法也有缺陷，如自选择问题：是否产生高水平村庄治理可能有内生性，这将直接影响参数的计量估计结果。但是，在一般的村庄很难产生具有较高治理能力的村干部，可能在很多个村都难以出现一个。在相当程度上，这种村庄能人是天赋的，在村庄间的分布也是不均匀的，因而视其为外生变量具有一定的合理性。对其内生性，可以作进一步的讨论，在计量模型上作相应修正。

根据以上讨论，考虑到其他对村庄人均收入或人均所有者权益的影响因素，下面可以分别估计一个固定效应模型和一阶差分模型。

固定效应模型可以设定为：

$$Y_{it} = \alpha_0 + \alpha_1 T_t + \nu E_i + \delta T_t E_i + \beta X_{it} + \mu_{it} \quad (4-9)$$

其中，$i$ 表示村庄；$t$ 表示时期；$Y_{it}$ 表示村庄 $i$ 在 $t$ 时期的不同类别的人均收入（或人均所有者权益）；$E_i$ 表示一个二值响应变量；1 表示产生高水平村庄治理村庄；0 表示未产生村庄；$T_t$ 也表示一个二值响应变量，1 表示产生之后，0 表示产生之前；$X_{it}$ 表示可观测的影响村民人均收入（或人均所有者权益）的控制变量，包括村庄产业结构、本村劳动力就业结构、人均土地拥有量、村民受教育年限等。

这部分变量中，有一部分是不随时间发生变化的，一部分是随时间发生变化，前者在一阶差分过程中会被消除掉。这个模型与模型（4－1）的差别是，本模型控制了许多影响村民收入且可观测的因素。运用最小二乘法，可以直接估计。此外，可以对模型（4－9）的两期数据进行一阶差分，得到一阶差分模型：

$$Y_{i1} - Y_{i0} = \alpha_1 + \delta E_i + \beta(Z_{i1} - Z_{i0}) + (\mu_{it} - \mu_{i0}) \quad (4-10)$$

由于 $X_{it}$ 中的村民受教育年限等变量不随时间可变，因此在一阶差分模型中，这些变量将会被消除掉。所以，模型中的控制变量 $Z_{i1}$ －

$Z_{i0}$ 只是那些随时间改变因素的一阶差分。固定效应模型和一阶差分模型的估计结果都是无偏的，至少具有一致性。假设模型的扰动项 $\mu_{it}$ 不存在异方差问题，上述两个模型估计结果的有效性差异主要取决于模型扰动项 $\mu_{it}$ 是否存在自相关及其严重程度。由于时间跨度较长，假设不存在自相关，回归主要采用固定效应模型。此外，模型中的变量选择主要参考了上文计量分析中所涉及的几个变量，尽可能地避免遗漏变量问题。

计量检验分别对村人均收入和村人均所有者权益两个方面进行分析：一是在不控制其他变量的情况下，观察双重差分系数特征；二是在控制了相应的可观察变量后，观察相应系数的特征。时间跨度为 1988—2006 年。计量分析结果如表 4 - 13 所示。

**表 4 - 13 固定效应面板模型：双重差分估计（DID Estimation）**

| | 因变量：人均收入（OLS） | | | 因变量：人均所有者权益（OLS） | | |
|---|---|---|---|---|---|---|
| | (1) | (2) | (3) | (4) | (5) | (6) |
| 治理稳定 | 84.33 | 27.21 | 37.59 | -1091 | -4378 | -4383 |
| | (-464.4) | (-390.4) | (-372.5) | (-6703) | (-6638) | (-6421) |
| 2006 年 | 2884*** | 2176*** | 2344*** | 13997** | 7987 | 10561 |
| | (-428.2) | (-384.1) | (-360.1) | (-6180) | (-6483) | (-6402) |
| 治理稳定 ×2006 年 | 147.4 | -252.5 | -199.6 | 10995 | 11503 | 11286 |
| | (-656.8) | (-544.6) | (-528.2) | (-9479) | (-9192) | (-8865) |
| 人均所有者权益 | | 0.0378*** | 0.0346*** | | | |
| | | (-0.006) | (-0.0068) | | | |
| 村总收入中农业比重 | | -560.7 | | | -18754** | -10720 |
| | | (-471.1) | | | (-7736) | (-8603) |
| 城乡接合部 | | | 388.5 | | | 16667*** |
| | | | (-371.1) | | | (-6077) |
| 平原 | | | -480.9 | | | 5291 |
| | | | (-316.8) | | | (-5507) |
| 户均耕地面积 | | | -11.15 | | | |
| | | | (-14.62) | | | |

续表

| | 因变量：人均收入（OLS） | | | 因变量：人均所有者权益（OLS） | | |
|---|---|---|---|---|---|---|
| | (1) | (2) | (3) | (4) | (5) | (6) |
| 常数项 | 1063 *** | 1304 *** | 1180 *** | 2081 | 12780 ** | 1549 |
| | (-302.8) | (-369.1) | (-341) | (-4370) | (-6118) | (-7193) |
| 观察值 | 80 | 80 | 80 | 80 | 80 | 80 |
| 拟合优度 | 0.521 | 0.686 | 0.714 | 0.192 | 0.251 | 0.322 |

注：*、**、*** 分别表示 10%、5% 和 1% 显著性水平。

首先，看人均收入，村庄治理的是否稳定对村庄人均收入的影响系数不稳定。当不控制其他因素时，系数为正，说明可以提高村庄人均收入。但是，这种情况可能存在遗漏变量问题，结合上文对村庄间收入差异的计量检验结果，先后控制产业结构因素（村庄总收入中农业的比重）、制度变量（村人均所有者权益）、区位变量（城乡接合部、平原）、资源禀赋变量（户均耕地面积）等。在这种情况下，系数开始变为负值。总之，对于村民的人均收入而言，是否出现高水平的村庄治理对其不具有稳定的影响。

其次，观察村人均所有者权益，发现村庄治理水平的影响效应发生了明显的变化，系数尽管不是很显著，但比较稳定。无论控制可观察变量与否，高水平的村庄治理，即村庄治理的稳定性都将会大幅提高村庄的人均所有者权益的水平。数据显示，由于出现了高水平治理，即村干部连任时间超过五届，村庄人均所有者权益可以提高 10000 多元。可能的解释是，如果村里经常更换村班子，在法规不健全的情况下，就可能造成上任班子故意消耗或挪用集体积累的机会主义行为。如果能够连任，并形成可能进行连任的预期，村班子与村集体经济的短期博弈将转化为长期博弈，对村庄进行长远规划，规避机会主义行为，形成村庄财富积累的长效动力机制。

## （三）一个典型案例：丰台区王佐镇南宫村

南宫村是北京市丰台区王佐镇的镇政府所在地，村与镇的发展息息相关。该镇地处北京西南郊，永定河河西地区，北接云岗航天城，西与房山区隔青龙湖相望，南与良乡卫星城毗邻。距北京市内 25 公里，长期以来属于近郊平原地区，以城郊型农业为主。镇域面积 61.33 平方公里，总人口 38000 人，王佐镇行政区划辖 8 个中心村村委会，南宫村占地面积 4.5 平方公里。1978 年，全村有 3 个自然村、6 个生产队、集体耕地 2752 亩、集体资产总额 12 万元，工副业项目只有 1 个粘土砖厂，经济总收入为 78 万元，人均收入 141 元。到 2008 年，全村已发展到 1 个集团公司和 11 个子公司，共有 25 个村办集体企业。固定资产 12 亿元，经济总收入达到 7.25 亿元，利税总额达到 9000 万元，农民人均纯收入 2 万元。

### 1. 发展过程中的四个转变

伴随着改革开放，南宫村的发展历程可以概括为四项重要的转变：

第一个转变：实现由单一种植业向农业多种业态的转变。土地分户承包经营后，南宫的干部们利用砖厂的原始积累，大力发展多种经营。这期间村里先后办起了养鱼场、养鸭场、蛋鸡场、千头猪场等一批养殖业企业，农业由传统单一化的农业跃升为以向城市提供副食品为主的城郊型农业。

第二个转变：村庄社区产业结构实现由工业主导向服务业主导的转变。1992 年，南宫进一步调整、优化产业结构，加快发展商贸、娱乐、休闲为主的第三产业，全面改造建设新南宫。不仅解决了全村劳动力的就业安置，还为周边地区和外来务工人员提供了大量的就业岗位。

第三个转变：由传统的集体经济组织向符合现代市场经济要求的新型集体经济体制转变。南宫对集体经济组织进行了产权制度改革，将部分集体资产量化到村民，成立股份合作制组织；对企业进行了公司化改造，成立集团公司和子公司。到 2008 年，全村已发展到一个集团公司和 11 个子公司，共有 25 个村办集体企业。集体经济实力得到不断的发展和壮大。

第四个转变：由传统村落向城镇化社区的转变。1996 年，南宫村启动了第一批 60 户的旧村改造试点工程，迈出了新农村建设的第一步。2000 年，王佐镇被正式确定为市级小城镇试点之一。到 2005 年，作为镇中心区的南宫村已有 680 户迁入新的居民小区，基本完成农村城镇化和农民市民化的跨越。配合小城镇建设，王佐镇对全镇的18个村党支部、村委会和合作经济组织进行了合并和整合，建立了8个中心村，4个位于中心镇区，这些为城镇化转型创造了体制条件。

**2. 成功条件分析**

第一，村干部条件。从经验上看，能人的产生是村庄发展最直接的影响因素之一，是实现农村快速发展的催化剂。正是在村支书吴恒的引领下，南宫村把握住了市场机会，调整主导产业，通过产业升级和组织发育把这种市场机会变为现实，实现了村庄社区的共同富裕。根据南宫发展的经验，村干部推动村庄发展成功需要具备以下条件：一是形成步调一致的团队。能够团结和带领村党员和村干部建立一只强有力的管理团队，动员组织全村村民，形成高效的集体行动；二是建立村庄社区信任，实现稳定的村庄治理。降低动员组织协调成本，如把村里的承包地收回的过程中，由于村民的大力支持而节省了时间，为迅速实施产业升级和后续的村域统一规划创造了条件；三是具有一定的“傻子”精神。村庄的发展，能人的付出和获得往往是不对等的，而且集体经济体制存在诸多制度不健全的问题，易于发生侵吞集体资产等贪腐行为，这些都需要能人具有对村集体的奉献精神。

第二，区位条件。区位交通条件：位于近郊区，靠近北京南六环，直接受北京中心城区的强大辐射，而且南宫本身位于镇政府所在地，有利于各类产业升级和集聚。外部市场机遇：南宫村与航天三院相临，职工较高的收入水平提高了当地的消费水平，刺激了餐饮、娱乐以及房地产等第三产业的发展，也有利于各项公共设施的完善；自然资源条件：具有青龙湖等自然风光旅游资源的优势。

第三，产业条件。南宫村利用改革开放的历史机遇，及时调整产业结构，形成了农业、工业和服务业的阶梯式发展。相比其他大多数停留在传统农业时代的村庄，南宫村掌握了发展的先机，形成了区域性的经济增长极，成为人口净流入村庄，为向城镇化社区的转型创造了基本的产业条件。

第四，组织体制及政策条件。人民公社体制解体后，南宫村形成了适应市场经济的新型村庄集体经济组织，村集体和农户发展生产的积极性空前提高，村集体经济资产从改革开放初期的12万元发展到2008年的12亿元。坚持对非农建设用地的自主开发权。南宫村位于永定河河西地区，在新的北京城市总体规划中属于西部次区域，受城市辐射影响较小，加之村集体高度珍视土地权益，把大量的土地资源掌握在村里，通过自主开发把土地的增值收益留在了村集体。小城镇建设政策的落实使南宫村获得了大量的制度倾斜，王佐镇被北京市列为当时的全市重点建设的33个小城镇之一，南宫村恰恰位于王佐镇的镇区，为南宫的发展赢得了在土地整理与非农开发等多方面的机遇。

## 三、村庄类型的动态演化模型：一个假说

通过上面对村庄发展的历史考察发现：转型期的村庄在发展速度上，存在穷村超越富村的现象；在相对离散程度上，存在人均所有者权益发散与人均收入趋同的两个特点，并进一步决定了村庄演化的方向。根据人均所有者权益与人均收入这两个指标对村庄类型进行划分，然后根据指标村际差异变动方向可以得出村庄类型的动态演化特征。村干部素质、区位、组织体制和产业结构等因素是造成村庄之间发展差异的重要影响因素，村庄发展差异演变的途径主要是通过人口在村庄之间的重新布局来最后完成的，并被分为两类村庄：人口净流入村和人口净流出村，这两类村分别对应着“高积累、高收入”和“低积累、高收入”两类村庄组合。

为此，为了说明村庄发展演化的动态过程，可以借鉴Taylor和Adelman（1996）关于村庄专业化的基本思想的基础上，依据郊区村庄典型化事实，阐述一个关于村庄发展的动态经济模型，并作为该书的一个假说。

### （一）村庄发展的基本路线：市场发育与村庄专业化

本章主要基于历史回顾的视角，首先对村庄发展的相关概念进行了界定，对村庄发展从时间和空间两个角度做了进一步阐述，然后从村庄总收入、村人均收入、村人均所有者权益以及人口、劳动力及土地资源等几个

方面进行了实证描述，总结了村庄发展演化趋势的特征事实，形成了对村庄发展的总括性的认识，并为下面详细分析影响村庄发展差异的因素做了实证上的先导。本节从村庄类型演化的角度，提出一个村庄发展的动态演化模型假说，揭示未来村庄可能发展的方向和类型，并阐释新农村建设的重要含义。

村人均收入和人均所有者权益这两个指标分别反映了村庄发展过程中农户层面的收入水平和村集体层面的村庄财富积累能力。本章分析发现：自改革开放以来，村庄之间人均收入发生收敛，穷村可能增长速度更快，村庄之间的相对差距即离散程度会随着时间的推移而逐步缩小；对于村庄之间的人均所有者权益而言，穷村可能增长速度更快，但是村庄之间的相对差距随着时间的推移而逐渐扩大。由此，可以通过二者的不同组合来探讨村庄未来发展的方向。如果人均所有者权益离散程度增加，意味着集体经济在村庄之间分化的程度在加强，那些较差的村庄只有第一产业，没有发展二三产业，农户就业机会减少，更多的农户会选择离开，而较强的村由于具有了产业支撑会吸引外边人进来，本村人也倾向于不离开。因此，随着不同类型村庄之间的转换，人口产生不同的流向，最终形成人口净流入村和人口净流出村两种类型。

基于村庄之间分工和专业化的基本原理，可以对村庄的发展方向给出解释和预测。即村庄可能向两个方向发展：一是专业化于输出劳动力等生产要素，获得要素回报，这类村庄由于缺乏吸引力而逐渐走向衰落；二是发展非农产业，形成区域上的增长极，这类村庄由于逐渐集聚产业和人口，向城镇化方向发展而更加适合永久居住。两类村庄形成的演化途径是人口和劳动力的转移，这种转移的方向主要受到人均收入和人均所有者权益的影响。因此，二者在村庄间分布类型的演化形成新的村庄类型，并意味着村庄发展的不同趋向。

## （二）村庄类型的动态演化模型

为了表示出这种村庄演化的动态趋势，按照人均收入（纵坐标）和人均所有者权益（横坐标）二维坐标的方式进行组合，可以形成四种类型的村庄，如图 4－11 所示。

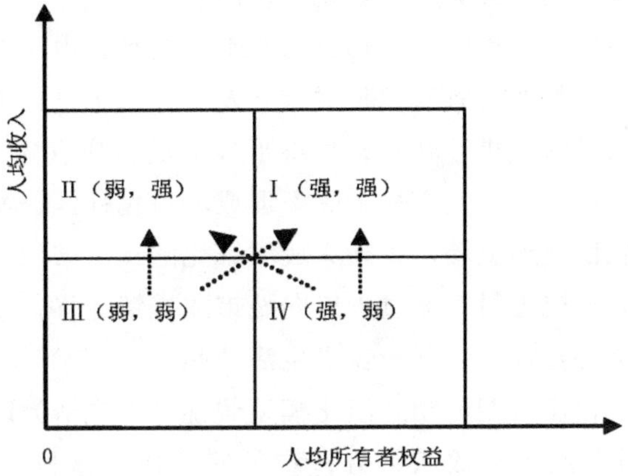


**图 4－11　人均收入与人均所有者权益的组合及村庄类型的动态演化**

注：组合的第一项为人均所有者权益，第二项为人均收入，箭头所指为村庄类型的转化轨迹。

第Ⅰ类村庄不仅收入水平很高，而且村庄社区的集体经济积累水平高，村民所享受的公共福利，如养老、医疗、文化和娱乐等福利水平就会很高。村庄的居住功能可以不断增强和持续维持，并由于自身的吸引力而不断集聚外来常住人口，进而导致村庄人口的不断增长。这类村庄显然是新农村建设的重点，也应该是在村庄体系规划中列为保留型的村庄，大多位于城乡接合部或者镇规划中心区，也包括一些虽不在行政区位中心但依靠自身力量发展不断壮大起来的村庄。

第Ⅲ类村庄从一个较长的时期看，属于村庄体系规划中将要减少的村，并经过村庄整治丧失永久居住功能，成为单一的农业经营场所，其非农建设用地指标相应置换到镇中心区或具有集聚能力的现代新村社区。在村庄间人均收入的收敛趋势下，随着人均收入水平的提高，这类村庄将向第Ⅱ类村庄转型。如果人均所有者权益也能获得快速增长，村庄类型还可能向第Ⅰ类村庄转化。

图中的第Ⅱ类与第Ⅳ类村庄是强弱组合型，属于未定型的村庄，将来的变化趋势不易判断。第Ⅱ类村庄的居民由于集体经济发展薄弱不满意村庄公共服务水平，在收入提高到一个相对较高水平的情况下往往会选择向外迁移，村庄将走向衰落。而第Ⅳ类村庄通过产权改革和产业升级等方式提高农民收入水平，可能会向第Ⅰ类村庄进行转型，也可能随着人均所有者权益水平下降，向第Ⅱ类村庄转化，走向衰落。

为此，提出假说：伴随着人均收入水平的提高，由于人均收入水平相对差异收敛，而人均所有者权益相对差异发散，第Ⅲ、Ⅳ类村庄会逐渐消失，并向其他两类村庄进行转化，最终形成两类村庄（第Ⅰ、Ⅱ类）。前者的发展前景是成为人口流入村，逐渐形成城市化社区、城镇化社区或新型村庄社区，农民就地上楼，主动完成城镇化的社会结构转型；后者的发展前景是成为人口流出村，通过人口向城市或城镇迁移，完成社会结构转型，进而成为空心化社区，逐渐丧失生活功能。

为此，关于村庄类型的动态演化模型假说可以概括为以下三个命题：

**命题1**：村庄间人均收入，穷村增长速度快于富村，离散程度逐渐缩小；

**命题2**：人均所有者权益，穷村增长速度快于富村，但离散程度不断扩大；

**命题3**：村庄类型由“弱，弱”、“强，弱”、“弱，强”和“强，强”演化为“弱，强”、“强，强”两种类型，最终分化为人口流出型和人口流入型两种基本村庄类型。

对以上三个命题的证明分别由第五章、第六章与第七章完成。

# 第五章

# 村庄间收入水平的收敛性分析

村庄在积累和收入两个方向上的差异如果具有不同的演化趋势就会形成不同的村庄类型组合。关于未来村庄类型的判断，实际是要验证村庄之间在人均收入和人均所有者权益上的差异及其演化趋势，因此就需要对村际收敛性质进行实证分析。关于区域间经济收敛的理论与实证研究很少聚焦到村庄层面，原因主要与村庄面板数据的难以获得有关。本章和第六章既是对村庄发展差异基本问题的分析，又是收敛理论在村域经济研究中的一个拓展性应用。

## 一、穷村与富村收入增长速度差异

自改革开放以来，伴随着农村经济的快速发展，村庄之间在人均收入和集体积累水平等方面出现了明显的分化。以华西、刘庄、南街、郑各庄等村为代表，在农村地区发生了一场由村集体经济组织发动的产业革命，打破了长期以来人均收入持续低迷的发展态势，出现了持续快速的大幅提升，农村集体土地上崛起了一个个小城镇镇区或超级农村社区。然而，大部分的村庄发展缓慢，村民收入只能靠农业生产、或外出打工赚取收入。北京郊区，开始呈现了相反的景象——村庄间人均收入开始出现趋同。自20 世纪 90 年代末以来，在资本边际收益递减规律作用下，北京市郊区逐渐成为中心城产业和功能转移、扩散的战略腹地，原先落后的村庄由于重新获得市场机遇人均收入也出现了快速增长，产业结构加快升级，村庄间人均收入水平呈现收敛趋势。本章通过40个村庄的数据对穷村与富村的收入增长速度差异进行实证分析。

## （一）模型及变量设定

长期以来，动态的收敛理论未被应用于村庄发展的研究，对农村地区差距的分析和解释一般是基于省或县为单位的农户数据，如通过运用数量方法揭示中国的乡镇企业发展与农村区域间不均衡的关系（万广华，1997、2001）等。魏后凯（1997）通过对1981—1995年中国农村居民人均收入的省级数据的分析，得出农村收入在地区之间趋于发散的结论。由于没有深入到微观的村域经济单元的分析，不能在一个动态的视角下从村域经济的长期演化中发现村庄发展差异的变动特征及其影响因素。此外，全国性的农村地区之间的收敛性分析，首先会受到整体发展水平较低的限制。而且，大量基于农户层面的地区差距分析，往往会丢失村庄对农户行为影响这一重要因素。一般来说，区域内的比较可以比更广范围的国家之间的比较提供更优良的可控实验（Blanchard，1991）。

村庄具有明确的空间边界，拥有相对稳定的人口、产业及经济组织，具有资本和劳动的替代性关系，符合收敛分析的基本条件。从村庄经济单元出发，分别对40个村庄人均收入进行$\beta$-收敛和$\delta$-收敛长期的动态分析，可以总结村庄间人均收入收敛的基本性质和主要影响因素，并引申出对新农村建设的含义。考虑到村民偏好、技术条件以及资源禀赋结构等方面因素的村庄异质性，特别是改革开放三十年来村庄产业结构和经济体制发生了显著变化，有必要把这些因素纳入实证分析的框架。

### 1. 基本模型的估计

$\beta$-绝对收敛是指贫穷的经济会比富裕的经济增长得更快，基于村庄经济的面板数据可以进行$\beta$-绝对收敛分析。本章对人均收入的$\beta$-收敛分析主要是采用Sala-i-Martin（1996）的分析框架。令第$i$个村在时期$t$到时期$t+T$之间的人均收入的平均年增长率为$\gamma_{i,t,t+T}=\frac{1}{T}\times\log\left(\frac{y_{i,t+T}}{y_{i,t}}\right)$，

令 $\log(y_{i,t})$ 为 $i$ 村在时期 $t$ 的人均收入的对数，估计下列方程：

$$\gamma_{i,t,t+T} = \alpha - \beta \times \log(y_{i,t}) + \varepsilon_{i,t} \tag{5-1}$$

如果回归参数 $\beta > 0$，就可以得出各村庄之间存在 $\beta$－绝对收敛。令上式中 T = 28、10、10、8，分别估计 1978—2006 年、1978—1988 年、1988—1998 年、1998—2006 年一共四个时间段的 $\beta$ 值，见表 5－2 中回归估计方程（1）、（4）、（6）、（8）。

**2. 对于区位因素的控制**

区位往往是影响村庄发展最直接的要素，尤其是在村庄发展的初期阶段，受交通等基础设施条件的影响，市场机会总是首先偏好具有良好区位的村庄。本模型引入表示区位的三个虚拟变量：城乡接合部、平原和山区（分别为 chengxjhb、pingyuan、shanqu）。根据第四章对村庄发展的比较分析，一般在城乡接合部地区，村庄人均收入和人均所有者权益都要显著高于其他两类地区。本章的收敛分析见表 5－2 中估计方程（2）、（3）、（5）、（7）、（9）、（10）。令 $D_i$ 中的 $i = 1,2,3$，代表各村庄所属的三个不同区域，即 $D_1 = chengxjhb$（城乡接合部区域）、$D_2 = pingyuan$（平原区域）、$D_3 = shanqu$（山区区域）。所估计方程的形式如下：

$$\gamma_{i,t,t+T} = \alpha - \beta \times \log(y_{i,t}) + D_i + \varepsilon_{i,t} \tag{5-2}$$

**3. 村干部素质因素的控制**

一般来说，一个人具有较高人力资本往往具有较高的能力水平。考虑到村干部在村庄发展中的重要作用，把村党支部书记或党委书记（以下简称“村书记”）学历水平的不同等级作为虚拟变量，共分为本科及以上、专科、高中和初中及以下四个等级，以观察人力资本水平对收敛速度的影响。

这里需要说明两点：微观层面的村庄发展和一个宏观层面的区域发展之间的一个重要区别是，村庄空间规模小，经济总量小，村庄经济发展的快慢往往容易受到村庄中一两个关键人物的影响；村书记、村主任和村合作社社长三个职务经常出现兼职现象，而且村书记一般是三个职务中的核心，可以把村书记的学历水平作为村庄主要干部人力资本水平的代理变量。2006 年的 40 个村的村书记中，有 26 个任职在七年以上。至少 1998—2006 年，村庄发展的绩效是和这些村干部的能力直接关联的。实际上，那些任职时间较长的村书记往往在任职前已在村里担任重要职务，具有重要的影响。如丰台区南宫村的吴恒在担任村书记之前是村砖厂的厂长，草桥村的王茂春在担任村书记之前是村里绿化队的队长，都在群众中发挥着重要作用。从 40 个村班子文化程度来看，村书记中大专以上学历占 67.5%，其中硕士学历一名，兼任村合作社社长，村委会主任中大专以上学历占 42.1%，村合作社社长中大专以上学历占 60%。

综合以上多个因素，在方程中把村书记的人力资本水平列为计量分析的一个重要变量，记为 $E_i$，其中 $i = 1,2,3,4$，分别代表四个不同的学历水平，即 $E_1 = benke$（本科及以上）、$E_2 = zhuanke$（专科）、$E_3 = gaozhong$（高中）、$E_4 = chuzhong$（初中及以下）。见表 5－2 中估计方程（3）和（10）。对人力资本水平的控制是在对区位变量控制基础上进行的。所估计方程形式如下：

$$\gamma_{i,t,t+T} = \alpha - \beta \times \log(y_{i,t}) + D_i + E_i + \varepsilon_{i,t} \tag{5-3}$$

**4. 产业结构冲击的控制**

伴随着城市产业向郊区的加速扩散，农村地区产业结构迅速升级，非农产业对村庄经济发展的贡献越来越大。在农业内部，种植业比重逐渐下降，表现为户均耕地面积的下降，以肉、蛋、奶为主要内容的农业多种经营规模不断扩大。近年来，通过农业的多功能开发，三大产业相互融合的都市型现代农业成为远郊平原，特别是山区农村的重要产业支撑。而双层经营体制下，村集体作为一个重要的经营层次突出出来，村庄竞争局面逐渐形成，激发了村庄层面的自主创新，推动了更大规模和更广领域的产业结构升级。控制住产业结构演变的变量，可以观察其对收敛速度在不同时期所产生的不同影响。为此，引入结构冲击变量：

$$S_{it} = \sum_{j=1}^{n} W_{ijt} \times \log\left(\frac{y_{i,t+T}}{y_{it}}\right) \tag{5-4}$$

式中 $W_{ijt}$ 表示 $t$ 期第 $j$ 个部门在第 $i$ 个村庄的人均收入中的比重，$y_{i,t+T}$ 和 $y_{it}$ 分别表示期末和期初来源于第 $j$ 个部门的 40 个村庄的平均收入，$n$ 表示产业部门个数，$t = 1978, 1988, 1998, 2006$。本书中产业划分采用三次产业划分方法，共有三个产业部门，$j = 1, 2, 3$。样本包括 40 个村庄，$i = 1, 2, 3, \cdots, 40$。因而，$S_{it}$ 结构变量综合地反映了村庄的产业升级状况，反映了村庄三次产业结构的变化对增长速度的影响，即在产业升级过程中，那些能够迅速适应市场变化、捕捉到更大增长潜力行业的村庄会增长得更快。见表 5－2 中估计方程（5）、（7）和（10）。方程形式为：

$$\gamma_{i,t,t+T} = \alpha - \beta \times \log(y_{i,t}) + D_i + E_i + S_{it} + \varepsilon_{i,t} \qquad (5-5)$$

此外，对人均所有者权益的增长速度进行了控制，反映了村庄集体经济实力的影响。见表 5－2 中估计方程（3）、（5）、（7）和（10）。方程形式为：

$$\gamma_{i,t,t+T} = \alpha - \beta \times \log(y_{i,t}) + D_i + PCOP_i + E_i + ST_{it} + \varepsilon_{i,t} \quad (5-6)$$

表 5－1 为计量过程中所需要的几类变量。在模型回归过程中，部分变量由于显著性等问题而被丢弃了。回归方法采用最小二乘方法（OLS）：

**表 5－1　　　　变量及其解释**

| 变量名称 | | 对变量的说明 |
|---|---|---|
| $\gamma_{i,t,t+T}$ | lngrpi7806 | 1978—2006 年各村庄的人均收入年均增长率 |
| | lngrpi7888 | 1978—1988 年各村庄的人均收入年均增长率 |
| | lngrpi8898 | 1988—1998 年各村庄的人均收入年均增长率 |
| | lngrpi9806 | 1998—2006 年各村庄的人均收入年均增长率 |
| $\log(y_{i,t})$ | lpi78 | 1978 年各村庄人均收入的对数 |
| | lpi88 | 1988 年各村庄人均收入的对数 |
| | lpi98 | 1998 年各村庄人均收入的对数 |
| $\frac{1}{T}\log(\frac{y'_{i,t+T}}{y'_i})$ | lgrass7806 | 1978—2006 年各村庄的人均所有者权益增长率 |
| | lgrass9806 | 1998—2006 年各村庄的人均所有者权益增长率 |
| | lgrass7888 | 1978—1988 年各村庄的人均所有者权益增长率 |
| | lgrass8898 | 1988—1998 年各村庄的人均所有者权益增长率 |
| 结构冲击变量 $S_{it}$ | s0678 | 1978—2006 年的结构冲击变量 |
| | s0688 | 1988—2006 年的结构冲击变量 |
| | s0698 | 1998—2006 年的结构冲击变量 |

续表

| 变量名称 | | 对变量的说明 |
|---|---|---|
| 结构冲击变量 $S_{it}$ | s8878 | 1978—1988 年的结构冲击变量 |
| | s9888 | 1988—1998 年的结构冲击变量 |
| | s9878 | 1978—1998 年的结构冲击变量 |
| 区域虚拟变量 $D_i$ | chengxjhb（是 =1；否 =0） | 位于城乡接合部地区的村庄（是 =1；否 =0） |
| | pingyuan（是 =1；否 =0） | 位于平原地区的村庄（是 =1；否 =0） |
| | shanqu（是 =1；否 =0） | 位于山区的村庄（是 =1；否 =0） |
| 人力资本水平虚拟变量 $E_i$ | benke（是 =1；否 =0） | 村书记本科及以上学历（是 =1；否 =0） |
| | zhuanke（是 =1；否 =0） | 村书记专科学历（是 =1；否 =0） |
| | gaozhong（是 =1；否 =0） | 村书记高中学历（是 =1；否 =0） |
| | chuzhong（是 =1；否 =0） | 村书记初中及以下学历（是 =1；否 =0） |

## （二）回归结果及分析

根据理论模型的设定，计量方程主要是估计各村在 1978—2006 年、1978—1988 年、1988—1998 年和 1998—2006 年等四个时期的村人均收入增长率与 1978 年、1988 年和 1998 年等初始点人均收入（表示为 lpi78 等，分别取对数值）的不同回归系数，以此获得收敛速度 $\beta$，同时控制了其他村庄发展的重要影响因素。在数据处理上，通过对北京市郊区农村居民 1978 年、1988 年、1998 年和 2006 年的消费价格指数进行缩减以消除物价变动带来的影响。

计量结果中，被解释变量为不同时间段中各村庄的人均收入的年均增长率 $\frac{1}{T}\log\left(\frac{y_{i,t+T}}{y_{i,t}}\right)$，如 lngrpi7806、lngrpi7888、lngrpi8898 和 lngrpi9806。自变量有两类，一是人均收入的期初值作为经济增长的初始条件，也是模型回归的主要自变量，回归系数 $\beta$ 反映了初始条件对收敛速度的影响。其他自变量为控制变量，用来比较在控制住不同因素影响的情况下，观察村庄之间收敛性质的变化。计量结果如表 5 -2 所示。

表 5－2　　村庄间人均收入收敛的计量分析

| | lngrpi7806 | | | lngrpi7888 | | lngrpi8898 | | lngrpi9806 | | |
|---|---|---|---|---|---|---|---|---|---|---|
| 自变量 | （1） | （2） | （3） | （4） | （5） | （6） | （7） | （8） | （9） | （10） |
| lpi78 | －0. 03 ***<br>（0. 002） | －0. 03 ***<br>（0. 002） | －0. 029 ***<br>（0. 00161） | －0. 05 ***<br>（0. 01） | －0. 06 ***<br>（0. 01） | | | | | |
| lpi88 | | | | | | －0. 05 ***<br>（0. 01） | －0. 06 ***<br>（0. 01） | | | |
| lpi98 | | | | | | | | －0. 08 ***<br>－0. 01 | －0. 095 ***<br>－0. 01 | －0. 098 ***<br>－0. 01 |
| chengxjhb<br>（是＝1；否＝0） | | 0. 01 ***<br>（0. 004） | 0. 00869 **<br>（0. 00375） | | 0. 045 *<br>（0. 026） | | 0. 00439<br>（0. 021） | | 0. 0545 ***<br>－0. 0142 | 0. 0395 **<br>－0. 0169 |
| pingyuan<br>（是＝1；否＝0） | | －0. 009 **<br>（0. 004） | －0. 00801 **<br>（0. 00348） | | 0. 005<br>（0. 024） | | 0. 00208<br>（0. 016） | | | |
| shanqu<br>（是＝1；否＝0） | | | | | | | | | 0. 03 **<br>－0. 01 | 0. 02<br>－0. 02 |
| chuzhong<br>（是＝1；否＝0） | | | －0. 0152 ***<br>（0. 00535） | | | | | | | －0. 0410 *<br>－0. 0212 |
| gaozhong<br>（是＝1；否＝0） | | | －0. 0137 ***<br>（0. 00411） | | | | | | | －0. 0266<br>－0. 0166 |

续表

| | lngrpi7806 | | | lngrpi7888 | | lngrpi8898 | | lngrpi9806 | | |
|---|---|---|---|---|---|---|---|---|---|---|
| 自变量 | (1) | (2) | (3) | (4) | (5) | (6) | (7) | (8) | (9) | (10) |
| zhuanke<br>(是 =1；否 =0) | | | -0.00744**<br>(0.00357) | | | | | | | -0.0248*<br>-0.0144 |
| s8878 | | | | | 0.05**<br>(0.02) | | | | | |
| s9888 | | | | | | | 0.02<br>(0.02) | | | |
| s0698 | | | | | | | | | | 0.04<br>-0.03 |
| lgrass7806 | | | 0.0394*<br>(0.0230) | | | | | | | |
| lgrass7888 | | | | | 0.101<br>(0.09) | | | | | |
| lgrass8898 | | | | | | | 0.2***<br>(0.06) | | | |
| lgrass9806 | | | | | | | | | | 0.02<br>-0.03 |

续表

| | lngrpi7806 | | | lngrpi7888 | | lngrpi8898 | | lngrpi9806 | | |
|---|---|---|---|---|---|---|---|---|---|---|
| 自变量 | (1) | (2) | (3) | (4) | (5) | (6) | (7) | (8) | (9) | (10) |
| Constant | 0.3 *** (0.01) | 0.3 *** (0.01) | 0.3 *** (0.01) | 0.4 *** (0.06) | 0.4 *** (0.06) | 0.4 *** (0.07) | 0.4 *** (0.06) | 0.733 *** -0.0781 | 0.789 *** -0.0743 | 0.801 *** -0.0824 |
| 观察值 | 40 | 40 | 40 | 40 | 40 | 40 | 40 | 40 | 40 | 40 |
| R - squared | 0.83 | 0.91 | 0.94 | 0.374 | 0.570 | 0.426 | 0.648 | 0.617 | 0.735 | 0.792 |

注：*、**、*** 分别表示 10%、5% 和 1% 显著性水平。

### 1. 总体性分析

无论是1978—2006年，还是各个子时期，对初始值的回归系数均为负值，大致在0.02—0.1，呈现显著的$\beta$-绝对收敛态势（收敛系数回归的P值均小于0.01，拟合优度均在80%以上），可以认为在郊区40个村庄之间存在绝对收敛的现象。即贫困村能够以比富裕村更快的速度增长，村庄之间的人均收入差距不断缩小。而且，当控制住区位变量、人力资本变量和1978—2006年人均所有者权益增长速度变量后，收敛系数0.03调整为0.029，拟合优度也由83%上升到了94%。

根据表5-2中方程（1），1978年以来，北京郊区的40个村庄人均收入的增长趋于收敛，富裕村与贫困村之间的人均收入大约以每年3%的速度缩小。假设未来各个村庄继续保持这样的收敛速度，富裕村与贫困村之间的人均收入差距缩小一半大约需要二十多年时间。即再有大概十年左右的时间，到2016年左右，这些村庄之间的收入水平就可以实现收敛。这种快速的收敛态势可以从图5-1中看出来。

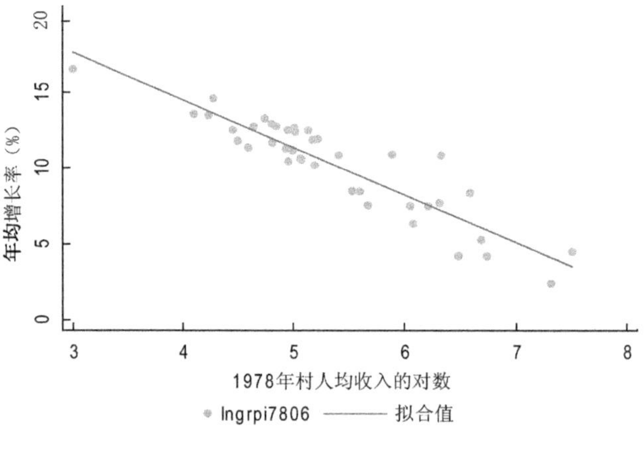


**图5-1　北京郊区40个村庄人均收入的收敛性分析**

实际上，在各个子时期也可以得到基本类似的结论。如表5-2中方程（3）中，得到收敛速度为0.05，显然村庄之间的收敛速度与1978—2006年的收敛速度比较显然是更快了，半生命周期缩短到十四年。在表5-2中方程（8）关于1998—2006年的回归分析中，半生命周期缩短到九年，收敛速度进一步加快。

此外，对于收敛速度，人均所有者权益增长速度加快也能提高人均收入收敛的速度，见表5-2中方程（3）、（5）、（7）和（10）。

村干部的人力资本水平也是一个显著的影响因素，人力资本水平越高，越倾向于提高村庄的收敛速度，见表5-2中方程（3）和（10）。

区位因素的影响也是非常显著的，见表5-2中方程（2）、（3）、（5）、（7）、（9）和（10）。城乡接合部地区的村庄相对于山区和平原地区的村庄倾向于带来更高的收敛速度。其原因在于城乡接合部地区距离中心城区最近，最先受到中心城区的辐射和带动，产业升级也往往是最迅速的，由此带来了村庄发展的机遇。

**2. 阶段性分析**

对三个阶段的收敛速度进行比较发现，在1978—1988年和1988—1998年，收敛速度基本稳定在［0.05，0.06］区间范围，而1998—2006年，收敛速度快速上升到了0.098。发生这样的差异主要是和农村改革与发展的阶段有关。

1978—1988年，村庄经济受到家庭联产承包责任制改革的刺激得以普遍地快速增长，村庄内部资源配置效率得到大幅提升，长期受到压抑的生产力得到恢复。这一阶段的超常规性增长是在村庄经济在被长期压抑后在一个较短的时间内突然发生的，实质是一场在农村地区发生的一场产业革命，标志是打破了长期以来的收入水平缓慢爬升态势，实现总收入的快速持续增长。除了制度变革原因外，也有新中国成立以后长期的农田基本建设投入以及化肥等大型支农工业体系的建立等多个因素的累积效应的作用。这一时期外部制度变迁对村庄发展发挥了基础性作用，村庄出现了共同快速发展的格局。如图5-2（b）所示，从增长率的分布看，比较分散，增长率在［0.01，0.24］区间内部的每一个百分位点处，村庄所占的比重都在5%左右，这也是造成拟合程度较差的重要原因。

1988—1998年，改革的中心转向城市，农村改革与发展相对滞后下来，当初制度变革发挥的激励作用在逐步衰减，城市对郊区村庄的带动作用尚不明显，各村主要依靠自身内在的资源和要素谋求发展，村庄之间人均收入水平的分化程度开始加大，部分村庄出现负增长，同时有大量村庄

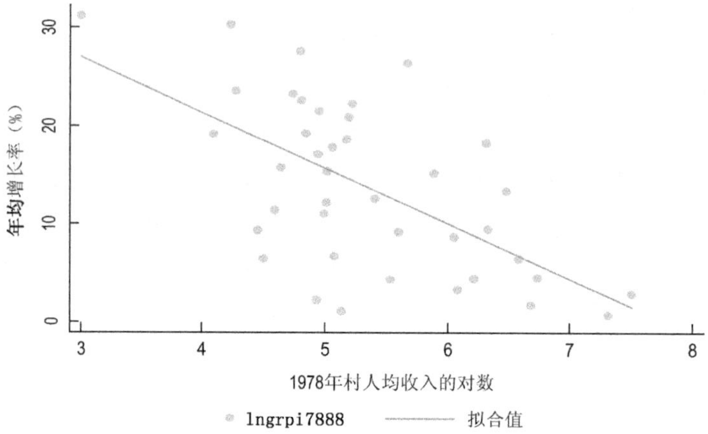

（a）1978—1988年北京郊区40个村庄个人收入的收敛分析

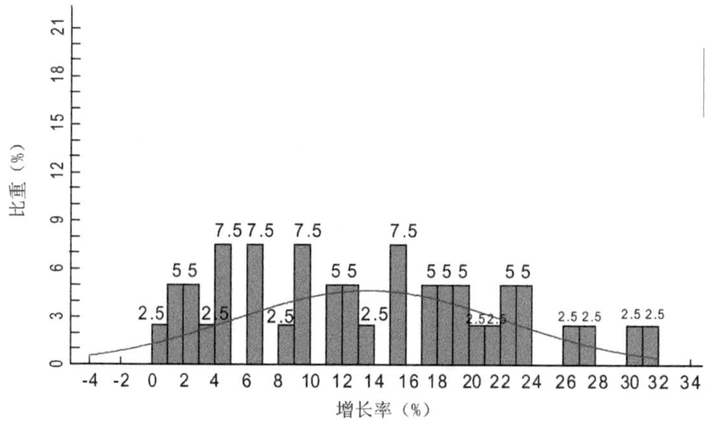

（b）1978—1988年各村庄的人均收入增长率

**图 5-2　1978—1988 年收敛速度的阶段性分析**

进入高增长区间，这一点也可以从图 5-3 中的散点图和直方图中反映出来。村庄自身的因素主要有村干部的企业家精神、区位与资源禀赋特点、组织发育程度等，那些能够推进产业升级的村庄快速崛起，如大稿村、南宫村等。而位于平原地区的西黄堡等村由于未能及时进行产业升级，而从原来 40 个村庄总收入和人均所有者权益最高的位置上衰落下来，成为中下等村。当然这种村庄的分化并没有影响村庄经济在总体上的收敛性质，尽管这种收敛的趋势并不比其他阶段更为显著。

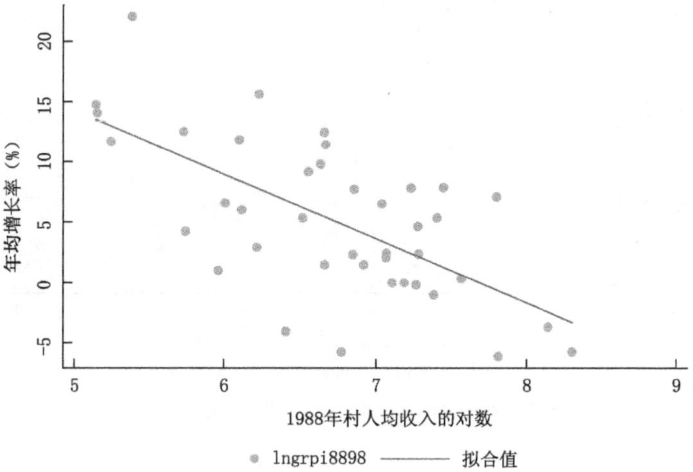


（a）1988—1998年北京郊区40个村庄个人收入的收敛分析

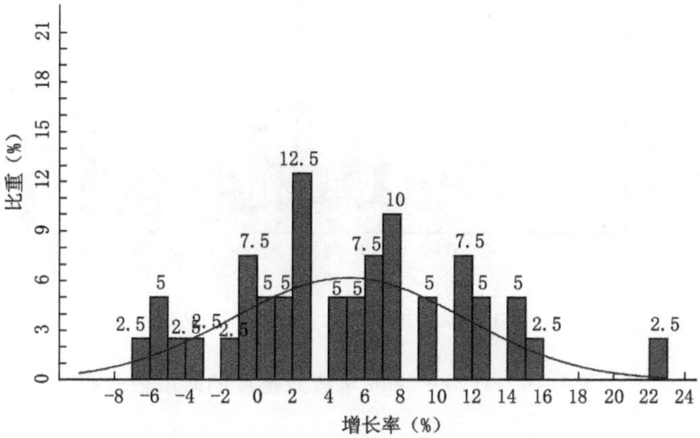


（b）1988—1998年各村庄的人均收入增长率

**图 5-3　1988—1998 年收敛速度的阶段性分析**

1998—2006 年，村庄发展开始愈来愈受到城市发展的影响，越靠近市区的村庄越可能成为中心城区产业与功能扩散的对象，一般把这种现象称为城市郊区化。这一阶段由于受到外力的共同作用，那些落后的村庄得到城市郊区化的历史机遇，村庄之间再次出现快速趋同的发展态势。如朝阳区的高碑店村，原来由于国家征占地等原因，村庄经济受到了很大的冲击，但是通过发展新兴古文化家具一条街，迎合了市场需求，农民收入水平迅速赶超上来，见图 5-4。

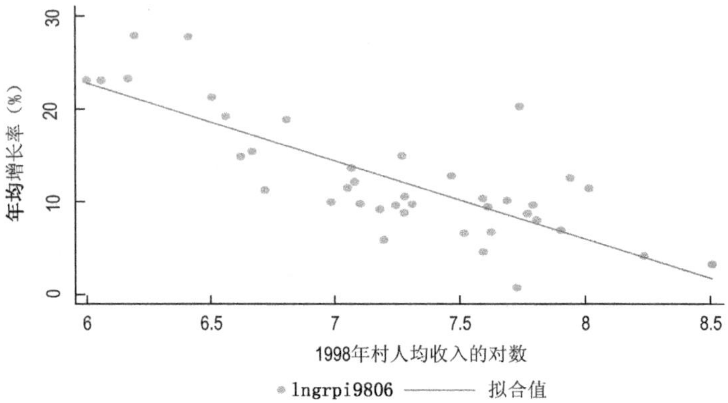


（a）1998—2006年北京郊区40个村庄个人收入的收敛分析

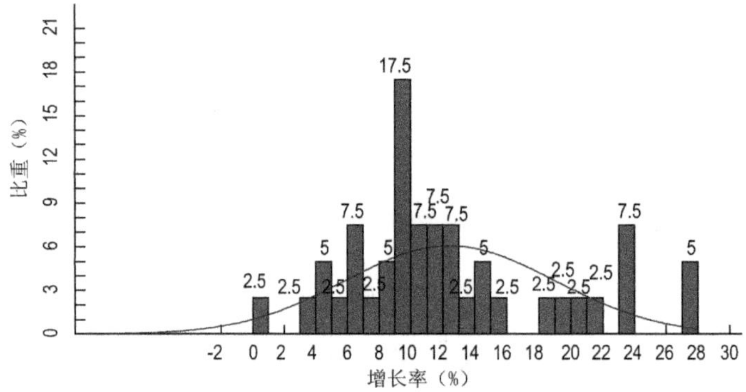


（b）1998—2006年各村庄的人均收入增长率

**图 5-4　1998—2006 年收敛速度的阶段性分析**

### 3. 结构冲击分析

在控制了产业结构变化造成的冲击后，初始值的回归系数得到普遍的提升，说明结构冲击对村庄收敛确实发挥了正向作用，尽管结构变量回归系数不是很普遍地显著，见表 5-2 中方程（5）、（7）和（10）。村庄在转型期间的发展主要特点是产业升级，结构冲击指数的差异意味着村庄之间在产业升级速度上的差别。尽管系数不是很显著，但是对于收敛速度的影响方向是一致的，村庄发展的大量案例也恰好证实了这一点，如窦店村、大稿村。与此形成对照，原来经济实力较强的村庄由于仍然停留在原来的以农业为主的产业结构上而日益衰落下来。

## 二、村庄之间的相对收入差距变化

穷村的人均收入速度增长快于富村，并不等于村庄之间的离散程度随着时间的推移而逐渐缩小。为此，还需要对村庄之间进行 $\delta$ - 收敛性分析才能综合地把握村庄间在人均收入层面收敛的性质和特征。$\delta$ - 收敛是指随着时间的推移区域之间的相对差距不断缩小，即威廉姆森倒 U 形曲线的右半段。在大多数的研究中，倒 U 形曲线的右半段还很难取得实证的支持，即使拥有经济比较发达的农村地区的江苏省也未能获得验证（陶应虎，2009）。然而，当把分析的单元微观化到村庄层面的时候，如黄祖辉等（2005）发现了村内差距和村际差距缩小的情形，证明了收入差距变化的倒 U 形曲线特征。可能的原因有两个：一方面和区域经济发展的阶段有关，大多数农村尚未完成现代化，经济融合度低，而只有在区域之间经济融合达到高度发展的情况下，才有可能出现右半段的情形；另一方面，样本选择区域过宽，可能掩盖了局部性收敛的可能。因此，需要重新从经济发展阶段和样本选择区域两个角度进行研究对象的选取，北京郊区 40 个村庄的选取总体上可以规避上面两类问题。

### （一）村庄间人均收入相对差距变动的基本特征

本节主要是从 $\delta$ - 收敛的角度对郊区 40 个村庄的人均收入的变动趋势进行分析，并与后面人均所有者权益的 $\delta$ - 收敛性分析形成对照。通过汇总和计算郊区 40 个村庄在 1978 年、1988 年、1998 年和 2006 年的人均收入的均值、方差、平均变异系数和加权变异系数，观察 40 个村庄之间的收入差异，最后运用泰尔指数方法进行区域间分解，分组测量各组组内村庄间相对差距水平以及组间差的变动水平。在计算变异系数指标时，区分了加权变异系数和平均变异系数，如表 5 - 3 所示。

表5-3　地区之间内部村庄人均收入差异演变情况　单位：元

| | | 40个村庄总体 | 城乡接合部村庄 | 平原村庄 | 山区村庄 |
|---|---|---|---|---|---|
| 1978年 | 方差 | 337.5 | 221.4 | 382.7 | 510.4 |
| | 平均变异系数 | 1.14 | 0.81 | 1.02 | 1.6 |
| | 加权变异系数 | 0.96 | 0.79 | 0.82 | 1.53 |
| 1988年 | 方差 | 849.1 | 783.1 | 975.5 | 668.3 |
| | 平均变异系数 | 0.77 | 0.56 | 0.97 | 0.74 |
| | 加权变异系数 | 0.44 | 0.47 | 0.89 | 0.73 |
| 1998年 | 方差 | 963.8 | 788.6 | 672.5 | 1271.7 |
| | 平均变异系数 | 0.59 | 0.35 | 0.47 | 0.96 |
| | 加权变异系数 | 0.49 | 0.25 | 0.49 | 1.02 |
| 2006年 | 方差 | 1844.8 | 3013.3 | 839.8 | 1321.7 |
| | 平均变异系数 | 0.46 | 0.54 | 0.27 | 0.34 |
| | 加权变异系数 | 0.48 | 0.43 | 0.28 | 0.33 |

### 1. 绝对差异显著扩大，并存在区域间的结构性差异

40个村总体以及其他3组村庄人均收入的方差分别从1978年的337.5、221.4、382.7和510.4持续扩大到2006年的1844.8、3013.3、839.8和1321.7，考虑到人均收入水平提高的因素，这种方差扩大的变动趋势具有一定的合理性。同时，可以观察到在改革开放初期，方差最大的地区来自山区，最小的地区来自城乡接合部，到2006年，城乡接合部的方差大幅超过了山区组和平原组。这与该地区近年来日益受到城市规划管制因素有关，如规划为城市绿化用地、城市通风口的一些村庄土地发展权受到限制，导致与周边地区的收入差距迅速扩大。可见，越靠近城市中心区，对城乡经济社会一体化的要求越迫切。在这种情况下，需要进行区或乡镇范围内的统筹规划，加快该地区的整体城镇化进程，最终缩小村庄之间的收入差距。当然，绝对差异程度测量方法受到人均收入绝对值本身的影响，不能作为判断村庄之间相对差距的唯一指标。

### 2. 相对差异显著缩小，并趋于稳定：显著的 $\delta$－收敛

变异系数是测量相对差异的通用指标。通过平均变异系数和加权变异系数指标都可以获得 40 个村庄之间在总体上人均收入相对差距显著缩小的结论。即使分组来看，城乡接合部地区在 1998—2006 年和山区在 1988—1998 年出现明显反弹。

平均变异系数和加权变异系数两个指标在总体变动趋势上也存在细微的差别。正如第二部分所述，加权变异系数会克服村庄之间由于人口规模不同造成的影响。根据表 5－3 中的计算结果，几乎在各个组的各个时期，40 个村庄总体的平均变异系数要显著高于加权的变异系数（仅 1998 年的平原组的加权变异系数高于平均变异系数 1 个百分点）。而观察图 5－5 中 40 个村庄总体变异系数发现，通过加权变异系数计算的趋势线在 1988 年以后虽略有起伏，但已经基本上稳定在一个较低的水平。

## （二）村庄间人均收入相对差距的分解

由于区域之间的特征差异，各区域对总体的差异贡献会有所不同。对收入差距的分解一般是通过泰尔指数方法求出组内差和组间差，然后计算各部分对总体差距的贡献份额。本节通过泰尔指数方法对村庄间人均收入进行分解，计算村庄总体、各组内部村庄之间及组间差距三方面的差异变化特征，并计算组内差和组间差对总体差异的各自贡献，见表 5－4。

表 5－4　　40 个村庄人均收入差距的泰尔指数分解

| | 年份 | 40 个村庄总体 | 城乡接合部村庄 | 平原村庄 | 山区村庄 | 组间差 |
|---|---|---|---|---|---|---|
| 泰尔指数 | 1978 | 0.339 | 0.175 | 0.094 | 0.069 | 0.001 |
| | 1988 | 0.315 | 0.076 | 0.148 | 0.069 | 0.022 |
| | 1998 | 0.202 | 0.026 | 0.075 | 0.082 | 0.019 |
| | 2006 | 0.093 | 0.033 | 0.015 | 0.009 | 0.036 |
| 各组贡献率（%） | 1978 | 100.00 | 52.00 | 27.73 | 20.35 | 0.29 |
| | 1988 | 100.00 | 24.13 | 46.98 | 21.90 | 6.98 |
| | 1998 | 100.00 | 12.87 | 37.13 | 40.59 | 9.41 |
| | 2006 | 100.00 | 35.48 | 16.13 | 9.68 | 38.71 |

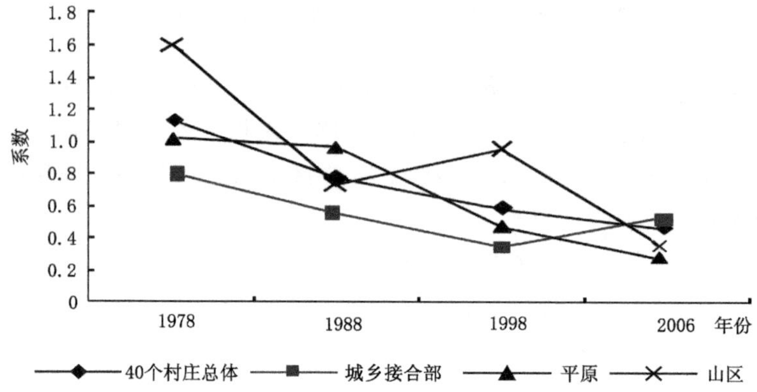


(a)平均变异系数变化情况

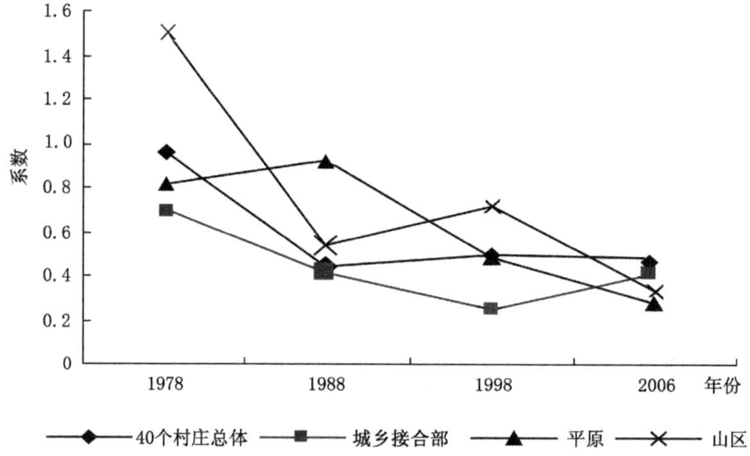


(b)加权变异系数变动情况

**图 5-5　40 个村庄人均收入平均变异系数与加权变异系数的变动趋势**

### 1. 地区差异总体趋于下降

根据 40 个村庄的总体泰尔指数的计算结果，村庄的人均收入差异呈现快速的下降，从 1978 年的 0.339 下降到 2006 年的 0.093。各分组内部的差距也分别呈现了下降态势。其中，平原地区的村庄间差距呈现典型的倒 U 形曲线右半部分，如图 5-6 所示。

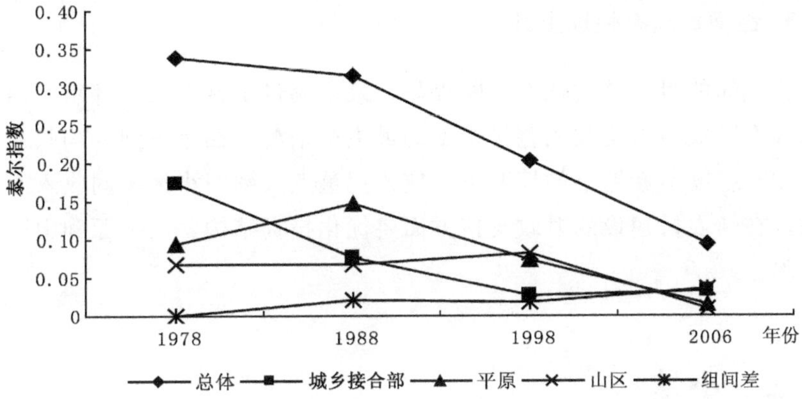


图 5-6　40 个村庄人均收入差异的分解

## 2. 各组贡献率呈现结构性变动

如图 5-7 所示，通过泰尔指数分解，城乡接合部组织内部的贡献率自 1978 年的 52% 先下降到 1998 年的 13%，2006 年迅速反弹至 35%，走出了“V”形。而平原组和山区组的组内差异对总体差异的贡献率虽经反弹，但先后在 1988 年和 1998 年快速下降，分别从 1978 年的 28% 和 20% 下降到 2006 年的 16% 和 10%，走出了倒“V”形。

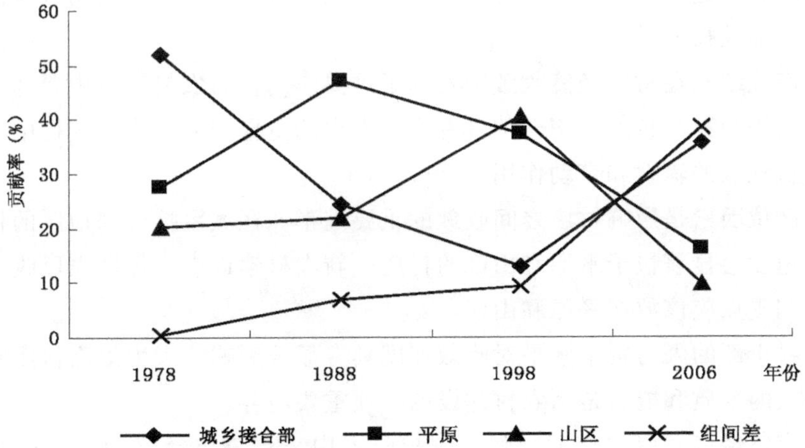


图 5-7　40 个村庄人均收入差异的各组及组间贡献率比较

### 3. 组间贡献率快速上升

区域间的组间差贡献率不断提高，最后超过了城乡接合部组组内差异贡献程度，成为人均收入差异贡献的最主要来源。在考虑到人均收入差异总体相对程度不断缩小的情况下，应该把重点放到缩小区域间收入差异上面来。在新农村建设的财政支持方面要优化投资结构，向平原和山区进一步倾斜。

## 三、小结

改革开放以来，北京郊区的村庄在从传统社会向现代社会转变过程中，原先大量的穷村追赶上来，甚至超越了先前富裕的村庄，村庄之间呈现了$\beta$－绝对收敛态势。即随着村庄的经济发展，初始条件较差的村庄会有更快的增长速度，可以赶上初始条件较好的村庄。在这过程中，人力资本水平、区位因素、产业结构以及村集体经济实力对收敛的速度产生了重要的影响。其对新农村建设的启示在于：

村庄发展过程中，穷村的人均收入增长速度总体上比富村增长得更快。新农村建设过程中，要对低收入村、低收入户财政资金使用效益树立信心，加大投入。

产业结构在村庄经济收敛中发挥了重要作用，新农村建设中要选择好与自己资源禀赋特点相契合的具有增长潜力的主导产业，充分发挥中心城对农村地区的辐射和带动作用。

区位因素是影响村庄之间收敛的重要因素。在城乡接合部地区的村庄收敛速度会显著快于平原和山区的村庄。新农村建设中，提高农民收入的难点和重点应该放在平原和山区。

村干部的人力资本水平对收敛速度具有显著影响，大力提高村庄发展带头人的素质和能力是新农村建设的一项重要内容。

集体经济发展的速度越快，农户收入中来自集体经营的部分就会越大，收入水平自然就会提高地更快，村民获得集体福利的水平也会越高。新农村建设中，发展壮大集体经济是促进农民增收的重要途径。

村庄人均收入的收敛呈现显著的阶段性特点：1978—1988 年，由于受到农村家庭承包体制变革的普遍影响，村庄出现了一次普遍的增长；1988—1998 年，村庄发展更多依赖内在因素，村际收敛速度没有得到提高；1998—2006 年，城市郊区化的作用直接带动了村庄的快速发展，使原来那些单纯依靠自身力量无法得到发展的村庄也发展起来，村庄之间经济收敛速度加快，新农村建设要与城镇化进程相契合。

通过泰尔指数分解发现，地区之间的组间差贡献程度快速上升。在新农村建设过程中，要着力控制不同类型区域之间的收入差异，对于平原和山区要给予结构性的政策倾斜。此外，城乡接合部地区的村庄间收入差距有反弹趋势，这一地区历来是城乡二元结构矛盾最为突出的地区，历史遗留问题较多，由于受到如绿化隔离带、重大公共设施项目等大都市规划的影响，容易出现村庄间发展机会不均等的情况。新农村建设要加强乡镇统筹，实现区域均衡发展，而不能“村自为战”。

第六章

# 村庄间集体财富积累水平的收敛性分析

集体经济组织是一个以土地为纽带的所有者与生产者同一的社区性合作经济组织。集体资本积累具有社区公益性的特点，如增加就业机会、改善福利水平、进行村庄基础设施与公共设施投资等，对村庄的发展和扩张具有重要的意义。村集体经济组织的财富积累水平是村庄发展的核心内容，这在第三章关于村庄发展的概念部分已经进行了详尽的阐述。本章通过对村人均所有者权益进行 $\beta$ - 收敛及 $\delta$ - 收敛分析，获得集体经济收敛的性质及其影响因素，并与人均收入的收敛性质进行比较。在此基础上，探讨新农村建设的政策含义。

## 一、穷村与富村财富积累增长速度差异

由于村域经济与国家或地区经济之间具有区域性质上的一致性，在理论模型和分析框架上，可以采用传统的增长回归模型（Baumol，1986；Barro、Sala - i - Martin，1992；Sala - i - Martin，1996；Barro，1997）。根据 Sala - i - Martin（1996）理论模型的设定，计量方程主要是估计各村在1978—2006 年、1978—1988 年、1988—1998 年和 1998—2006 年等四个时期的村人均所有者权益增长率与 1978 年、1988 年和 1998 年等初始点人

均所有者权益的对数值的回归系数，以此获得收敛速度 $\beta$。

## （一）模型及变量设定

对不同时期收敛性质的计量分析主要包括三个内容：绝对收敛性分析、控制了区位特点的条件收敛性分析和控制了区位及结构性变量的条件收敛性分析。有些情况下虽然可以直接得到绝对收敛的结果，但是如果进一步控制了不同的变量后，收敛速度仍会发生很大的变化。对此，回归方程中通过控制不同的变量进行多次观察和分析。

### 1. $\beta$ - 收敛分析的基本模型

如前文的定义，$\beta$ - 绝对收敛是指贫穷的经济系统会比富裕的经济系统增长得更快。而当拥有一组关于村庄人均所有者权益面板数据的时候，就可以进行 $\beta$ - 绝对收敛分析。主要采用 Sala - i - Martin（1996）的分析框架。

令第 $i$ 个村在时期 $t$ 到时期 $t+T$ 之间的人均所有者权益的平均年增长率为 $\gamma_{i,t,t+T} = \frac{1}{T} \times \log\left(\frac{y_{i,t+T}}{y_{i,t}}\right)$；令 $\log(y_{i,t})$ 为 $i$ 村在时期 $t$ 的人均所有者权益的对数。然后，估计下列方程：

$$\gamma_{i,t,t+T} = \alpha - \beta \times \log(y_{i,t}) + \varepsilon_{i,t} \qquad (6-1)$$

如果回归参数 $\beta>0$，就可以得出各村庄之间存在 $\beta$ - 绝对收敛。上式中 T = 28，10，10，8，分别估计 1978—2006 年、1978—1988 年、1988—1998 年、1998—2006 年一共四个时间段的 $\beta$ 值，见表 6 - 2 中回归方程（1）、（4）、（8）、（12）。

### 2. 对于区位因素的控制

区位往往是影响村庄发展最直接的要素，尤其是在发展的初期阶段，市场的力量总是首先偏好具有良好区位的地区。为此，本模型引入表示区位的三个虚拟变量：令 $D_i$ 中的 $i = 1,2,3$ 代表各村庄所属的三个不同区域，即 $D_1 = Chengxjhb$（城乡接合部区域）、$D_2 = Pingyuan$（平原区域）、$D_3 = Shanqu$（山区区域）。所估计方程的形式如下：

$$\gamma_{i,t,t+T} = \alpha - \beta \times \log(y_{i,t}) + D_i + \varepsilon_{i,t} \tag{6-2}$$

当绝对收敛不存在的情况下，控制住区位变量，往往可以重新得到收敛的结果。根据对村庄的比较分析，一般在城乡接合部地区，村庄人均收入和人均所有者权益都要显著高于其他两类地区。见表6-2中方程(2)、(5)、(9)、(13)。

### 3. 村干部素质的控制

作者在模型中加入了村书记的人力资本虚拟变量，共分为本科及以上、专科、高中和初中及以下四个等级。关于变量的说明见第五章。相比村庄人均收入，村庄集体经济的发展和壮大更为直接地受到了村干部的影响，因为村干部是村集体经济的主要决策者和经营者，而人均收入的影响因素是多元化的。因此，在方程中把村书记的人力资本水平列为计量分析的一个重要变量，记为 $E_i$，其中 $i = 1,2,3,4$，分别代表四个不同的学历水平，即 $E_1$ = *benke*（本科及以上）、$E_2$ = *zhuanke*（专科）、$E_3$ = *gaozhong*（高中）、$E_4$ = *chuzhong*（初中及以下），见方程（10）、（11）、（14）、（15）。

对人力资本水平的控制是在对区域变量控制基础上进行的。所估计方程形式如下：

$$\gamma_{i,t,t+T} = \alpha - \beta \times \log(y_{i,t}) + D_i + E_i + \varepsilon_{i,t} \tag{6-3}$$

### 4. 结构、体制及资源禀赋结构变量的控制

从改革开放以来，村庄发展由传统模式向现代模式迅速转型的阶段，主要体现在产业结构和组织体制上的快速变化，因此，模型中需要对这两个变量进行控制，并观察其对村庄收敛的影响。此外，模型也对相关的资源禀赋结构变量进行了控制。

首先，是产业结构变量的控制。伴随着在城市产业向郊区加速扩散，产业结构变化迅速，村庄的非农产业对村庄经济发展的贡献越来越大。同上一章，增加产业结构变量，就可以观察其对收敛速度在不同时期所产生的不同的影响。为了控制结构变量，模型设定中主要包括了两类变量：一类是直接的人均收入或村组织经济总收入中来自农业的比重，反映了产业结构升级程度的影响，集体经济如 rateagriperin98（指1998年各村人均收

入来自农业的比重），定义为 $ST_{it}$ ，其中 $i = 1,2,3$ ，分别代表第一、二、三产业，$t = 1978,1988,1998,2006$ ；另一类结构变量是综合地反映产业结构变动对村庄经济收敛的冲击，$S_{it}$ ，如 s0678，代表了 1978—2006 年的结构冲击变量。

其次，是体制结构变量的控制。传统的集体经济由于统得过死，造成微观激励缺陷，加之“以粮为纲”的宏观产业选择空间限制，村庄发展。因此，关于村庄发展的制度影响因素，主要是指如何在市场经济条件下寻找集体经济新的实现形式。经验观察发现，那些富裕起来的村庄，往往是解决了上面两个集体经济存在的问题，健全了激励机制、加快了产业升级、增强了资本积累机制，实现了村集体经济组织的创新。为了刻画村集体经济组织变革对人均所有者权益收敛的影响，引入了相应的体制变量，即村经济总收入来自集体经济组织的比重（如 ratepubti78，代表了 1978 年村经济总收入来自集体经济组织的比重）或人均收入中来自村集体经济组织的比重（如 ratepubpi78，表示了 1978 年村人均收入中来自集体经济组织的比重）。令制度变量表示为 $\mathrm{Ins}_{it}$,其中 $i = 1,2$ ，分别表示某个时点上人均收入和村经济总收入中来自集体经济的比重。

综上所述，在控制了区域变量的基础上，进一步控制了村庄产业结构和体制结构的变量，对应估计方程见表 6－2 中的（3）、（6）、（7）、（10）、（11）。对应的方程形式：

$$\gamma_{i,t,t+T} = \alpha - \beta \times \log(y_{i,t}) + D_i + S_{it} + ST_{it} + \mathrm{Ins}_{it} + \varepsilon_{i,t} \quad (6-4)$$

当进一步控制了村干部的人力资本变量后，见表 6－2 中的方程（10）、（11）、（14）、（15）。方程形式为：

$$\gamma_{i,t,t+T} = \alpha - \beta \times \log(y_{i,t}) + D_i + E_i + S_{it} + ST_{it} + \mathrm{Ins}_{it} + \varepsilon_{i,t} \quad (6-5)$$

最后，还需要对资源禀赋结构变量进行控制。模型中进一步引入了资源禀赋结构因素，$En_{it}$ ，其中 $i = 1,2$ ，分别代表户均耕地面积和村集体组织成员人数。见表 6－2 中的方程（3）、（6）、（7）、（10）、（11）、（14）、（15）。对应的方程形式为：

$$\gamma_{i,t,t+T} = \alpha - \beta \times \log(y_{i,t}) + D_i + E_i + En_{it} + S_{it} + ST_{it} + \mathrm{Ins}_{it} + \varepsilon_{i,t} \quad (6-6)$$

下面是表 6－2 中回归方程（1）—（15）所用到的各类变量。采用的回归方法是简单最小二乘方法（OLS）。

**表6－1　　变量及其解释**

| 变量名称 | | 对变量的说明 |
|---|---|---|
| $\gamma_{i,t,t+T}$ | lgrass7806 | 1978—2006年各村庄的人均所有者权益年均增长率 |
| | lgrass8806 | 1988—2006年各村庄的人均所有者权益年均增长率 |
| | lgrass9806 | 1998—2006年各村庄的人均所有者权益年均增长率 |
| | lgrass7888 | 1978—1988年各村庄的人均所有者权益年均增长率 |
| | lgrass8898 | 1988—1998年各村庄的人均所有者权益年均增长率 |
| | lgrass7898 | 1978—1998年各村庄的人均所有者权益年均增长率 |
| $\log(y_{i,t})$ | lperass78 | 1978年各村庄人均所有者权益的对数 |
| | lperass88 | 1988年各村庄人均所有者权益的对数 |
| | lperass98 | 1998年各村庄人均所有者权益的对数 |
| 结构冲击变量 $S_{it}$ | s0678 | 1978—2006年的结构冲击变量 |
| | s0688 | 1988—2006年的结构冲击变量 |
| | s0698 | 1998—2006年的结构冲击变量 |
| | s8878 | 1978—1988年的结构冲击变量 |
| | s9888 | 1988—1998年的结构冲击变量 |
| | s7898 | 1978—1998年的结构冲击变量 |
| 产业结构变量 $ST_{it}$ | rateagriperin98 | 1998年各村人均收入来自农业的比重 |
| 区域虚拟变量 $D_i$ | chengxjhb（是＝1；否＝0） | 位于城乡接合部地区的村庄（是＝1；否＝0） |
| | pingyuan（是＝1；否＝0） | 位于平原地区的村庄（是＝1；否＝0） |
| | shanqu（是＝1；否＝0） | 位于山区的村庄（是＝1；否＝0） |
| 人力资本水平虚拟变量 $E_i$ | benke（是＝1；否＝0） | 村书记本科及以上学历（是＝1；否＝0） |
| | zhuanke（是＝1；否＝0） | 村书记专科学历（是＝1；否＝0） |
| | gaozhong（是＝1；否＝0） | 村书记高中学历（是＝1；否＝0） |
| | chuzhong（是＝1；否＝0） | 村书记初中及以下学历（是＝1；否＝0） |
| 制度变量 $Ins_{it}$ | ratepubti78 | 1978年村庄经济总收入来自集体经济组织的比重 |
| | ratepubpi78 | 1978年村庄人均收入中来自集体经济组织的比重 |
| | ratepubti88 | 1988年村庄经济总收入中来自集体经济组织的比重 |

续表

| 变量名称 | | 对变量的说明 |
|---|---|---|
| 资源禀赋结构变量 $En_{it}$ | lpop78 | 1978 年村集体组织成员人数的对数 |
| | lpop88 | 1988 年村集体组织成员人数的对数 |
| | lpop98 | 1998 年村集体组织成员人数的对数 |
| | lgdperhu78 | 1978 年户均耕地面积的对数 |
| | lgdperhu98 | 1998 年户均耕地面积的对数 |
| | lgdperhu78 | 1978 年户均耕地面积的对数 |

## （二）回归结果及分析

按照上述 15 个方程，对于 1978—2006 年及三个子时期的对 40 个村级经济人均所有者权益的 $\beta$ - 收敛检验结果，分别得到三类检验结果：无条件（绝对）收敛检验结果；控制了区域变量的条件检验结果；控制了区域、体制、产业、人力资本和资源禀赋等几个变量的条件收敛结果，见表 6－2。

### 1. 整体分析

1978—2006 年的计量分析可以发现：

（1）村人均所有者权益在 1978—2006 年存在着 $\beta$ - 绝对收敛的趋势，且收敛速度相对稳定，大致在 3% 附近；

（2）收敛性质存在显著的阶段性差异。如 1988—1998 年，不存在 $\beta$ - 绝对收敛，而是当控制了区位、资源禀赋结构和制度特征等变量的情况下存在条件收敛；

（3）各变量的影响程度在不同时期存在显著差异。如区位变量在初期对收敛会存在显著的影响，但是经济发展到一定阶段后，如 1998—2006 年，其对收敛的影响效果减少到很小的程度，且不再显著。

从表 6－2 中方程（1）、（2）、（3）估计结果看，不控制区位的检验与存在区位变量的检验、存在区位和体制及资源禀赋变量下的检验都存在

表 6-2　村庄间人均所有者权益收敛的计量分析

| 自变量 | 被解释变量 | | | | | | | | | | | | | | |
|---|---|---|---|---|---|---|---|---|---|---|---|---|---|---|---|
| | 1978—2006 年 | | | 1978—1988 年 | | | | 1988—1998 年 | | | | 1998—2006 年 | | | |
| | (1) | (2) | (3) | (4) | (5) | (6) | (7) | (8) | (9) | (10) | (11) | (12) | (13) | (14) | (15) |
| | lgrass7806 | lgrass7806 | lgrass7806 | lgrass7888 | lgrass7888 | lgrass7888 | lgrass7888 | lgrass8898 | lgrass8898 | lgrass8898 | lgrass8898 | lgrass9806 | lgrass9806 | lgrass9806 | lgrass9806 |
| lperass78 | -0.03 *** | -0.0367 *** | -0.0388 *** | -0.0570 *** | -0.0659 *** | -0.0793 *** | -0.0795 *** | | | | | | | | |
| | (-0.00761) | (-0.00692) | (-0.00798) | (-0.0126) | (-0.0121) | (-0.0157) | (-0.0157) | | | | | | | | |
| lperass88 | | | | | | | | 0.00196 | -0.0366 * | -0.0563 *** | -0.0615 *** | | | | |
| | | | | | | | | (-0.0201) | (-0.0199) | (-0.0197) | (-0.0202) | | | | |
| lperass98 | | | | | | | | | | | | -0.0440 *** | -0.0524 *** | -0.135 *** | -0.147 *** |
| | | | | | | | | | | | | (-0.0135) | (-0.0188) | (-0.0318) | (-0.031) |
| chengxjhb | | | | | 0.0980 *** | 0.063 | 0.0618 | | 0.221 *** | 0.142 ** | 0.134 ** | | 0.0371 | 0.0672 | -0.00492 |
| (是=1；否=0) | | | | | (-0.0346) | (-0.0574) | (-0.0575) | | (-0.0562) | (-0.0596) | (-0.0597) | | (-0.0855) | (-0.102) | (-0.105) |
| pingyuan | | -0.0665 *** | -0.0635 ** | | | -0.0411 | -0.0324 | | 0.0728 | 0.0292 | 0.0265 | | -0.0337 | 0.0674 | 0.019 |
| (是=1；否=0) | | (-0.0198) | (-0.0252) | | | (-0.0484) | (-0.0493) | | (-0.0464) | (-0.0535) | (-0.0533) | | (-0.0611) | (-0.0875) | (-0.0873) |
| shanqu | | -0.0745 *** | -0.0688 ** | | 0.000723 | | | | | | | | | | |
| (是=1；否=0) | | (-0.0226) | (-0.0315) | | (-0.0355) | | | | | | | | | | |
| ratepubti78 | | | -0.0339 | | | | | | | | | | | | |
| | | | (-0.0543) | | | | | | | | | | | | |
| ratepubpi78 | | | | | | 0.0426 | 0.0273 | | | | | | | | |
| | | | | | | (-0.132) | (-0.133) | | | | | | | | |

续表

| 自变量 | 被解释变量 | | | | | | | | | | | | | | |
|---|---|---|---|---|---|---|---|---|---|---|---|---|---|---|---|
| | 1978—2006 年 | | | 1978—1988 年 | | | | 1988—1998 年 | | | | 1998—2006 年 | | | |
| | (1) | (2) | (3) | (4) | (5) | (6) | (7) | (8) | (9) | (10) | (11) | (12) | (13) | (14) | (15) |
| | lgrass7806 | lgrass7806 | lgrass7806 | lgrass7888 | lgrass7888 | lgrass7888 | lgrass7888 | lgrass8898 | lgrass8898 | lgrass8898 | lgrass8898 | lgrass9806 | lgrass9806 | lgrass9806 | lgrass9806 |
| ratepubti88 | | | | | | | | | | 0.137 ** | 0.144 ** | | | | |
| | | | | | | | | | | ( -0.0571) | ( -0.0573) | | | | |
| lpop78 | | | | | | 0.0401 * | 0.0353 | | | | | | | | |
| | | | | | | ( -0.0235) | ( -0.0241) | | | | | | | | |
| lpop88 | | | | | | | | | | 0.0205 | 0.0181 | | | | |
| | | | | | | | | | | ( -0.0255) | ( -0.0254) | | | | |
| lpop98 | | | | | | | | | | | | | | -0.0233 | -0.0394 |
| | | | | | | | | | | | | | | ( -0.0469) | ( -0.0454) |
| lgdperhu78 | | | -0.00751 | | | 0.0103 | 0.00774 | | | | | | | | |
| | | | ( -0.0138) | | | ( -0.0254) | ( -0.0255) | | | | | | | | |
| lgdperhu98 | | | | | | | | | | | | | | -0.0865 * | -0.113 ** |
| | | | | | | | | | | | | | | ( -0.0432) | ( -0.0435) |
| s8878 | | | | | | | 0.0351 | | | | | | | | |
| | | | | | | | ( -0.0362) | | | | | | | | |
| s9888 | | | | | | | | | | | 0.0529 | | | | |
| | | | | | | | | | | | ( -0.0465) | | | | |
| s0698 | | | | | | | | | | | | | | | -0.568 * |
| | | | | | | | | | | | | | | | ( -0.319) |

续表

| 自变量 | 被解释变量 | | | | | | | | | | | | | | |
|---|---|---|---|---|---|---|---|---|---|---|---|---|---|---|---|
| | 1978—2006 年 | | | 1978—1988 年 | | | | 1988—1998 年 | | | | 1998—2006 年 | | | |
| | (1) | (2) | (3) | (4) | (5) | (6) | (7) | (8) | (9) | (10) | (11) | (12) | (13) | (14) | (15) |
| | lgrass7806 | lgrass7806 | lgrass7806 | lgrass7888 | lgrass7888 | lgrass7888 | lgrass7888 | lgrass8898 | lgrass8898 | lgrass8898 | lgrass8898 | lgrass9806 | lgrass9806 | lgrass9806 | lgrass9806 |
| rateagriperin98 | | | | | | | | | | | | | | -0.376 ** | -0.755 ** |
| | | | | | | | | | | | | | | (-0.162) | (-0.263) |
| benke | | | | | | | | | | | | | | 0.167 | 0.105 |
| (是=1；否=0) | | | | | | | | | | | | | | (-0.109) | (-0.109) |
| zhuanke | | | | | | | | | | | | | | 0.241 ** | 0.249 ** |
| (是=1；否=0) | | | | | | | | | | | | | | (-0.103) | (-0.0977) |
| gaozhong | | | | | | | | | | -0.0541 | -0.0573 | | | 0.334 ** | 0.362 *** |
| (是=1；否=0) | | | | | | | | | | (-0.0462) | (-0.046) | | | (-0.122) | (-0.117) |
| chuzhong | | | | | | | | | | -0.158 *** | -0.160 *** | | | | |
| (是=1；否=0) | | | | | | | | | | (-0.0575) | (-0.0572) | | | | |
| 常数项 | 0.283 *** | 0.369 *** | 0.421 *** | 0.434 *** | 0.452 *** | 0.224 | 0.255 | 0.0717 | 0.231 * | 0.216 | 0.252 | 0.493 *** | 0.559 *** | 1.250 *** | 2.077 *** |
| | (-0.0419) | (-0.043) | (-0.0723) | (-0.0693) | (-0.0681) | (-0.205) | (-0.208) | (-0.135) | (-0.128) | (-0.153) | (-0.155) | (-0.104) | (-0.126) | (-0.353) | (-0.572) |
| 观察值 | 40 | 40 | 35 | 40 | 40 | 35 | 35 | 40 | 40 | 40 | 40 | 40 | 40 | 29 | 29 |
| R-squared | 0.29 | 0.491 | 0.536 | 0.35 | 0.483 | 0.531 | 0.547 | 0 | 0.305 | 0.563 | 0.58 | 0.218 | 0.242 | 0.551 | 0.618 |

注：*、**、*** 分别表示 10%、5% 和 1% 显著性水平。

$\beta$ - 绝对收敛，而且收敛系数相当稳定。1978—2006 年，由于农业与农村体制的改革，穷村人均所有者权益的增长速度快于富村。如图 6 - 1 所示，收敛曲线显著地向下倾斜。在这一时期，村庄之间的人均所有者权益的增长率呈现正态分布，但不是很显著，而且村庄之间的增长率存在着较大幅度的差距，甚至 5% 的村庄处于人均所有者权益负增长的区间。这与人均收入收敛情况形成明显的对比。

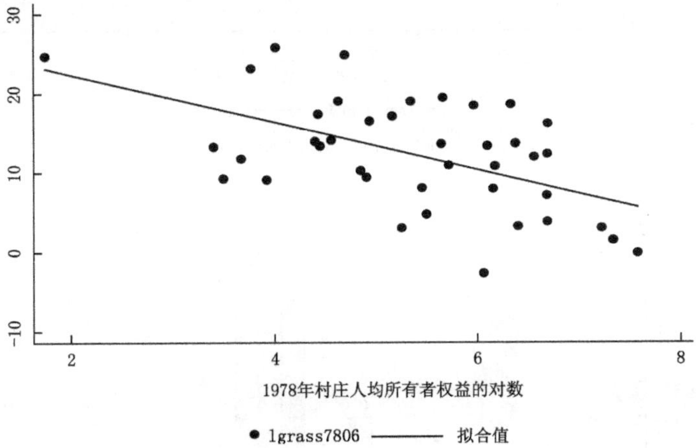


（a）1978—2006年40个村庄人均所有者权益的收敛性分析

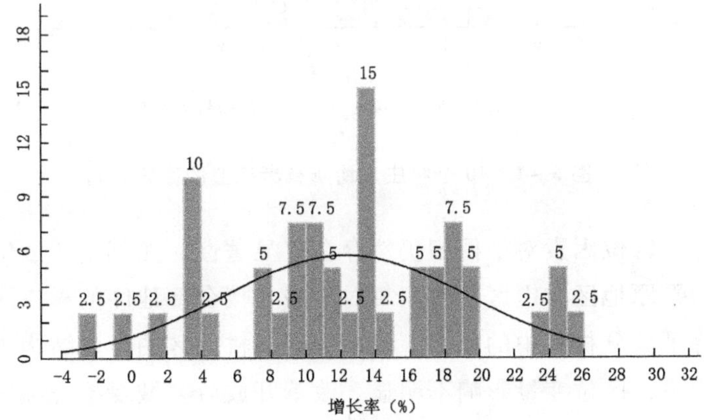


（b）1978—2006年40个村庄人均所有者权益增长率分布

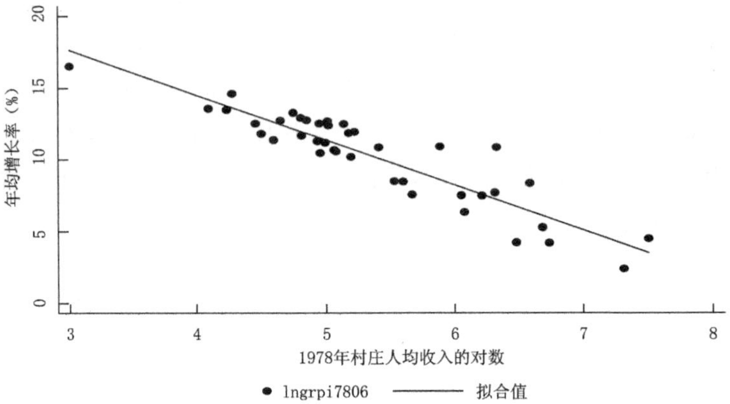


（c）1978—2006年40个村庄人均收入增长率的收敛性分析

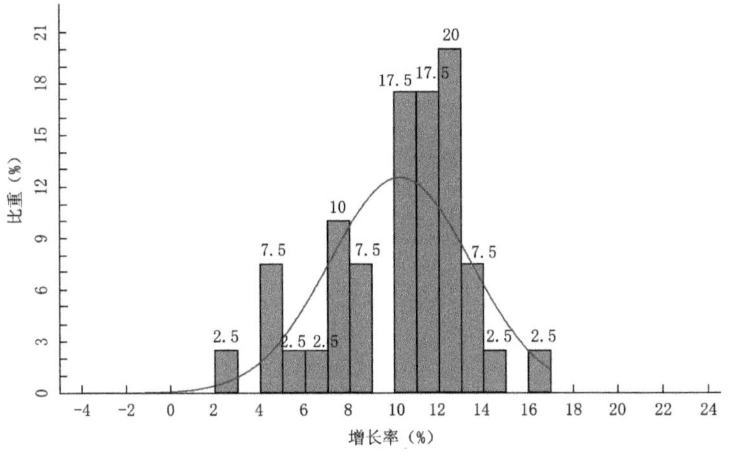


（d）1978—2006年40个村庄人均收入增长率分布

**图 6－1　40 个村庄人均所有者权益的回归分析**

此外，区位因素对于回归仍然存在着显著性。尤其是在区位之间的比较看出，平原地区和山区的村庄相对于城乡接合部地区的村庄的收敛速度显然下降了。分析其中的原因，改革初期农村地区的产业结构单一，主要以农业为主，区位变量影响不明显。改革开放后，城乡接合部地区的村庄利用近邻市场、便利的交通和信息条件，迅速调整产业结构，集体经济发展更为迅速，收敛的速度会显著快于其他两类地区。

根据对图 6－1 中的（a）图与（c）图的比较发现，人均所有者权益的收敛过程中可能存在着发散的情况，回归方程的拟合优度显著低于人均收入的回归收敛的情况。从增长率分布图（b）和（d）上对两个指标分别进行观察发现，人均所有者权益增长率的离散程度显著增加了，表现在正态曲线上是更加扁平。这意味着在人均所有者权益收敛的过程中，可能存在着条件收敛或者趋异的过程。为此，需要对收敛的子时期进行阶段性观察。

**2. 阶段性分析**

1978—1988 年，常常被经济学家定义为中国农村的超常规增长时期。这一时期，村庄的积累速度也不断加快。40 个村庄的人均所有者权益的平均增长率为 12.8%，增长率变动区间为［-7.6%，40%］，标准差为 0.12，见图 6-2。

对这一阶段的计量分析发现，无论是否控制了区位、资源禀赋等，村庄之间都存在着 $\beta$-绝对收敛的趋势。这说明，计划向市场的转轨激发了微观个体的积极性，促进了农村地区之间的产品和要素的流动。

同时，在控制了区位等变量的情况下，收敛速度会不断提高：$\beta$ 系数从方程（4）的 0.057 到控制了区位变量的方程（5）的 0.066，进一步控制了体制变量、资源禀赋变量后，即方程（6），收敛系数提高到了 0.0793，如果引入结构冲击变量后即方程（7），收敛系数达到 0.0795。

回归结果表明区位因素的差异对收敛速度的影响十分显著。如果村庄位于城乡接合部，能显著提高村庄人均所有者权益的收敛速度。平原的村庄相对于山区收敛速度更弱，但回归系数并不显著。对体制变量的检验结果显示，1978 年村庄经济收入中来自集体的比重越高，村庄的收敛速度越快，但回归系数并不显著。原因可能是这段时期正是农户的市场主体地位确立的时期，农户个体的发展对村庄经济发展的贡献率发生了快速上升。在资源禀赋结构方面，期初的户均耕地面积和人口数量对收敛速度都存在着正向关系，而且，人口数量的回归系数在 10% 的水平上是显著的。

1988—1998 年，村庄之间人均所有者权益的收敛性质发生了重大的变化，原来的绝对收敛特点基本上不存在了，替代以 $\beta$-条件收敛。村庄人均所有者权益的增长率位于［-10%，40%］区间，标准差为 0.14，相对于上一时期村庄间差异显著扩大了。

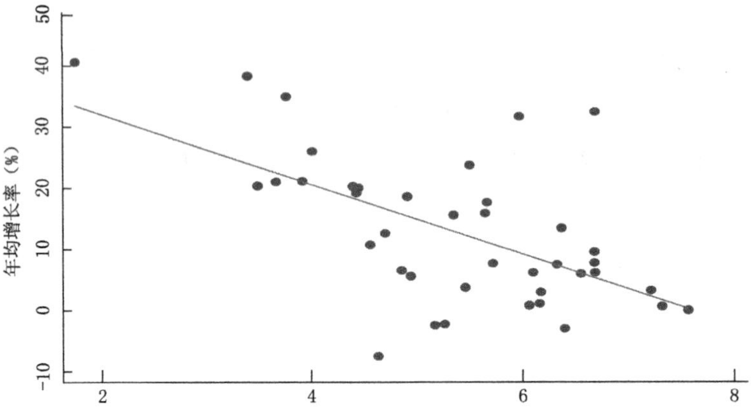


（a）1978—1988年40个村庄人均所有者权益增长率的收敛性分析

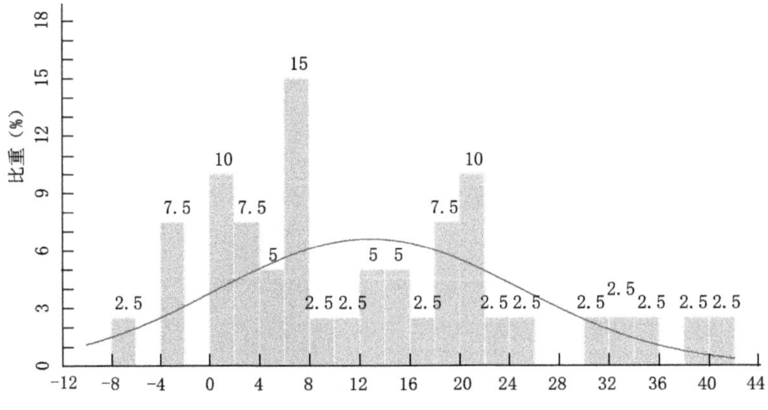


（b）1978—1988年40个村庄人均所有者权益增长率分布

**图 6－2　1978—1988 年 40 个村庄人均所有者权益收敛性的阶段分析**

如图 6－3 所示，拟合曲线略微上倾，近乎水平，表明 20 世纪 80 年代的村庄之间人均所有者权益的 $\beta$－绝对收敛趋势到了 90 年代已经发生根本性改变。回归系数 $\beta$ 值略大于零，且不显著。因此，可以判断，1988—1998 年村庄之间的人均所有者权益未呈现明显的 $\beta$－绝对收敛趋势。

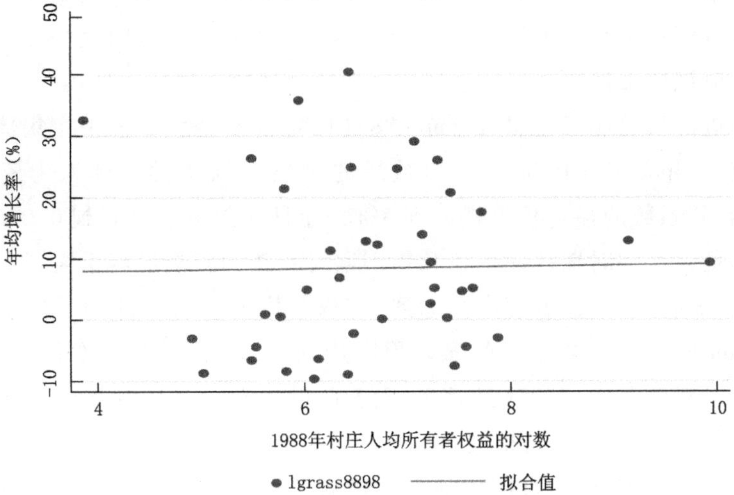


(a) 1978—1988年40个村庄人均所有者权益增长率的收敛性分析

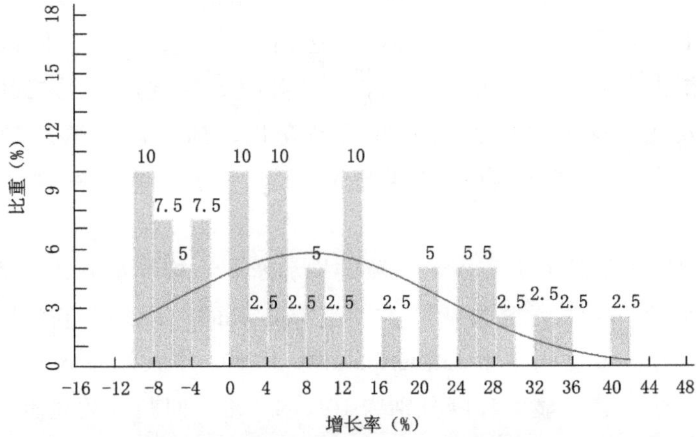


(b) 1978—1988年40个村庄人均所有者权益增长率分布

**图 6－3　1988—1998 年 40 个村庄人均所有者权益收敛性的阶段分析**

为了检验是否存在 $\beta$－条件收敛，要先后控制区位、体制等各类变量。由此发现，当控制了区位变量的情况下，$\beta$ 收敛系数开始在 10% 的水平下显著，并且收敛速度提高到 0.037。区位变量 chengxjhb 的回归系数达到了在 1% 的水平上的显著程度。区位变量 pingyuan（平原）的回归系数不是很显著，但是，在这一时期，相对于山区，虚拟变量平原区位的人均所有者权益增长率的回归系数开始为正，表明这一段时期平原地区的增长速度应该比山区更快。

当进一步控制了变量 ratepubti88（1988 年村经济收入来自集体经济组织比重）、lpop88（1988 年人口数量的对数）以及村干部人力资本变量后，$\beta$ 收敛系数的显著程度提高到 5%，而且收敛速度提高到 0.056。值得关注的是，这一时期村庄人口数量因素对收敛的影响已经不再显著，而体制变量 ratepubti88 显著程度则达到了 5%。同时，村干部的学历水平变量中的 chuzhong 对收敛速度的显著程度达到了 1%，相对于专科以上学历，初中村干部所在村庄的收敛速度下降了 15.8%。而新加入结构冲击变量 s9888，所得到了回归结果没有发现明显变化。

1998—2006 年，村庄之间人均所有者权益重新呈现 $\beta$ - 绝对收敛性质。如图 6 - 4 所示，拟合曲线明显向下倾斜，并且回归系数的显著程度达到了 1%，收敛速度达到了 0.44。增长率的分布区间为 [ - 0.29, 0.67]，相对差距进一步扩大，标准差达到了 0.17，比上一阶段变动幅度进一步扩大。但是，这并未影响 $\beta$ - 绝对收敛的性质。对控制变量的回归检验发现，这一阶段存在一些新的变化，如对区位变量的控制发现，其对收敛速度的影响已经明显减弱了，而且回归系数已经不再显著。

当控制了村干部人力资本、禀赋结构和产业结构变量后，收敛速度进一步提高到 13.5%。资源禀赋结构变量 lgdperhu98（1998 年户均耕地面积的对数）和产业结构变量 rateagriperin98（1998 年人均收入中来自农业的比重）开始显著，显著程度分别为 10% 和 5%。回归系数显示这两个变量和收敛速度之间存在明显的反比关系。而且，和以上收敛回归特征显著不同的是，这一时期，结构冲击变量 s0698 对收敛的影响达到了 10% 的显著水平。表明，这一时期，产业结构升级对村庄发展产生了关键性影响，相对于其他影响因素的重要性也更加突出。

人力资本变量中的 zhuanke（专科）、gaozhong（高中）显著程度均达到了 5%，见方程（14），相对于村支书初中学历水平的村庄收敛速度可以分别提高 24.1% 和 33.4%。并且当引入结构变量 s0698 后，gaozhong（高中）变量的显著性进一步提高到了 1%，影响系数进一步上升到

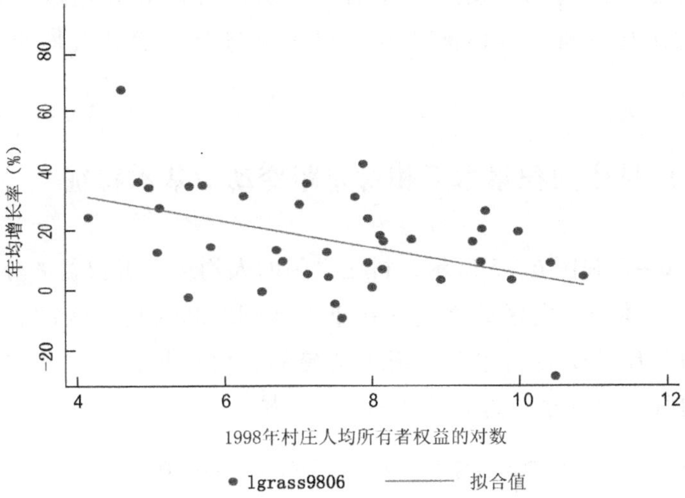


（a）1998—2006年40个村庄人均所有者权益增长率的收敛性分析

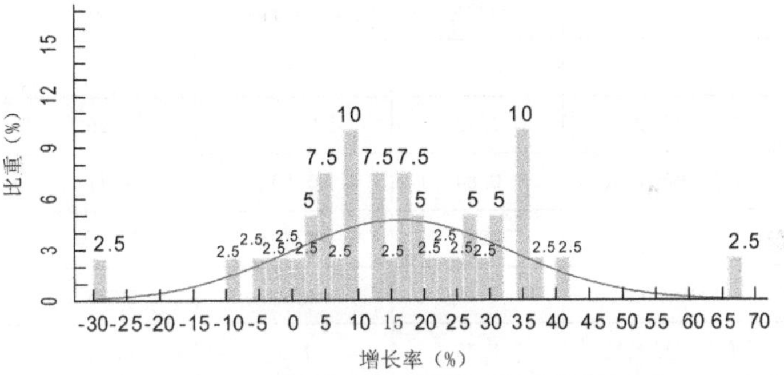


（b）1998—2006年40个村庄人均所有者权益增长率分布

**图 6－4　1998—2006 年 40 个村庄人均所有者权益收敛性的阶段分析**

36.2%。可见，提高村干部的人力资本水平对于村庄的发展速度会产生十分强烈的正向效果。

## 二、村庄之间的积累水平相对差距变化

村庄之间集体积累水平的 $\delta$－收敛是指随着时间推移，集体积累

水平在村庄之间的相对差距不断缩小，由此可以和人均收入的收敛性质进行对比与分析。具体测量方法和指标与上一章对人均收入的分析一致。

## （一）村庄间积累水平相对差距变动的基本特征

如表6-3和图6-5所示，村庄之间的人均所有者权益的分化程度在40个村庄总体和三类区域之间存在重大区别。和人均收入的分化趋势相比，人均所有者权益总体上呈现了缓慢的收敛趋势，但是，在平原和山区，人均所有者权益的离散程度都在趋于扩大。

表6-3　40个村庄总体及各地区内部村庄人均所有者权益相对差距演变情况

| | | 40个村庄总体 | 城乡接合部村庄 | 平原村庄 | 山区村庄 |
|---|---|---|---|---|---|
| 1978年 | 方差 | 436.4 | 416.3 | 514.2 | 270.6 |
| | 变异系数 | 1.12 | 0.79 | 1.26 | 1.25 |
| | 加权变异系数 | 0.84 | 0.53 | 1.11 | 1.04 |
| 1988年 | 方差 | 3402.8 | 5834.3 | 760.3 | 589.8 |
| | 变异系数 | 2.1 | 1.64 | 0.88 | 0.88 |
| | 加权变异系数 | 1.75 | 1.5 | 0.69 | 0.72 |
| 1998年 | 方差 | 11409.3 | 15996.1 | 3980.2 | 1178.7 |
| | 变异系数 | 1.7 | 0.9 | 1.43 | 1.15 |
| | 加权变异系数 | 1.38 | 0.79 | 1.26 | 0.88 |
| 2006年 | 方差 | 29481.4 | 33573.1 | 27932.2 | 7438.6 |
| | 变异系数 | 1.45 | 0.8 | 2 | 1.16 |
| | 加权变异系数 | 1.26 | 0.73 | 1.71 | 1.1 |

### 1. 从总体上看：呈现倒U形曲线

40个村庄总体的加权变异系数从1978年的0.84上升到1988年的

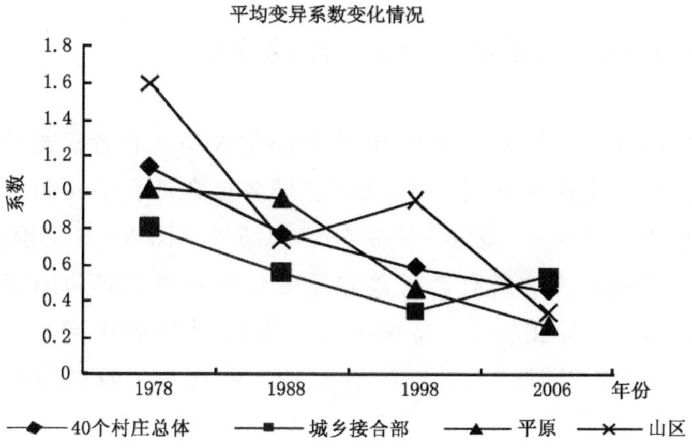


**图 6－5　40 个村庄人均所有者权益相对差距（加权变异系数）变化趋势**

1.75 后，逐渐回落。到 1998 年，变异系数已经降到了 1.38，并在 2006 年进一步下降到了 1.26，但是下降速度已经大为减慢。当然，即使这样，其相对差距程度也是相对较高的，而且仍然远远高于改革开放初期的水平，形成了变异系数在高位徘徊的局面。这种高位徘徊的局面可能与不同区位的村庄发展变化不同趋势存在关系。

**2. 从区域结构上看：平原与山区的村庄之间差距不断扩大，而城乡接合部趋于缩小**

虽然在总体上变异程度不再明显上升，但是各区域内部的变化趋势却有着显著的差别。一个明显的不同是平原和山区的差距程度在 1978—1988 年迅速下降，分别由 1.11 和 1.04 下降到 0.69 和 0.72，但之后则迅速扩大，呈现出正 U 形曲线，与此不同的是，城乡接合部地区在 1978—1988 年迅速扩大，由 0.53 上升到 1.5，之后迅速下降到 1998 年的 0.79 和 2006 年的 0.73，稳定在了一个较低的水平。

平原地区人均所有者权益的差距扩大最为迅速，且无收敛或下降的趋势，村庄之间资源整合的潜力较大。部分山区村庄往往可以依托自身优越的自然资源发展旅游观光产业，获得产业支撑和村庄的永续经营。不过，大部分山区村庄会呈现逐渐衰落的趋势。

## （二）村庄间积累水平相对差距的分解

本部分通过泰尔指数方法对40个村庄的人均所有者权益总收入差距进行分解，分别计算在40个村庄总体、城乡接合部、平原和山区内部以及区域之间的组间差异。表6－4是分解的结果，图6－6是根据表6－4绘制的。40个村庄人均所有者权益差异变化的基本态势和用变异系数计算的结果相似，差异在总体上持续扩大，从1978年的0.639扩大到1998年的1.158，2006年略微上升，达到1.19，并在一个较高的水平稳定下来，见图6－6（a）。

表6－4　人均所有者权益差距的组内和组间差距分析

| | 年份 | 40个村庄总体 | 城乡接合部村庄 | 平原村庄 | 山区村庄 | 组间差 |
|---|---|---|---|---|---|---|
| 泰尔系数 | 1978 | 0.639 | 0.23 | 0.30 | 0.07 | 0.039 |
| | 1988 | 0.714 | 0.20 | 0.28 | 0.064 | 0.17 |
| | 1998 | 1.158 | 0.11 | 0.53 | 0.15 | 0.368 |
| | 2006 | 1.19 | 0.20 | 0.69 | 0.10 | 0.20 |
| 各组贡献率（%） | 1978 | 100.00 | 35.99 | 46.95 | 10.95 | 6.10 |
| | 1988 | 100.00 | 28.01 | 39.22 | 8.96 | 23.81 |
| | 1998 | 100.00 | 9.50 | 45.77 | 12.95 | 31.78 |
| | 2006 | 100.00 | 16.81 | 57.98 | 8.40 | 16.81 |

### 1. 城乡接合部区域村庄间差距平稳中略有下降，对差距贡献逐渐缩小后略有反弹

通过泰尔指数分解发现，城乡接合部地区的人均所有者权益贡献率在1978—1998年持续下降，由初始点的35.99%下降到1998年的9.5%，然后在1998—2006年贡献率又有所反弹，上升到16.8%。如果从绝对值看，也基本呈现这样的变化态势，从1978年的0.23下降到了1998年的0.11后，反弹到0.2。整体上看，城乡接合部的差异程度自1978年以来基本围绕0.2波动，没有太大的起伏，见图6－6（b）。

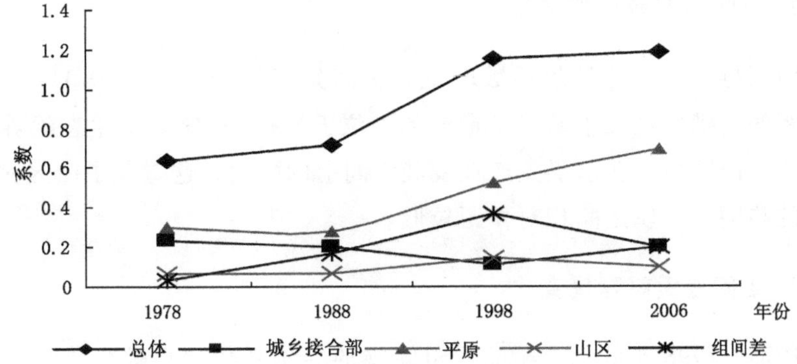


(a) 40个村庄泰尔系数变化情况

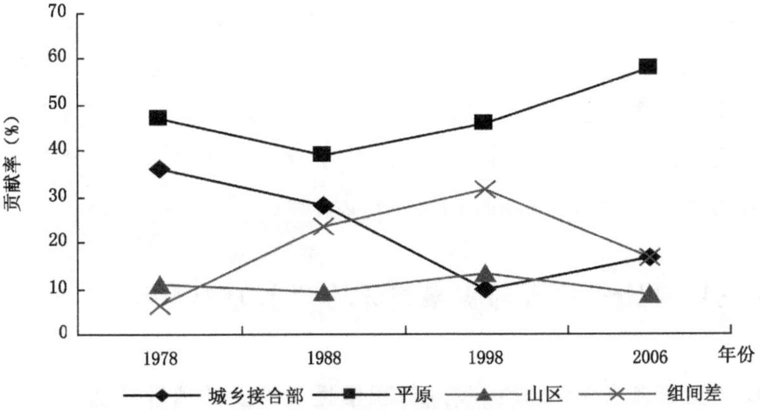


(b) 40个村庄泰尔系数贡献率变化情况

**图 6－6　40 个村庄泰尔系数及贡献率变化图**

### 2. 平原区域贡献始终最高，并自 1988 年后进一步上升

平原地区始终是各个区域差异程度最大的区域。从泰尔系数看，始终处于高位，而且持续攀升，从 1978 年的 0.30 到 1988 年的 0.28，略微下降后，1998 年迅速上升到 0.53，2006 年又上升到 0.69。从贡献率看，远远高于其他几个区域，1988—2006 年，贡献率分别为 39.22%、45.77% 和 57.98%。可见，平原地区的内部差异不仅始终是总体差异的最主要来源，而且在总体差异的贡献程度也快速上升了，这也意味着村集体经济发展水平在平原地区分化最为显著。

#### 3. 山区内部差异的变化

山区村庄之间的泰尔系数较低，区间始终处于［0.6，0.15］。对总体差距的贡献率也几乎始终是最低的，位于 8%—13%。受生态涵养功能的影响，山区村庄普遍受到产业发展空间上的限制，这造成了山区村庄产业上的趋同，村庄之间相对差距较低。

#### 4. 组间差贡献程度变化

1978—1998 年的二十年间，组间差的泰尔系数和贡献率均呈现持续上升的态势，分别从 0.0368 和 6.1% 上升到 0.2 和 31.78%，并取代了城乡接合部而成为第二大贡献来源。1998 年后，组间差的泰尔系数下落至 0.2，并与城乡接合部齐平。组间差贡献份额的变化表明，区位在对村庄之间人均所有者权益差异的影响上面存在着阶段性差异，在村庄发展的前中期阶段，其作用呈现上升的态势，而城市对乡村的辐射带动作用逐渐增强的情况下，区位对差距的影响将逐渐减弱。

### （三）对比：收入与积累差异的“剪刀差”

#### 1. “剪刀差”的形成：收入与积累呈现相反的离散趋势

通过以上计算和比较发现，经历了近三十年的改革开放，村庄间的人均收入不仅存在着 $\beta$ - 收敛，而且存在着显著的 $\delta$ - 收敛，而人均所有者权益存在着 $\beta$ - 收敛，但是并不存在 $\delta$ - 收敛。相反，在平原和山区，伴随着人均收入水平的快速提高，村庄之间的人均所有者权益反而分化日益激烈。考虑到北京郊区村庄发展转型阶段的完整性，有理由认为这是村庄发展差异的一个典型的演化趋势。图 6 - 7 是根据两个指标的加权变异系数演化趋势组合在一起形成的，以便于揭示其不同变化趋势背后的含义。由于区位差异是 $\delta$ - 收敛的重要影响因素，书中分别考察了平原、山区、城乡接合部的 $\delta$ - 收敛特征。

图 6 - 7 中的 a 和 b 是分别根据平原和山区的人均收入和人均所有者权益的加权变异系数绘制，从图中可以清晰地看到二者逆向变化的趋势，

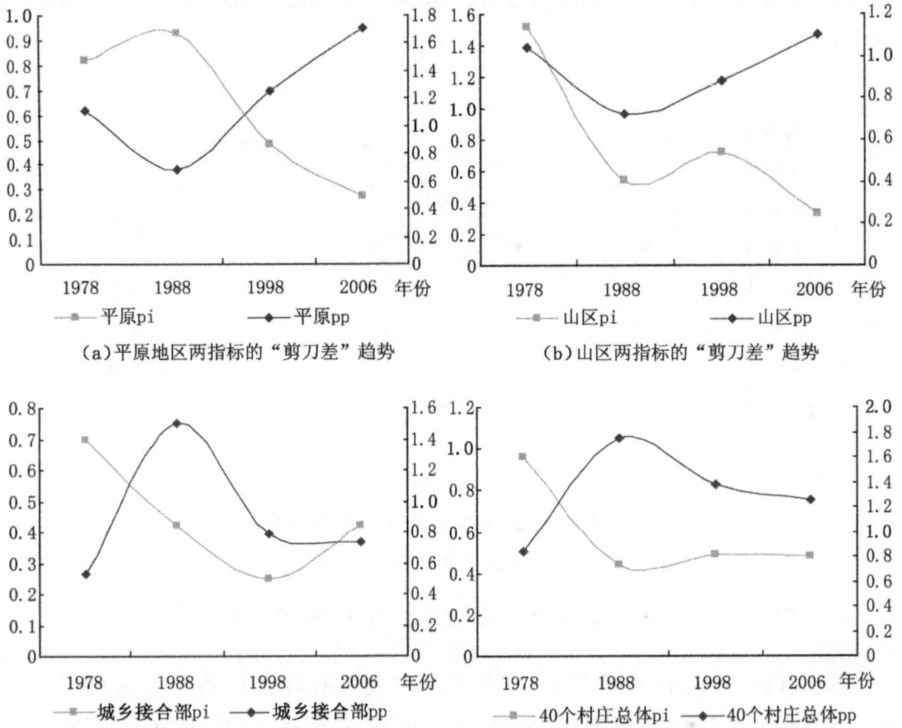


(a) 平原地区两指标的“剪刀差”趋势

(b) 山区两指标的“剪刀差”趋势

(c) 城乡接合部两指标的变动趋势

(d) 40个村庄两指标总体变动趋势

**图 6－7　平原村庄、山区村庄、城乡接合部村庄以及40个村庄总体的 $\delta$－收敛特征**

注：*pi* 表示人均收入，*pp* 表示人均所有者权益，如“平原 *pi*”表示平原地区村庄之间人均收入的加权变异系数。

并形成了“剪刀差”形态。即伴随着人均收入在村庄之间相对差距的缩小，人均所有者权益在这两个区域的村际相对差距不断扩大。

与此不同的是城乡接合部地区的村庄之间的两指标变异系数逐渐趋同，并相对稳定在0.4左右的一个较低的水平。这与城乡接合部地区的村庄发展主要受共同的城市扩张、土地等资产增值等外部因素影响有直接的关系。实际上，近年来，该类地区村庄发展差距又呈现快速升高趋势，主要与城市规划导致一些地区土地发展权被转移有直接关系。

从40个村庄总体来看，变异系数在两个指标之间接近平行，变动趋势不明显。而40个村庄总体如果根据泰尔指数进行比较（见图6－8），仍然存在由两个指标不同演化趋势所形成的剪刀差图形。这意味着在农村现代化进程中，村庄的分化是不可避免的。

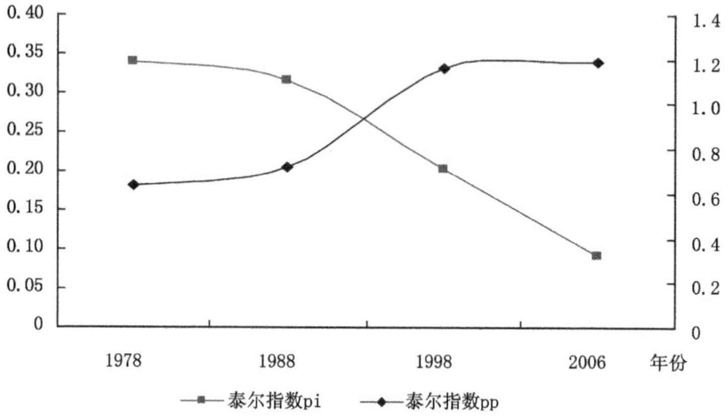


**图6－8　40个村庄样本总体关于两指标泰尔指数变动趋势的“剪刀差”特征**

### 2. 村庄基尼系数变化趋势的比较：几乎相同的结论

为了进一步印证村庄之间人均收入和人均所有者权益二者之间的不同变化方向，现在使用另外一个测量地区间不均等的指标基尼系数。在Stuart（1954、1955）和Anand（1983）工作的基础上，采用斜方差方法计算基尼系数，并可以表示为：

$$G = \frac{2\mathrm{cov}(y_i, i)}{n\mu_y} = \frac{2}{n^2\mu_y}\sum_1^n iy_i - \frac{n+1}{n} \qquad (6-7)$$

其中，收入分布函数是离散的，$y$ 可以取 $n$ 个不同的值，也可以表示为列向量 $y = [y_1, y_2, \cdots, y_n]^T$，向量中的各个分量是非递减的，$y_1 < y_2 < \cdots < y_n$，均值为 $\mu_y$。

下面，分别计算1978—2006年人均收入和人均所有者权益两个指标的基尼系数的变化，如表6－5所示。

**表6－5　40个村庄人均收入与人均所有者权益基尼系数变化情况表**

| | 1978年 | 1988年 | 1998年 | 2006年 |
|---|---|---|---|---|
| 40个村庄人均收入 | 0.5 | 0.39 | 0.31 | 0.22 |
| 40个村庄人均所有者权益 | 0.53 | 0.62 | 0.71 | 0.66 |

根据表 6－5 所示，人均收入与人均所有者权益的离散趋势仍然是相反的：前者逐渐缩小，呈现 δ－收敛；后者逐渐扩大，呈现 δ－发散。如图 6－9 所示。

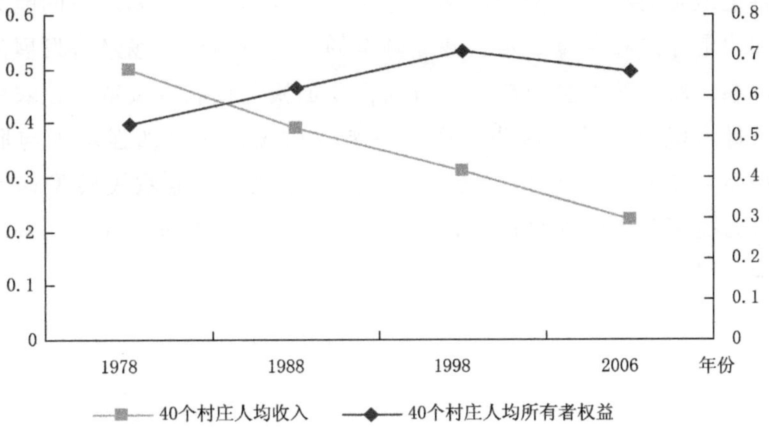


**图 6－9　40 个村庄人均收入与人均所有者权益基尼系数变化情况图**

## 三、小结：关于假说的证明及对新农村建设的含义

伴随着人均收入水平的逐渐提高，假说中的第Ⅲ和第Ⅳ类村庄会向第Ⅱ或第Ⅰ类村庄转化。因为，穷村收入上升了（β－收敛），低收入村越来越少，同时，资本积累水平中等的村庄越来越少，积累低的村向第Ⅱ类村庄转化，积累高的村庄向第Ⅰ类村庄转化，并导致村庄人口和劳动力的不同流向。因为，村庄除了具有生产功能外，生活居住也是其一项重要功能。而生活居住的满意水平取决于来自村庄公共服务水平的高低，村庄公共服务也会对村庄各项生产活动产生间接影响。在许多村庄的集体财富积累水平不断下降的情况下，其公共服务水平难以提高，甚至快速下降，村民的永久性迁移便成为可能。

第Ⅰ类村庄具有较高的积累水平和公共服务水平，村庄未来的发展方向是城市化与城镇化社区，也包括一部分能够具有可持续发展能力的新农村社区；第Ⅱ类村庄虽然具有较高的人均收入水平，但是由于公共服务水平较差，村民向城镇迁移，这些村庄将逐渐转化为空心化社区，属于村庄整治的对象。

新农村建设在政策层面，要在资金和制度建设上重点扶持第Ⅰ类村庄，将土地发展权在这类地区集中布局，提升集聚人口和产业的能力。同时，加快集体产权制度改革，建立健全的、适应现代市场经济发展的产业组织体系。对于第Ⅱ类村庄，一方面，要加快产权制度改革，让农民能带着资产进入城镇。对于这些村庄留下来的村民，通过加强培训与职业教育，提高其农业生产水平与收入水平，促进其向职业农民转型；另一方面，努力提高各类农村地区的社会公共服务水平，促进城乡之间基本公共服务的均等化。

第七章

# 村庄人口规模趋异的影响因素分析

本章从人口流动角度论证村庄间人口规模趋异的主要影响因素，重点论证集体经济发展水平与村庄人口规模变化之间的关系，完成对村庄类型演化假说的证明。

## 一、村庄人口变迁之谜

为什么一些村庄人口越来越多？而一些村庄人口越来越少？有哪些因素影响村庄人口规模的变化？从理论上可以解释为：村庄发展中人口规模趋异是在市场发育过程中，不同类型的村庄经济行为专业化引发村庄人口和劳动力在空间上的流动或迁移所造成的。在假设村庄之间的农户同质的条件下，比较村庄之间人口规模变动和人口流向时，关键是要弄清楚影响人口流动或迁移的村庄层面的特征，而不必把关注的焦点放到村庄内部农户或劳动力个体的具体特征上来。本章首先对人口和劳动力迁移动因的研究文献进行了简要的归纳和综述，并提出了人口为什么不迁移的问题。Henry 和 Bilsborrow（2006）提出的位置效用方法，为分析村庄人口变迁提供了基本的理论框架。在此框架下，对人口的迁移与不迁移给出统一的解释，对成为人口净流入的村庄给出理论上的分析。

## （一）人口迁移的原因

无论在发展中国家还是发达国家，都存在着大量的人口迁移现象。发展经济学的第一篇经典文献（Lewis，1954）就是从研究劳动力迁移开始的。而研究迁移问题，首先需要回答迁移的动因。关于这一问题的研究，先后出现了三个具有代表性的理论：绝对收入差距的迁移理论、预期收入差距的迁移理论、相对收入差距的迁移理论。总体上看，关于迁移动因的解释，长期以来未能形成一个一致的答案。

经典的二元经济理论（Lewis，1954、1968、1972）主要基于绝对收入差距来解释劳动力的迁移。认为经济中存在传统部门和现代部门，前者拥有无限供给的劳动力，工资是分享制下的制度性工资，具有完全弹性，而后者是市场化的工资，二者之间存在着绝对差距。由此，导致劳动力源源不断地由传统部门向现代部门的转移，而不会提高传统部门的工资水平，从而形成加快工业积累和资本形成的增长机制，最终导致储蓄率的上升和工业化的逐步完成。Ranis 和 Fei（1964）对刘易斯的理论进行的补充，把农业生产率提高作为对这一资本形成机制的约束性前提条件，使二元经济理论得到进一步完善。这一理论用一种简洁的方式抓住了发展中国家在经济发展过程中的最本质性的因素。

然而，刘—费—拉的二元经济模型存在一个重要的暗含假定，即现代部门的增长总是先于劳动力的转移，因而不会出现城市失业现象。而托达罗（1969）基于对发展中国家大量城市失业现象的观察，对这一理论进行驳斥，并建立了基于预期收入意义上的劳动力迁移理论。由此，托达罗提出了重视农村发展的问题，包括发展小型城镇、改进农村基础设施、医疗等公共社会服务等。但是，托达罗对具体的农村发展问题似乎并不是很感兴趣，因而，未能对农村发展进行深入的规律性的论述。

Stark（1984）对传统的迁移理论进行了第三阶段的拓展，并创立了新迁移经济理论。该理论认为，依据原有的绝对收入迁移理论，最希望迁移的是那些最贫困的人口，而这一推论与实证研究结果不符。通过实证发现，影响人口和劳动力进行迁移的重要因素应该是其所在环境下的相对收入，那些收入差距越大的地区越能激励劳动力进行迁移。此外，新迁移理论还对迁移问题进行了更为细致的分析，如对于迁移者向原家庭汇款的现象，该理论认为这属于一种跨期合约，而这种汇款对当地农业生产的影响是不清晰的。有可能增加了当地人的收入，而使得当地人减少了农业的投入，造成农业产量的下降；也可能通过增加当地人采用新技术的可能，而增加农业产量。

总之，迁移理论大致存在以下四个方面的特征或问题：（1）多集中于农户内部的研究，忽略了农户迁移与村庄发展之间的相互影响和内在关联性。实际上，在村庄内部，农户之间存在着经济上的联系，相互之间发生深刻的影响。（2）主要是从收入角度分析迁移的动因，而忽略了村庄公共服务水平可能对农户迁移产生的深刻影响。如人均所有者权益指标反映了村民享受村庄公共服务水平和村庄未来可持续发展的能力，涉及村庄灌溉、播种、收割等生产性机械设备投资能力，道路、饮水、厕所等基础设施与公共服务设施投入，以及卫生、医疗、文化、教育、娱乐、治安等公共服务水平等。（3）多是短期分析，没有将代际影响因素纳入进来。根据调研访谈，很多情况下，父母希望孩子能够迁移出去或者全家整体迁出的首要动因是为了孩子的教育。如果在经济发展的初级阶段，收入是迁移的主要动因，并以劳动力就业流动为主要特征，当经济发展到一定阶段，农民收入快速提升起来的时候，人会向自我发展的更高的需要提升，在这种情况下迁移的内涵将和原先的迁移行为有着本质上的区别。（4）多是分析影响迁移决策的因素，而很少关于对迁移目的地的影响因素的分析（Bilsborrow 1984；Oberai、Bilsborrow 1984）。

后续对人口迁移动机的分析，逐渐突出了迁出地和迁入地的因素，并把人口流动对原住地和迁入地的影响纳入分析的框架，原居住地的特点对于迁移决策发挥了重要的作用（Gardner，1981；Hugo，1985；Findley，1987；Lucas，1997）。Lee（1966）提出了推拉模型，是把居住点特征包括进来解释迁移问题的最著名的理论之一。在这个模型中，迁移是对原出发地和目的地的两种作用的综合效果，如高人口密度或者人地关系压力等产生的推力和就业机会产生的拉力。盛来运（2008）利用国家统计局2003—2004年农村住户抽样调查1/2的样本数据（34000户），主要对农村劳动力外出、回流和留城行为进行了实证分析，认为（村庄）社区发展对劳动力流动决策产生多重影响。以乡镇企业就业水平为代表的社区非农产业发展水平与劳动力外出的可能性成反比，与回流的可能性成正比，与留城的可能性成正比。Sjaastad（1962）提出了成本 - 收益模型，将迁移决策和个人的特点进一步联系起来。杨金凤（2009）对以山西省 316 名外出劳动力为研究对象，分析了农村劳动力个体不同的非农就业能力（知识水平、沟通能力、适应能力等）与外出就业动机之间的联系。总之，迁移行为的发生是一个包括了个体特点、农户特点、村庄社区特点以及目的地特点的综合因素作用的结果。

人口流向的差异会对村庄产生深远的影响。Singhanetra - Renard（2002）研究了人口流动对泰国北部 Chiang Mai 省的 Mae Sa 村庄社区转型的影响。该项研究数据来自 1976—1977 年的深入调查和随后二十二年的连续研究以及 1995—1996 年的大量的再调查。在这二十年里，村庄社区从一个传统的农业社区转变为一个拥有大量的村庄外部就业机会并和外部世界密切联结的现代农村社区。文中讨论了向内迁移与向外迁移在迁移过程中的复杂性，以及永久性迁移和非永久性迁移在村庄资源基础和社会制度转型中发挥的作用，并特别关注了个体、家庭和社区的社会关系。

### （二）人口不迁移的原因

在城乡接合部地区调研中发现，一些村庄的农民可享受高于城市保障的村社区保障，且每年获得分红和多项福利，大多都不愿意放弃农民身份，对政府推进的农转居并没有明显的兴趣。前文对村庄人口规模的分析发现，改革开放以来村庄之间人口规模已经演化成两种基本类型，这引发的一个问题，“为什么一些人愿意离开村庄，而另一些人即使在可以转变为居民、享受更高的城市社会保障的情况下仍然不愿意离开村庄呢？”

一个简单的推理是：人口迁移的原因是因为迁入地对迁移者具有更高的吸引力，人口不迁移的动因就应该是原居住地对当地人口和劳动力更具有吸引力。假设人口自然增长率为零，由于村庄发展水平高提高了村庄的内在吸引力，导致内部人口不再向外流动，外部人口向本村流入，使得村庄成为人口流入村。

对 40 个村庄调研发现，一些村庄由于完成了由第一产业向第二、三产业升级，形成了村民就业的社区统筹机制，一定程度上，替代了市场就业机制。在这种情形下，人口外迁就会面临着较大的机会成本。如南宫村里有23家企业，职工平均月薪2000元以上，比周边其他村落的个人收入都高。因为在村里干活收入高，过去到城里打工的乡亲都开始回流了，甚至还为周边地区创造了许多就业岗位。大量研究证明如果能够获得当地非农业部门（如服务业、建筑业、采掘业、商业或者制造业）就业机会，迁移者将不再倾向于离开农村地区（Haggblade 等，1989；Junming，1997；Katz，2000）。

综上所述，村庄人口不迁移的原因或条件可能主要有以下几点：（1）就业机会的获得。村庄经济多元化，具有第二、三产业支撑活力，大部分农户可以放弃农业，获得稳定的高于农业收益的第二、三产业就业机会。（2）生活质量与城市差别不大。如村庄的宜居性，具有良好的包括道路交通、上下水、燃料供应等基础设施和住房、养老、医疗卫生、文化教育、娱乐休闲、社会治安等生活服务的公共设施。（3）村庄的非经济因素，特别是表现在政治或文化方面上。如村庄治理上实现民主和集中的和谐统一，村民权益得到尊重，或者村庄家族文化的凝聚力和约束力等。

## （三）位置效用方法：村庄人口的净流入与净流出

Henry 和 Bilsborrow（2006）通过位置效用方法解释了迁移者如何选择目的地的问题，即人们总是选择那些能够最大化自己效用的地方作为自己工作和生活的目的地。这一分析框架可以用来分析村庄之间人口规模趋异。下面计量部分将通过40个村庄的数据进行实证检验。

由于村庄发生分化是一个缓慢的过程，对迁移的分析需要在一个较长期的时间段内，如一至两代人的时间（30—60年）的区间内观察和回答迁移的动因和趋势以及对迁出地的影响。选择北京郊区改革开放以来近三十年的时间作为观察期，研究发现郊区已经出现了显著的村庄间人口规模的分化。一些原来人口规模较大的村庄由于产业升级滞后等原因发生人口净流出，并变成相对较少人口的村庄；而另一些村庄人口逐渐增加，或是先发生净流出后，人口规模发生反弹，进而成为人口净流入村。如图

7－1 所示，40 个村庄的人口规模逐渐偏离了对角线，说明人口规模在村庄之间发生了明显的分化。在村庄间人口自然增长率相近的条件下，这种村庄之间人口规模的分化说明村庄之间发生了人口的迁移。

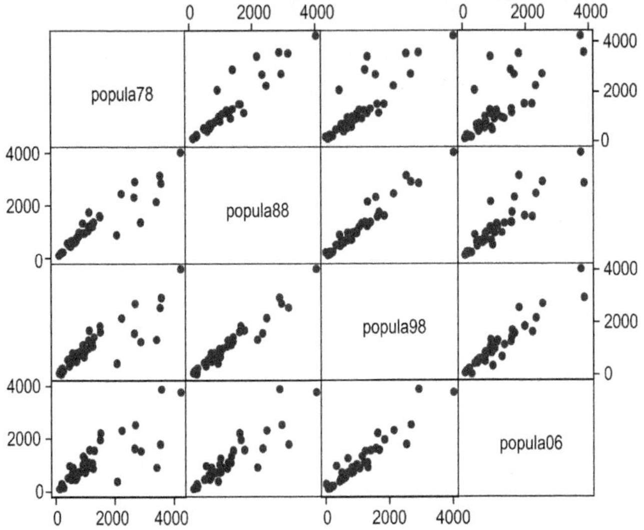


**图 7－1　1978—2006 年 40 个村庄人口规模分化演变矩阵图**

表 7－1 显示，40 个村庄人口 1978—1998 年人口总体规模呈现持续下降并逐渐加快趋势，但是，自 1998 年以来，这一趋势发生了明显的变化，并有轻微的反弹。而从区位结构看，自 1998 年以来，城乡接合部地区村庄人口数量出现反弹，山区村庄人口数量略有下降，而平原地区村庄人口数量下降最为迅速。

这表明未来村庄人口规模下降的主要地区是平原，新农村建设在平原地区的推进需要充分考虑村庄人口变化趋势这一重要因素。

**表 7－1　　村庄平均人口规模变动及区域间比较**　　单位：人

| | 1978 年 | 1988 年 | 1998 年 | 2006 年 |
|---|---|---|---|---|
| 40 个村庄总体 | 1257 | 1182 | 1069 | 1094 |
| 城乡接合部村庄 | 1881 | 1447 | 1147 | 1293 |
| 平原区村庄 | 1280 | 1382 | 1319 | 1280 |
| 山区村庄 | 542 | 584 | 595 | 588 |

引入农户（不一定仅从事农业）效用函数，建立村庄人口规模趋异的动力机制。农户效用函数 $U = U(c,s,e)$，其中，第一个自变量为村民自己的消费水平；第二个变量为村民所享受到的村庄公共服务水平，如子女教育、生活娱乐以及医疗卫生等社会保障等，也包括村庄集体带来的各类经济收益，如各类财产性收入或集体福利等；最后一个自变量指的是村庄其他影响村民效用的变量，如自然条件、交通和区位条件等。

位置效用方法的基本思想是个体迁移的目的是提高自身的效用水平，而这与目的地的特点息息相关，并通过建立一个随机效用模型引入了目的地的特征。模型的假设是个体能够评价每一个潜在迁移目的地的效用，并选择能够最大化自身效用水平的目的地（Gordon、Vickerman，1982；Davies 等，2001；Knapp 等，2001）。在现实中，被选择的目的地可以不是最大化自身效用的地方，其他目的地可以最大化自身效用但是并没有进行评估（Pellegrini、Fotheringham，2002）。

在位置 $i$ 的个体面对着 $j$ 项选择，包括迁移到不同的地方和留在目前的地方。假设对个体 $i$ 选择位置 $j$ 的效用是

$$U_{ij} = \beta' X_{ij} + \mu_{ij} \quad (7-1)$$

式中，$X_{ij}$ 表示一个显示目的地具体特点的向量，$\beta$ 表示对各个特点所赋予的权重。如果个体选择目的地 $j$，那么效用 $U_{ij}$ 是所有 $j$ 个选择中的最大化效用（如，$U_{ij} \geqslant U_{ik}$ 对所有 $k \neq j$）。这样，当选择了目的地 $j$，个体从地区 $i$ 到地区 $j$ 的概率的统计模型可以设定为：

$$P(y_i = j) = P(U_{ij} \geqslant U_{ik}) \text{ for all } k \neq j$$

且 $j$ 不代表本村，村庄成为人口净流出村，（7-2）

$$P(y_i = j) = P(U_{ij} \geqslant U_{ik}) \textit{ for all } k \neq j,$$

且 $j$ 代表本村，村庄成为人口净流入村。（7-3）

影响农民效用的主要变量来自村庄的积累水平、居住生活水平、村庄区位、村干部素质水平、民主程度以及产业结构等。变量选择主要包括区域层次的变量、村庄层次变量和村庄代表性个体的变量，共分为三个层次。其中，区域变量主要是城乡接合部、平原和山区三个区位的虚拟变量。由此，可以建立一个村民迁移决策的效用函数：

$U_{(村民)} = U$｛村集体积累水平、生活居住水平、区位、村干部素质、产业结构、民主程度……｝

下文对这一效用函数进行实证检验。

## 二、计量分析：村庄间人口规模趋异的解释

### （一）变量及方法

计量模型设定中的变量选择主要是村民效用函数的几个主要影响因素。村民的效用函数决定于七个方面：

（1）收入或消费因素。伴随着城乡之间及村庄之间收入的趋同，这一因素的作用将会逐渐弱化。在模型中以1998—2006年村庄人均收入的年增长率（lgrpi9806）为代表。

（2）积累水平。村庄集体积累水平越高，凝聚力就越强，村民不迁移的动机就越强烈。而且，集体经济对村民的影响不仅仅是分红收入，还会在就业、医疗、养老等多个方面影响村民的福利水平，进而会间接影响村民的迁移决策。在模型中以1998—2006年人均所有者权益的年均增长率（lgrass9806）为代表。

（3）产业结构冲击。产业结构变量主要有三类：一类是直接的结构冲击变量。如上一期（1988—1998年）产业结构变动中，第二三产业发展起来，吸引了大量村民在本村就业。通过非农就业可以改善村民的社会地位，进而提高自身的效用水平。在这种情况下，村民不迁移的动机往往强于迁移的动机，模型中以结构冲击变量（s9806或s8898）代表；另一类是收入的产业结构变量。如1988年或者1998年人均收入中来自第二产业的比重（rateindpi98、rateindpi06）；此外，在结构变动方面，户均耕地面积代表了农户的资源禀赋结构特点，说明了村庄的产业升级情况。变量1998年户均耕地面积的对数（lgdperhu98）通过资源禀赋结构反映了村庄产业升级程度。

（4）村庄的生活设施及各项服务水平。这是影响村民效用水平最强烈的因素，尤其是当村民解决了温饱和就业、拥有了稳定的就业机会的情况下，能否享受到和城市一样的公共服务水平往往成为农民的一致愿望。城乡之间最直观、也是最实际的差别就是居住条件。以前，农民住土坯

房，后来住上砖瓦房，但是和城市里的高楼大厦比起来，还是不方便。如果村庄能够实现大部分农民上楼，就能在很大程度上消除城乡差别。因此，调查中对农民的住房情况进行了专项统计，发现目前村庄之间的上楼进度存在较大的差异。其中，40 个村中有 6 个村的全部村民住楼房，占 15%；有 8 个村的大部分村民住楼房，占 20%；有 16 个村的村民住平房，占 40%；有 10 个村的大部分村民住平房，占 25%。为此，模型中用一个虚拟变量“是否农民上楼”来代表，全部或大部分农民住上楼房的村庄设定为 1，否则为 0。对于养老和医疗情况也进行了调研，但是发现村庄之间差异不是很显著，虽然有些村已经先期建立了自己的合作医疗制度，但是由于新合作医疗的普及，村庄之间在医疗方面已经不存在显著的差异。调查结果显示，40 个村中全部都已参加农村新型合作医疗制度（39 个村）或城镇医疗保障（1 个村）①，2006 年达到 33457 人，占 40 个村总人数的 76.5%。此外，还有 17 个村建有自己的合作医疗制度；有 35 个村村内建立了医务室。养老保障方面，有 28 个村②建立了村级养老制度，一般规定男性满 60 岁、女性满 55 岁即可享受养老金，2006 年有 4918 人取得养老金共 2966.3 万元，平均每人每月 502.6 元。可见，村庄之间到 2006 年在基本社会保障方面已经差别不大了。经对这些变量的初步回归分析发现，其对村庄能否成为人口净流入村影响不显著，就直接删掉了。

（5）体制因素。社区聚居的村庄和农户分散居住在农场里的村庄的一个重大区别是前者拥有更多的公共空间。由于大家的土地交错在一起，灌溉和种植等多个环节都需要相互之间的合作，村庄内部的养老、医疗、教育等各项社会事业也需要村民之间的互助。这种集体行动主要是由村集体经济组织来组织和实施的。因此，能否存在一个相对农户个体更为强大的村集体经济，是农户对村庄满意度评价的一个关键因素。变量设定中以 1998 年村经济收入中来自公有经济的比重（ratepubti98）来代表体制性因素。

---

① 即石景山区的八角村，该村农民已完成转工转居，医疗保障体系已经完全和城市接轨，不存在农村合作医疗问题，即实际上 40 个村庄已经 100% 完成了村民的医疗保障事业。

② 石景山的八角村参加的是社会养老保险，由村内出钱，符合养老标准的 46 人每月可领到 580 元，实际上已经不属于农村社会保障范围，故未统计在内。

（6）村庄治理与民主化因素。在村庄发展初期，往往需要村庄能人的带动才能实现村庄经济发展的飞跃，村庄集权往往成为村庄发展所需要的权力结构。而一个宽松和谐的村庄治理氛围有利于村庄的可持续发展。村民选择居住点是一个具有生命周期意义的决策，一个压抑民主、剥夺村民应有民主权利的村庄治理特征，是对村民效用水平起负面作用的。模型设定中，把村书记与村主任是否实现兼职（是否村干部兼职）作为一个衡量村庄治理结构的变量。

（7）区位因素。一般的规律是越靠近中心城区的村庄经济实力越强，这充分说明区位在村庄发展中的重要作用。但是，根据上一章的研究，在村庄发展到城乡一体化阶段，区位的作用会逐渐减弱，中心城的辐射作用会扩散到更远的地区，如远郊平原，甚至山区，即村庄传统时代的“富奔川，穷奔山”[①] 的景象会发生改变，山区也能够集聚相当数量的人口。因而，在本章的计量分析中，区位因素的计量结果可能不会显著。同前几章一样，在模型设定中，以虚拟变量的形式分别控制城乡接合部（chengxjhb）、平原（pingyuan）和山区（shanqu），但是，在这里存在一个数据处理上的问题，即把位于城乡接合部但是人口减少的村庄都重新设定为人口净流入村，因为这些村庄的集体经济组织成员数量不反映实际人口规模情况，如八角村。一方面，大量住在原地，但是由于转工转居和原集体经济组织脱节的人员未统计进来；另一方面，大量的外来常住人口未统计进来。因此，对于这些村庄，都结合实际情况，进行了重新的性质判断。

村庄人口规模趋异主要表现为村庄是成为人口净流入村还是人口净流出村，设其概率分别为 $p$ 和 $1-p$。模型中采用的方法主要是以最小二乘方法（OLS）为基础的线性概率模型（LPM）和以最大似然估计（MLE）为基础的 Logit 估计。Logit 估计给出了相应的边际效应分析，以和线性概率模型进行对照分析。计量分析主要分为两个步骤，首先是通过计量分析，观察影响村庄人口规模趋异的主要影响因素，验证理论推测，见表 7－2。然后，把检验所涉及到的影响变量的范围进一步扩展，分析可能影响村庄人口是否成为人口净流入村的其他因素，见表

① 北京地方俗谚，意指只有富人才会选择住到平原地带，穷人会选择到山里居住。

7－3。

## （二）村庄成为人口净流入村的主要影响因素

计量分析发现，村庄成为人口净流入村有这样几个主要的影响因素，见表7－2。

表7－2　　　　　村庄间人口规模趋异的计量检验分析

| 因变量 | 1998—2006年村庄是否成为人口净流入村 | | |
|---|---|---|---|
| | LPM（OLS）<br>（1） | Logit（MLE）<br>（2） | |
| 自变量 | | | 边际效应 |
| 是否农民上楼<br>（是＝1；否＝0） | 0.245*<br>（0.137） | 2.628*<br>（1.521） | 0.402**<br>（0.170） |
| 是否村干部兼职<br>（是＝1；否＝0） | －0.178<br>（0.120） | －0.484<br>（1.184） | －0.0934<br>（0.239） |
| 1998年公有经济比重 | 0.419**<br>（0.162） | 3.538**<br>（1.653） | 0.669**<br>（0.334） |
| 结构冲击<br>（s9888） | 0.500***<br>（0.166） | 5.412**<br>（2.408） | 1.023**<br>（0.413） |
| 常数项 | 0.206*<br>（0.112） | －2.788**<br>（1.349） | |
| 观察样本 | 40 | 40 | 40 |
| 拟合优度（$R^2$） | 0.574 | 0.5871（Pseudo $R^2$） | |

注：*、**、***分别表示10%、5%和1%显著性水平。

### 1. 农民上楼对村庄人口规模变迁方向影响十分突出，系数比较稳定且比较显著

根据线性概率模型和Logit模型估计，如果村庄内部大部分农户实现了上楼，村庄成为人口净流入村的概率分别提高24.5%和40.2%，显著

性水平都达到了 10%。这种回归结果具有很重要的政策含义。上楼比例实际反映了村庄的社区化程度，农民上楼不仅仅代表农民和城市居民居住条件上的趋同，还标志着在基础设施、环境、交通等方面的一系列重大的变化，综合反映了村庄的现代化水平。

首先，农民上楼意味着传统村庄一户一宅的管理体制向社区化管理体制的转轨，标志着村庄环境和管理体制的系统性提升。一般建设楼房都需要经过规划、国土、教育、环卫等多个职能部门的审批，当村民完成或基本完成上楼后，村庄的社会管理体制也随之由原来的二元的社会管理体制向一元的社会管理体制转型。其次，村民上楼标志着村庄基础设施水平的系统性变革。楼房的建设需要现代化的上下水设施以及各类管道建设。农户上楼后，将享受便捷的各类基础设施。此外，农民上楼还为村庄节省出了大量的非农建设性用地用于二三产业开发，使农户形成对村庄未来发展的良好预期。

### 2. 产业结构冲击是村庄人口规模变迁影响效应最为显著的因素

在改革开放后，村庄之间普遍发生了一系列的产业升级过程，但是在升级的速度上存在显著的差异。那些产业结构升级快的村庄往往会成为人口的流入村。这表明，村庄人口规模扩张的一个必要条件是村庄形成二三产业的有效支撑，否则，人口和劳动力将会逐渐流出，去村庄外部寻找就业和发展的机会。

根据方程（1）的 LPM 计量结果，结构冲击变量 s9888 提高一个单位，将使村庄成为人口净流入村的概率提高 50%。而 Logit 模型估计的结果（边际效应）则为 100% 左右，而且显著性水平在 1%—5% 之间。而表 7－3 中方程（3）、（4）、（5）的显著性都达到了 1%。

### 3. 集体经济发达程度对村庄人口变迁影响显著

村庄经济总收入主要来自家庭经营和私营企业等为主要成分的私有经济和村集体经济组织及下属控股企业的公有经济两大部分。线性概率模型和 Logit 模型的计量结果显示，1998 年村经济收入中来自公有经济的比重提高一个单位，可以使村庄成为净流入村的概率分别提高 0. 419 个单位、0. 669 个单位，显著性程度都达到了 5%。

**4. 村庄治理方面，如果出现村干部兼职，村庄人口净流入的概率会下降**

这说明留住村庄人口需要村庄治理有一定的民主体制倾向，如果权力过分集中，就容易造成村庄民主的压抑，不利于农民利益的保护。现实生活中，当村庄经济发展水平还处于农业向非农产业转型和升级的前期阶段时，村干部兼职有它的优越性，如提高决策的效率、减少内部协调的成本、促成村庄的集体行动等。同时，在推进村庄民主化进程中，需要注意民主的条件，避免无视法律的泛民主化倾向。北京郊区近十几年来推进的乡村集体产权制度改革，通过推进农民股东化提高了村庄的凝聚力，在村民对村庄未来发展负责的基础上，形成了比较健康的民主氛围，这种经济民主与政治民主两手都要抓的经验值得推广。而且在发扬民主的过程中，始终需要强化党组织对村庄发展的领导地位和党员干部带动作用。

两个模型的计量结果分别显示，如果出现村干部兼职，村庄成为人口净流入村的概率分别下降了 17.8% 和 9.34%。但是，表 7－2 中方程（1）、（2）也显示，这些回归的系数并不显著。表 7－3 中方程（6）在控制了 1998 年户均耕地面积后，显示概率下降了 44.4%，且显著性达到了 5%。方程（7）在仅控制 1998 年公有经济比重和 1998—2006 年的结构冲击变量后，显示下降的概率为 31.7%，系数显著性也达到了 5%。通过以上可以看出，尽管系数不稳定，但是始终对村庄能否成为净流入村产生负面效应。

## （三）村庄成为人口净流入村的其他影响因素

本部分进一步寻找影响村庄人口规模趋异的其他可能的因素，或许不是很显著，却会同样的符合逻辑和经验直觉，需要在计量上得到验证。为此，在本节计量分析中进一步包括了以下可能影响村庄人口流动的变量，如区位虚拟变量、人均收入与人均所有者权益的年均增长率、人均收入的产业结构比重、资源禀赋结构变量。计量分析均采用线性概率模型，见表 7－3。

**表 7－3　　村庄间人口规模趋异的计量分析**

| | 1998—2006 年村庄是否成为人口净流入村 | | | | | |
|---|---|---|---|---|---|---|
| | ③ | ④ | ⑤ | ⑥ | ⑦ | ⑧ |
| 城乡接合部<br>（是＝1；否＝0） | 0.565***<br>（0.137） | 0.487***<br>（0.149） | | | | 0.243<br>（0.240） |
| 平原村庄<br>（是＝1；否＝0） | | －0.0604<br>（0.134） | | | | 0.0429<br>（0.203） |
| 山区村庄<br>（是＝1；否＝0） | 0.0879<br>（0.145） | | | | | |
| ln（人均收入年增长率 9806） | －0.824<br>（0.955） | | | | | |
| ln（人均所有者权益年增长率 9806） | 0.153<br>（0.365） | | | | | |
| ln（1998 年户均耕地面积） | | | －0.149*<br>（0.0746） | 0.0453<br>（0.103） | | |
| 1998 年公有经济比重 | | | 0.106<br>（0.252） | 0.534*<br>（0.267） | 0.558***<br>（0.170） | 0.155<br>（0.242） |
| 是否农民上楼<br>（是＝1；否＝0） | | | | 0.256<br>（0.216） | | 0.298*<br>（0.159） |
| 是否村干部兼职<br>（是＝1；否＝0） | | | | －0.444**<br>（0.178） | －0.317**<br>（0.128） | |
| 结构冲击（s9888） | 0.612***<br>（0.159） | 0.641***<br>（0.152） | 0.821***<br>（0.203） | | | |
| 结构冲击（s0698） | | | | | 0.585**<br>（0.274） | 0.382<br>（0.364） |
| 人均收入中来自第二产业比重 1988 | | | | | | 0.434*<br>（0.244） |
| 人均收入中来自第二产业比重 1998 | | | | | | 0.113<br>（0.290） |
| 常数项 | 0.250*<br>（0.144） | 0.237**<br>（0.109） | 0.376**<br>（0.155） | 0.411*<br>（0.207） | －0.0339<br>（0.241） | －0.122<br>（0.354） |
| 观察样本 | 40 | 40 | 29 | 29 | 40 | 40 |
| 拟合优度（$R^2$） | 0.575 | 0.565 | 0.523 | 0.429 | 0.442 | 0.527 |

注：*、**、*** 分别表示 10%、5% 和 1% 显著性水平。

### 1. 村庄人口规模演变带有明显的区位特点

城乡接合部区位的村庄一般是人口净流入村，这已经被调查数据所证实。只是该地区的村庄成为人口净流入村的原因比其他两类地区更为复杂。一般在城市扩张过程中，这些村庄的一部分村民会进行转工转居，脱离原村集体，村庄成为人口净流入区大多是因为外来人口和劳动力在当地的集聚。山区相对于平原地区更可能成为人口流入村，尽管系数并不显著。而平原地区的村庄更容易成为人口流出村，见方程（3）和（4）。这表明，村庄开展新农村建设需要特别注意区位问题，对于平原地区的村庄不宜进行大规模的基础设施建设，尤其是不适宜推进村村上楼，而应积极推进集中居住。

### 2. 人均收入与人均所有者权益的增长速度会产生相反的影响效应

人均收入和人均所有者权益的增长是村庄发展的结果，并进一步影响到村民是否进行迁移的决策。计量结果显示，收入的增长速度对于村庄的人口净流入的趋向的影响是负相关的（-0.824），而人均所有者权益的增长速度与人口净流入的趋向的影响是正相关的（0.153），见方程（3）。产生这样的结果，可能还是和村民的效用函数有关。当收入水平提高后，村民会更有能力去尝试到生活成本更高、但更舒适的地方生活；而人均所有者权益的提高可以增加村民的就业、养老、医疗、教育等福利水平，实现村民的就地城镇化，增加了村民外迁的机会成本。当人均所有者权益的增长加快的时候，村民更倾向于留在村庄，并可能会吸引附近或外地的劳动力进入本村庄，并长期居住下来，提高村庄成为人口净流入村的概率。考虑到这两项都不显著，不能作为人口流向变化的主要依据。但是，公有经济比重所代表的经济体制变量仍然发挥着重要的正向影响作用，而且在方程（6）和方程（7）中都是显著的。由此，意味着人口流向与社区集体积累水平之间确实存在着重要的关联性。

### 3. 产业结构影响效应

报告显示，反映资源禀赋结构的户均耕地面积变量对于村庄成为净流入村概率的影响效应是负向的（-0.149），显著程度达到10%。原因可能是由于产业升级的滞后才拥有了更多的耕地面积，减少了二三产业的就业机会。也可能是由于长期以来未能进行产业升级，大量劳动力已经外出，而使得村里能够留下更多的耕地。在控制了农民是否上楼、村干部是否兼职后，户均耕地面积变量变得不显著。而产业结构冲击变量对村庄人口流入存在明显的正向影响效应。对产业结构变量影响的衡量还可以从人均收入来源的产业结构反映出来。如 1988 年和 1998 年人均收入中来自第二产业的比重对于被解释变量呈现了正向的影响效应。

## 三、小结

根据以上分析，村庄成为人口净流入村的主要影响因素有生活居住条件、公有经济比重、产业结构以及区位优势等。对这些因素的分析为建立村庄可持续发展能力的评估指标体系提供了重要参考。

# 第八章

# 村庄可持续发展能力的评估指标体系：基于因子分析方法

对于可持续发展能力较强的村庄和较薄弱的村庄，在制定和落实新农村建设政策上要有所区分。建立科学有效的评估指标体系，预测村庄向人口净流入村演化还是人口净流出村演化，是一项有意义的工作。本章通过建立村庄可持续发展能力的评估指标体系，对村庄可持续发展能力进行区分。指标选择主要是结合上文计量检验结果，并采用因子分析方法获取相应的指标和权重，寻找多变量间的共同因素，获得主因子（变量归类）和各因子得分系数（权重）。在此基础上，形成各个村庄发展能力的排名，为实行差异化的新农村建设路径提供参考。

## 一、相关研究及问题

自 2006 年以来，围绕新农村建设实现程度的评估，形成了多种多样的评价指标体系。如曲福田等（2007）参照反映国内新农村建设与国际社会发展的相关指标体系，采用层次分析法，设计出一套新农村建设的指标体系。根据不同地区农村的社会发展状况与江苏省的实际情况计算出了该省新农村建设的标准值，衡量了其现阶段新农村建设的实现程度。顾凤岐、王爽（2006）以中国当前建设社会主义新农村的科学内涵为依据，在借鉴和比较国内外现有研究成果的基础上，从经济发展、管理民主、生活安康、设施改善、乡风文明、生态良好六个方面设置53项个体指标，并确定其对应目标值。但这些研究大多是属于事后评价，前瞻性的对村庄发展能力进行评估以指导新农村建设的研究尚不多见。

现有的评价实证研究中，有的指标体系的针对性[①]不强，往往村级评价指标和区域评价指标混淆；有的软性指标没有量化，影响操作性，且由于基础数据的获取存在一定困难，已有的实证研究多以全国和区域评价为主，而基于村级的新农村建设评价的实证研究较少。田亚平等（2007）以湖南省衡南县工联村为例，构建了包括5个一级指标、27个二级指标的社会主义新农村建设村级指标体系，并运用该指标体系对衡南县谭子山镇的先进示范村工联村进行实证评价检测，其结果与其农村实际发展情况相符，是村级指标体系评价研究一项有益的探索。

此外，指标选取和权重赋值问题是科学评价的两大关键，这也是长期以来没有能够得到很好解决的两个问题，需要在评价方法上进行创新，如层次分析方法（曲福田，2007）、频数分析方法（李翠艳，2008）等相对于原先的主观赋值方法会更为客观。而近年来主成分分析和作为其推广的因子分析得到了越来越广泛的应用。赖永剑、贺祥民（2005）运用因子分析方法对广西14个地级市的农业竞争力进行评价，并对各地区的农业竞争力进行了排序。唐林俊、杨虎（2003）运用因子分析方法对重庆市2000年各区县经济的综合指标进行评价，根据综合因子和第一主因子的得分对各区县经济综合实力进行了排序。

对于确定指标权重的方法较多，基本上归结为两大类：主观赋权法和客观赋权法。客观赋权确定权重也是多元统计分析的优势。主要有变异系

① 根据新农村建设的主体对象不同，新农村建设评价可分为点评价和面评价，前者评价对象是由实施村民自治的农村行政村的发展水平，后者是针对由政府管理的区域整体的新农村建设水平，其中村级评价是区域新农村建设评价的基础。

数方法、复相关系数方法和组合权重法三类。变异系数法①是基于以下考虑：如果某项指标的实际值能够明确区分开各个参评样本，说明该指标在这项评价上的分辨信息丰富。那么，为提高评价的区分效度，应给该指标以较大的权重；反之，若各个参评对象在某项指标上的实际数值差异较小，就表明这项指标区分开各参评样本的能力较弱，应给该项指标以较小的权重。复相关系数法②是基于以下考虑：客观现象是极其复杂的，尽管在选择评价指标时，要尽可能使各个评价指标间彼此不能代替，但是反映客观事物不同侧面的各项评价指标之间总是有部分重复信息的。一般说来，某评价指标与其他评价指标信息重复越多，说明该指标的变动越能被其他指标的变化解释，该指标在综合评价中所起的作用就越小，应赋予较小的权重。复相关系数就是根据指标重复信息的大小来确定权重。

变异系数法和复相关系数法相互独立地反映了各指标在两个不同方面的相对重要性，而且它们之间的相对补偿作用较小。为了把从两个角度对指标重要性的判断结合起来，可采用乘法将两种赋权结果综合起来，这样得出的权重兼有两种赋权法的优点，能较全面地反映原始数据所提供的信息。设指标 $x_j$ 的变异系数法赋权结果为 $W_j^{(1)}$，复相关系数法的赋权结果为 $W_j^{(2)}$，将二者作归一化处理可得组合权重：

$$W_j = \frac{W_j^{(1)} W_j^{(2)}}{\sum_{j=1}^{m} W_j^{(1)} W_j^{(2)}}, j = 1,2,\cdots,m \qquad (8-1)$$

---

① 其具体做法是：设有 $n$ 个参评样本，每个样本用 $m$ 个样本来描述。$x_{ij}$ 表示第 $i$ 个样本在第 $j$ 个指标上的值。先求出各指标的均值和标准差：

$\overline{x_j} = \frac{1}{n}\sum_{i=1}^{n} x_{ij}$，$S_j = \sqrt{\frac{1}{n-1}\sum_{i=1}^{n}(x_{ij} - \overline{x_j})^2}$，则各指标的变异系数为 $V_j = \frac{S_j}{\overline{x_j}}$，对 $V_j$ 做归一化处理可得各指标权重：$W_j = \frac{V_j}{\sum_{j=1}^{m} V_j}$，$j = 1,2,\cdots,m$。

② 其具体做法是：计算 $m$ 个指标的复相关系数 $\rho_j$，$\rho_j$ 越大，就表示第 $j$ 个指标越能被其他 $j-1$ 个指标所决定，因此，它在综合评价中的作用就越小，其权重也应越小；反之，权重应越大。因此，将复相关系数取倒数并做归一化处理，就能得到各指标的权重 $W_j = \frac{|\rho_j|^{-1}}{\sum_{j=1}^{m}|\rho_j|^{-1}}$，$j = 1,2,\cdots,m$。

以上关于权重的确定方法适宜分析指标较少的情况，如果指标较多，逻辑关系较复杂的情况下，这些方法就难以应付。近年来在主成分分析基础上经过扩展和发展形成的因子分析方法，既可以具有以上分析的优点，又有大量的自身的新的特点，为进行指标体系研究提供了便捷高效的分析工具。

## 二、指标体系建立的要求和原则

### （一）基本要求

建立村庄发展能力的评价指标体系，关键是科学合理地选择指标体系、客观地赋予不同指标的权重、对不同类型村庄进行比较评价等。

#### 1. 指标体系的科学性

大多数评估指标体系不同程度地存在着指标选择的任意性问题。其主要原因在于大多数研究主要是定性研究，缺乏规范定量化的实证分析。如何精确地选择指标体系，是定量分析的内在要求。本书对村庄发展能力评估指标的选择上主要是依据前面三章对村庄发展计量回归分析结果中相关变量的显著程度，可以较好地保证指标选择的科学性。

#### 2. 指标权重的客观性

类似于指标体系选择，在指标权重的赋值方面，仍然是指标评估问题的一个重要的难点。频数方法、德尔菲方法都带有不同程度的主观性，即使层次分析方法也在一定程度上存在非客观性。而通过合理选择适宜的定量方法，现在这个问题可以得到更好地解决。本书主要是依靠因子得分来获得各个指标的权重，提高了指标权重的客观性。

#### 3. 指标体系的可比性

村庄由于所处的地理地貌、发展水平、发展阶段、治理水平和制度体制等多个方面存在诸多差异，为对村庄进行比较判别带来了很多不便。为此，指标体系需要能够按照统一标准进行横向和纵向对比。横向对比要求指标体系适用于不同地区新农村建设的客观实际。由于北京郊区，从近郊到远郊，再到山区，地区间社会经济发展具有明显的不平衡性，村庄发展能力的差异需要得到反映，如集中城镇化地区的村庄和非集中城镇化地区的村庄之间需要在统一的分析框架下进行比较，反映村庄发展能力的不一致性。纵向对比要求村庄发展能力评估指标既要考虑当时的实际情况，又要对村庄未来的情况有所预见，以保持数据指标的连续性。本书通过因子分析方法，给出了村庄发展能力的统一对比和排序，为新农村建设进行村庄发展能力区分给出了一个参照。

## （二）基本原则

村庄发展能力评估指标体系建立的基本原则和一般的区域发展评价指标体系是相类似的，主要是系统性原则、实用性原则和前瞻性原则。

### 1. 系统性原则

村庄发展和新农村建设作为从根本上解决“三农”问题、推动城乡一体化进程的重要举措，涵盖了经济发展建设、基础设施建设、公共服务建设、村庄治理建设等各个方面，是一个有机的系统性工程。指标体系既要全面涵盖村庄发展能力的各个方面，又要把握新形势下村庄发展的内涵和特殊要求、各个指标之间的相互关系，构成一个有机的系统。如关于以村庄经济发展水平为主要内容的吸引力主因子与人口净流入（出）为主要指标的人口集聚力主因子的综合衡量，可以分析未来村庄发展的趋向。村庄吸引力因子内部的村庄治理能力因子和经济发展水平因子之间的整合分析提高了吸引力主因子自身的系统性。此外，村庄的吸引力主因子的水平也和村庄体制制度有直接的关系，如村庄如果有一个比较强大的集体经济，村庄的公共服务水平就会高于其他村庄，从而提高村庄的吸引力。

### 2. 可操作性原则

村庄发展能力评估的指标体系要尽量简洁明了，指标含义明确，以免产生歧义，便于指标使用者实际操作。同时，指标数值能够从政府部门的统计资料中获取，或者从公开信息中获得，尽可能选取数据收集方便、来源可靠的指标。原先在对村庄发展能力指标体系的选取过程中，把村庄产业结构的升级指数列入，并取得了比较显著的分析结果。但是，考虑到这一指标计算过程比较烦琐，就从指标体系中去除了。而代之以村庄经济总收入中的二三产业构成比重。

**3. 前瞻性原则**

村庄发展和村庄变迁是并行的，对村庄发展能力的评估不能脱离开村庄发展的基本趋势。如伴随着村庄产业升级，村庄集聚人口的能力逐渐得到增强，向外迁移的人口数量，低于向村内迁移的人口数量，使村庄成为人口净流入村。在指标体系中，可以列一个主因子为人口集聚力因子，反映村庄人口变化的趋势。

## 三、模型及预处理数据的分析

因子分析的基本目的是，用较少的变量去描绘许多变量之间的方差—协方差结构，由于这几个变量不能直接观测，通常称为因子。本章主要是基于因子分析方法，根据村庄经济发展各指标之间的相关性大小将它们分组，使得同组内的指标之间相关性较高，不同组的变量之间的相关性较低，通过对相关矩阵内部结构关系的研究，找出影响经济状况的几个综合指标，称之为主因子。

$$
\text{因子模型}\quad \begin{cases} X_1 = a_{11}F_1 + a_{12}F_2 + \cdots + a_{1n}F_n + \varepsilon_1 \\ X_2 = a_{21}F_1 + a_{22}F_2 + \cdots + a_{2n}F_n + \varepsilon_2 \\ \cdots\cdots\cdots\cdots \\ X_m = a_{m1}F_1 + a_{m2}F_2 + \cdots + a_{mn}F_n + \varepsilon_m \end{cases} \qquad (8-2)
$$

其中，$X_1, X_2, \cdots, X_m$，表示实测变量；$a_{ij}$ 表示因子负荷；$F_i(i=1,2,\cdots,m)$ 表示公共因子，$\varepsilon_i(i=1,2,\cdots,m)$ 表示特殊因子。关于因子分析方法的基本原理和具体操作方法参看陈峰等（1999）。下面结合主成分因子分析方法，根据实际情况，总结出以下分析步骤：

建立指标体系和原始矩阵 $Z$；原始数据标准化，得到标准化矩阵 $X$，

主要是解决各个指标存在的数据单位或者数量级的差异问题；计算原始矩阵 $Z$ 或标准化矩阵 $X$ 的相关系数矩阵 $R$；解特征方程 $|R-\lambda E|=0$，计算相关矩阵的特征根 $\lambda_i$，软件结果报告中一般会按照从大到小的顺序排列特征根，特征根越大对应越大的方差贡献率（一般取值在85%以上），并由此确定主因子的个数 $P$；计算特征向量和初始因子载荷矩阵 $A$；找出因子载荷系数绝对值大于0.5（部分选择大于0.4）的变量。因子得分就是所选择变量的标准化后的实测数据与对应因子载荷的乘积的代数和；如果因子载荷差距不明显或因子意义不明确，可以对初始因子矩阵进行方差极大（Varimax）旋转，旋转后重新进行上一步骤；构造主因子得分和综合因子得分；根据主因子和综合因子得分情况，给出相应的排序和评价。

## 四、计算与分析

首先根据前三章的计量分析，确定村庄发展能力的初步的指标体系。由于各个指标取值范围差异较大或度量单位不同，据实测指标的期望值和标准差对各个指标 $x_i$ 分别进行了标准化。标准化的基本方程是：

$$sx_i=\frac{(x_i-\bar{x})}{s_i} \tag{8-3}$$

其中 $\bar{x}$ 和 $s_i$ 分别表示变量 $x_i$ 的期望值和方差。

由此得到标准化后的具体指标：村庄人均收入（元；sxperin06）、村庄人均所有者权益（元；sxperass06）、村庄经济总收入（万元；sxtotincom06）、农户上楼比例（%；sxratelouf ~ g）、村干部是否兼职（是=1；否=0；sxjianzhiif）、村书记担任时间长度（年；sxexper）、户均耕地规模（亩；sxlgdperhu06）、城乡接合部（是=1；否=0；chengxiangjhb）、平原（是=1；否=0；sxpingyuan）、山区（是=1；否=0；sxshanqu）、人口是否净流入（sxpopch9806）、村庄总收入中公有经济比重（%；sxratepub ~ 06）、村庄经济收入中来自第一产业比重（%；sxrateagrt ~ 6）、村庄经济收入中来自第二产业比重（%；sxrateindt ~ 6）、村庄经济收入中来自第三产业比重（%；sxratesert ~ 6）。

观察相关系数矩阵，发现诸多变量之间存在高度的相关性，可以采用因子方法进行分析。

**表 8 – 1　　　　相关系数矩阵**

| | sxjian ~ f | sxpera ~ 6 | sxperi ~ 6 | sxrate ~ g | sx ~ bti06 | sxlgd ~ 06 | sxchen ~ b | sxping ~ n | sxshanqu | sxexper |
|---|---|---|---|---|---|---|---|---|---|---|
| sxjianzhiif | 1.0000 | | | | | | | | | |
| sxperass06 | -0.2936 | 1.0000 | | | | | | | | |
| sxperin06 | -0.2936 | 1.0000 | 1.0000 | | | | | | | |
| sxratelouf ~ g | -0.4544 | 0.7294 | 0.7294 | 1.0000 | | | | | | |
| sxratepub ~ 06 | -0.1775 | 0.6376 | 0.6376 | 0.5474 | 1.0000 | | | | | |
| sxlgdperhu06 | 0.5341 | -0.3532 | -0.3532 | -0.6951 | -0.5504 | 1.0000 | | | | |
| sxchengxia ~ b | -0.4523 | 0.2413 | 0.2413 | 0.4989 | 0.4935 | -0.6716 | 1.0000 | | | |
| sxpingyuan | 0.3125 | -0.0569 | -0.0569 | -0.4476 | -0.1710 | 0.4795 | -0.6030 | 1.0000 | | |
| sxshanqu | 0.0754 | -0.1727 | -0.1727 | 0.0409 | -0.2873 | 0.0934 | -0.2727 | -0.6030 | 1.0000 | |
| sxexper | 0.1397 | 0.2008 | 0.2008 | 0.2511 | 0.0804 | -0.0258 | 0.0460 | 0.1863 | -0.2707 | 1.0000 |
| sxtotincomo6 | -0.4072 | 0.2592 | 0.2592 | 0.3574 | 0.4144 | -0.5633 | 0.1382 | 0.0850 | -0.2408 | 0.0579 |
| sxpopch9806 | -0.4961 | 0.3470 | 0.3470 | 0.5081 | 0.3559 | -0.4787 | 0.4862 | -0.3721 | -0.0374 | -0.0042 |
| sxrateagrt ~ 6 | 0.1772 | -0.4459 | -0.4459 | -0.5824 | -0.5474 | 0.5780 | -0.4441 | 0.3461 | 0.0266 | -0.2291 |
| sxrateindt ~ 6 | 0.0741 | 0.2641 | 0.2641 | 0.1378 | 0.1284 | -0.0142 | -0.1220 | 0.2328 | -0.1588 | 0.2676 |
| sxratesert ~ 6 | -0.2326 | 0.1925 | 0.1925 | 0.4320 | 0.4069 | -0.5355 | 0.5272 | -0.5310 | 0.1132 | -0.0160 |
| | sxtoti ~ 6 | sx ~ 9806 | s ~ grti06 | sx ~ dti06 | s ~ erti06 | | | | | |
| sxtotincomo6 | 1.0000 | | | | | | | | | |
| sxpopch9806 | 0.2105 | 1.0000 | | | | | | | | |
| sxrateagrt ~ 6 | -0.4785 | -0.4216 | 1.0000 | | | | | | | |
| sxrateindt ~ 6 | 0.2314 | 0.0262 | -0.3983 | 1.0000 | | | | | | |
| sxratesert ~ 6 | 0.2518 | 0.3768 | -0.6008 | -0.4940 | 1.0000 | | | | | |

观察各因子的累积贡献率表，包括特征值（Eigenvalue，称为因子）、每个特征值和下一个特征值的差异（Difference）及其方差贡献率（Proportion）及累计贡献率（Cumulative）。按照主因子特征值在 0.7 的要求得

到前 7 个因子作为主因子，代替上面的 15 个因子，其累计贡献率达到了 90%，损失的信息量只有 10%。

**表 8－2　　各因子的累计贡献率**

| Factor | Eigenvalue | Difference | Proportion | Cumulative |
|---|---|---|---|---|
| Factor1 | 5. 72920 | 3. 17580 | 0. 3819 | 0. 3819 |
| Factor2 | 2. 55341 | 1. 16029 | 0. 1702 | 0. 5522 |
| Factor3 | 1. 39311 | 0. 24564 | 0. 0929 | 0. 6450 |
| Factor4 | 1. 14748 | 0. 02894 | 0. 0765 | 0. 7215 |
| Factor5 | 1. 11853 | 0. 19597 | 0. 0746 | 0. 7961 |
| Factor6 | 0. 92256 | 0. 18596 | 0. 0615 | 0. 8576 |
| Factor7 | 0. 73660 | 0. 16172 | 0. 0491 | 0. 9067 |
| Factor8 | 0. 57488 | 0. 22992 | 0. 0383 | 0. 9451 |
| Factor9 | 0. 34496 | 0. 10041 | 0. 0230 | 0. 9680 |
| Factor10 | 0. 24455 | 0. 11055 | 0. 0163 | 0. 9844 |
| Factor11 | 0. 13400 | 0. 03331 | 0. 0089 | 0. 9933 |
| Factor12 | 0. 10070 | 0. 10070 | 0. 0067 | 1. 0000 |
| Factor13 | 0. 00000 | 0. 00000 | 0. 0000 | 1. 0000 |
| Factor14 | 0. 00000 | 0. 00000 | 0. 0000 | 1. 0000 |
| Factor15 | －0. 00000 | . | －0. 0000 | 1. 0000 |

为了得到更为明确的各主因子（Factor 1－7）的含义，对负荷矩阵进行旋转得到表 8－3，方差贡献率得到了重新的调整。

**表 8－3　　主因子的累计贡献率**

| Factor | Variance | Difference | Proportion | Cumulative |
|---|---|---|---|---|
| Factor1 | 3. 19818 | 0. 24492 | 0. 2132 | 0. 2132 |
| Factor2 | 2. 95326 | 1. 08220 | 0. 1969 | 0. 4101 |

续表

| Factor | Variance | Difference | Proportion | Cumulative |
| --- | --- | --- | --- | --- |
| Factor3 | 1.87106 | 0.21663 | 0.1247 | 0.5348 |
| Factor4 | 1.65442 | 0.23667 | 0.1103 | 0.6451 |
| Factor5 | 1.41776 | 0.01019 | 0.0945 | 0.7396 |
| Factor6 | 1.40757 | 0.30890 | 0.0938 | 0.8335 |
| Factor7 | 1.09866 | . | 0.0732 | 0.9067 |

主因子构成的特征向量（因子负荷矩阵 $A$）如表 8－4 所示，由此可以判断由各个变量集聚成的每个主因子的确切含义：

**表 8－4　　负　荷　矩　阵**

| Variable | Factor1 | Factor2 | Factor3 | Factor4 | Factor5 | Factor6 | Factor7 | Uniqueness |
| --- | --- | --- | --- | --- | --- | --- | --- | --- |
| sxjianzhiif | -0.1822 | -0.2197 | -0.2280 | -0.0039 | 0.0789 | 0.8632 | 0.1117 | 0.1027 |
| sxperass06 | 0.9730 | 0.0716 | 0.0850 | 0.0496 | 0.0777 | -0.1019 | 0.0725 | 0.0168 |
| sxperin06 | 0.9730 | 0.0716 | 0.0850 | 0.0496 | 0.0777 | -0.1019 | 0.0725 | 0.0168 |
| sxratelouf ~ g | 0.6840 | 0.3806 | 0.2476 | -0.2270 | -0.0008 | -0.3059 | 0.2517 | 0.1175 |
| sxratepub ~ 06 | 0.6459 | 0.4605 | 0.3277 | 0.2485 | -0.0154 | 0.1738 | -0.1357 | 0.1528 |
| sxlgdperhu06 | -0.2481 | -0.5983 | -0.5290 | 0.0337 | 0.0626 | 0.3331 | -0.0150 | 0.1845 |
| sxchengxia ~ b | 0.1389 | 0.9042 | 0.0213 | 0.1625 | -0.1214 | -0.2315 | 0.0237 | 0.0673 |
| sxpingyuan | -0.0431 | -0.6672 | 0.0439 | 0.6658 | 0.1507 | 0.1570 | 0.0899 | 0.0523 |
| sxshanqu | -0.0869 | -0.0995 | -0.0742 | -0.9655 | -0.0603 | 0.0422 | -0.1321 | 0.0219 |
| sxexper | 0.1311 | 0.0114 | 0.0174 | 0.1595 | 0.1099 | 0.0769 | 0.9516 | 0.0334 |
| sxtotincomo6 | 0.1463 | -0.0005 | 0.9104 | 0.1663 | 0.0834 | -0.2419 | -0.0123 | 0.0566 |
| sxpopch98006 | 0.2810 | 0.5402 | 0.0541 | -0.0578 | 0.0695 | -0.4693 | -0.0088 | 0.3978 |
| sxrateagrt ~ 6 | -0.3437 | -0.5495 | -0.5730 | 0.1686 | -0.2364 | -0.1672 | -0.1971 | 0.1005 |
| sxrateindt ~ 6 | 0.1744 | -0.0428 | 0.1620 | 0.0593 | 0.9525 | 0.0752 | 0.1344 | 0.0071 |
| sxratesert ~ 6 | 0.1738 | 0.5581 | 0.4019 | -0.2115 | -0.6060 | 0.0929 | 0.0697 | 0.0713 |

根据各主因子负荷值，按照大于40%的标准，确定各自包含的变量以及代表的含义。主因子Factor1包含了人均所有者权益（sxperass06）、人均收入（sxperin06）、农户上楼比例（sxrateloufang）、村经济收入中来自公共收入比重（sxratepubti06）四个变量，确定为村庄吸引力因子。

Factor2包含了城乡接合部（sxchengxiangjhb）、平原（sxpingyuan）、是否人口净流入村（sxpopch98006）、户均耕地规模（sxlgdperhu06）、村庄经济总收入中第一产业比重（sxrateagrti06）五个变量，确定为村庄集聚力因子。

Factor3包含村经济总收入（sxtotincom06）、村经济总收入中来自第一产业比重（sxrateagrti06）、户均耕地规模（sxlgdperhu06），确定为村庄创新力因子，反映了村庄可持续发展的能力。

Factor4包含山区（sxpingyuan）、平原（sxshanqu）两个变量，确定为区位力因子。

Factor5包含村庄经济总收入来自第二产业比重（sxrateindti06）和村庄经济总收入来自第三产业比重（sxrateserti06）两个变量，由于第三产业的得分为0，因此，该因子确定为工业化因子，集中反映村庄制造业能力。第二产业的一个重要特点是一般不受区位约束，发展的关键要素是资本、技术，因而，该指标也构成了村庄发展能力评估中的一个重要的正向指标。

Factor6包含了村干部是否兼职变量（sxjianzhiif），确定为村庄集权因子。计量分析中该指标对村庄是否成为人口净流入村的影响是不显著。考虑到现实村庄村民对民主认识水平、行使民主能力因素、提高村庄治理水平以及降低组织内部协调成本的需要，兼职对村庄发展是有利的，赋予了正向指标。但其影响力不是很显著，根据方差贡献率排在了几个主因子的后边，并赋予了较低的权重。

Factor7包含了村书记任职时间长度变量（sxexper），确定为村庄稳定力因子。能否连任是村干部是否受到村民广泛支持的标志，也说明了村庄内部的稳定水平，经常更换领导班子对村庄发展是十分不利的，因为，村干部的改换影响了村民对村庄未来发展方向的稳定性预期，增加了治理中的交易成本。但是，在计量分析的多数情况下，该变量对经济发展变化的影响是不显著的，可以列为最后一个主因子，根据方差贡献率赋予了最低的权重。

由此，初步形成了如下的村庄发展能力评价指标体系（后面会根据得分赋值情况对指标做进一步地调整，形成更新后的指标体系）：

**表8－5　　村庄可持续发展能力评价指标表**

<table>
<tr><td rowspan="17">村庄发展能力指标体系</td><td rowspan="4">F1：吸引力因子</td><td>村庄人均所有者权益（元）</td></tr>
<tr><td>村庄人均收入（元）</td></tr>
<tr><td>农户上楼占比（%）</td></tr>
<tr><td>村庄经济收入中来自公共收入比重（%）</td></tr>
<tr><td rowspan="5">F2：集聚力因子</td><td>是否城乡接合部（是＝1；否＝0）</td></tr>
<tr><td>是否平原（是＝1；否＝0）</td></tr>
<tr><td>是否人口净流入村（是＝1；否＝0）</td></tr>
<tr><td>户均耕地规模（亩）</td></tr>
<tr><td>村庄经济收入中第一产业比重（%）</td></tr>
<tr><td rowspan="2">F3：创新力因子</td><td>村庄经济总收入（万元）</td></tr>
<tr><td>村庄经济收入中自第一产业比重（%）</td></tr>
<tr><td rowspan="2">F4：区位力因子</td><td>是否平原（是＝1；否＝0）</td></tr>
<tr><td>是否山区（是＝1；否＝0）</td></tr>
<tr><td rowspan="2">F5：工业化因子</td><td>村庄经济收入中自第二产业比重（%）</td></tr>
<tr><td>村庄经济收入中自第三产业比重（%）</td></tr>
<tr><td>F6：集权力因子</td><td>是否村干部兼职（是＝1；否＝0）</td></tr>
<tr><td>F7：治理力因子</td><td>村支书担任时间长度（年）</td></tr>
</table>

运用回归方法，对每一个变量赋予得分系数，以计算40个村庄的7个主因子及综合因子的最后得分值，如表8－6所示。

**表8－6　　得　分　矩　阵**

| Variable | Factor1 | Factor2 | Factor3 | Factor4 | Factor5 | Factor6 | Factor7 |
|---|---|---|---|---|---|---|---|
| sxjianzhiif | 0.03426 | 0.13162 | −0.03877 | −0.01378 | 0.03342 | 0.69403 | 0.00224 |
| sxperass06 | 0.86276 | −0.30818 | −0.23843 | −0.03023 | −0.12119 | −0.00369 | −0.09545 |
| sxperin06 | 0.00000 | 0.00000 | 0.00000 | 0.00000 | 0.00000 | 0.00000 | 0.00000 |

续表

| Variable | Factor1 | Factor2 | Factor3 | Factor4 | Factor5 | Factor6 | Factor7 |
|---|---|---|---|---|---|---|---|
| sxratelouf ~ g | 0. 18710 | -0. 05592 | -0. 00775 | -0. 17595 | -0. 04418 | -0. 17034 | 0. 22524 |
| sxratepub ~ 06 | 0. 21132 | 0. 17971 | 0. 05042 | 0. 20259 | -0. 01464 | 0. 36253 | -0. 31458 |
| sxlgdperhu06 | 0. 08784 | -0. 12298 | -0. 22636 | -0. 00916 | -0. 00770 | 0. 12050 | -0. 00048 |
| sxchengxia ~ b | -0. 15634 | 0. 74083 | -0. 38396 | -0. 03004 | 0. 14276 | -0. 01765 | -0. 04457 |
| sxpingyuan | 0. 00000 | 0. 00000 | 0. 00000 | 0. 00000 | 0. 00000 | 0. 00000 | 0. 00000 |
| sxshanqu | 0. 00698 | 0. 05884 | -0. 04955 | -0. 91485 | 0. 10084 | 0. 01264 | -0. 03608 |
| sxexper | -0. 06587 | -0. 03030 | -0. 04277 | -0. 00548 | -0. 09001 | -0. 07359 | 0. 93540 |
| sxtotincomo6 | -0. 10255 | -0. 26310 | 0. 68702 | 0. 01722 | -0. 03736 | -0. 12801 | -0. 03678 |
| sxpopch9806 | -0. 01205 | 0. 20124 | -0. 17790 | 0. 01709 | 0. 15473 | -0. 29342 | -0. 01222 |
| sxrateagrt ~ 6 | 0. 04337 | -0. 26639 | -0. 51723 | 0. 19300 | 0. 21481 | -0. 53276 | -0. 16809 |
| sxrateindt ~ 6 | -0. 06671 | 0. 06908 | -0. 18433 | -0. 00862 | 1. 13751 | -0. 15194 | -0. 15076 |
| sxratesert ~ 6 | 0. 00000 | 0. 00000 | 0. 00000 | 0. 00000 | 0. 00000 | 0. 00000 | 0. 00000 |

根据表 8 -6，各个主因子的得分情况分别是：

$$\begin{cases} F1 = 0.86 \times sxperass06 + 0 \times sxperin06 + 0.19 \times \\ \quad sxrateloufang + 0.21 \times sxratepubti06 \\ F2 = 0.74 \times sxchengxiangjhb + 0 \times sxpingyuan + \\ \quad 0.2 \times sxpopch9806 - 0.12 \times sxlgdperhu06 - \\ \quad 0.26 \times sxrateagrti06 + 0 \times sxratesertio6 \\ F3 = 0.68 \times sxtotincom06 - 0.51 \times sxrateagrti06 \\ F4 = 0 \times sxpingyuan - 0.91 \times sxshanqu \\ F5 = 1.13 \times sxrateindti06 + 0 \times sxrateserti06 \\ F6 = 0.69 \times sxjianzhiif \\ F7 = 0.93 \times sxexper \end{cases} \quad (8-4)$$

综合因子的得分是各个主因子得分的加权和，权重为各个主因子的方差贡献率。由此，可以得到综合因子的得分公式：

$$\begin{aligned} F = & 0.21 \times F1 + 0.2 \times F2 + 0.12 \times F3 + 0.11 \times F4 + \\ & 0.09 \times F5 + 0.09 \times F6 + 0.07 \times F7 \end{aligned} \quad (8-5)$$

通过stata10.0可以计算出40个村庄的各个关于主因子和综合因子的得分和排序（见表8－7），各主因子只给出得分，未进行排序。其原因一是因为村庄个数比较少，得分次序比较直观，二是因为一些主因子的排序相同值较多，无必要区分。因此，一般只给出得分，只对综合因子进行排序，分析结果如表8－7所示。

**表8－7　40个村庄发展能力主因子、综合因子得分及综合排名表**

| 村名 | F1 | F2 | F3 | F4 | F5 | F6 | F7 | F | 综合得分排名 |
|---|---|---|---|---|---|---|---|---|---|
| 八角 | 14.95 | 10.52 | 0.12 | 2.39 | －6.50 | －2.97 | －6.78 | 4.19 | 4 |
| 太平庄 | 13.21 | 0.00 | 2.17 | 2.39 | 1.30 | 3.93 | 0.08 | 3.77 | 6 |
| 车耳营 | －1.45 | 0.00 | －2.89 | 2.39 | －4.58 | －2.97 | －5.26 | －1.44 | 24 |
| 岔道 | －1.33 | 1.15 | 3.16 | －8.99 | 1.16 | －2.97 | 2.36 | －0.65 | 23 |
| 小鲁庄 | 3.03 | －2.13 | 0.38 | －8.99 | 8.33 | 3.93 | 6.17 | 0.80 | 17 |
| 小丰营 | －3.61 | －2.82 | －4.26 | －8.99 | 1.98 | －2.97 | －6.02 | －3.33 | 36 |
| 窦店 | －0.15 | －2.15 | 10.14 | 2.39 | 3.21 | －2.97 | －3.74 | 0.78 | 18 |
| 南街 | 1.18 | 11.36 | 4.98 | 2.39 | －6.50 | －2.97 | －5.26 | 2.16 | 14 |
| 四马台 | 2.11 | 0.00 | 2.62 | －8.99 | 0.19 | －2.97 | 3.13 | －0.26 | 21 |
| 涧沟 | －3.17 | 0.00 | －0.05 | －8.99 | －0.50 | 3.93 | －1.45 | －1.45 | 25 |
| 爨底下 | －2.02 | －0.26 | －0.40 | －8.99 | －6.01 | 3.93 | －6.78 | －2.17 | 29 |
| 大峪 | 3.78 | 10.42 | 6.83 | 2.39 | 2.96 | －2.97 | －6.78 | 3.48 | 8 |
| 西赵各庄 | －1.77 | －3.97 | －2.01 | 2.39 | 3.67 | 3.93 | 12.27 | 0.40 | 20 |
| 稷山营 | －3.89 | －5.37 | －4.73 | 2.39 | －4.49 | 3.93 | 7.70 | －1.70 | 26 |
| 吴雄寺 | 0.77 | －3.12 | 1.44 | 2.39 | 9.50 | 3.93 | 3.89 | 1.45 | 16 |
| 安乐庄 | －3.27 | －4.70 | －3.90 | 2.39 | －3.76 | 3.93 | －6.02 | －2.24 | 30 |
| 东大街 | －1.71 | 0.00 | 13.57 | 2.39 | 3.62 | －2.97 | 8.46 | 2.18 | 13 |
| 西水峪 | －3.76 | 0.00 | －2.36 | －8.99 | －6.50 | 3.93 | 2.36 | －2.13 | 28 |
| 东帽湾 | －3.73 | －4.44 | －4.11 | －8.99 | －5.72 | 3.93 | －6.02 | －3.74 | 38 |

续表

| 村名 | F1 | F2 | F3 | F4 | F5 | F6 | F7 | F | 综合得分排名 |
|---|---|---|---|---|---|---|---|---|---|
| 三合庄 | 4.49 | 10.33 | 0.88 | 2.39 | -2.68 | -2.97 | 6.17 | 3.30 | 10 |
| 西辛峰 | -3.47 | 0.18 | 3.04 | 2.39 | 17.43 | 3.93 | 2.36 | 2.02 | 15 |
| 麻峪房 | -3.44 | 0.00 | -0.74 | -8.99 | -6.50 | -2.97 | -3.74 | -2.91 | 33 |
| 雕窝 | -3.54 | 0.00 | -2.86 | -8.99 | -6.50 | -2.97 | -3.74 | -3.19 | 34 |
| 和平街 | 2.26 | 10.37 | 0.76 | 2.39 | 11.80 | -2.97 | 9.22 | 4.34 | 3 |
| 西樊各庄 | -4.58 | -6.22 | -6.65 | 2.39 | -0.25 | -2.97 | -3.74 | -3.29 | 35 |
| 蔡家洼 | -0.61 | -1.18 | -1.48 | 2.39 | 10.47 | 3.93 | -5.26 | 0.65 | 19 |
| 庄禾屯 | -4.05 | -2.76 | 1.38 | 2.39 | 14.44 | -2.97 | -5.26 | -0.31 | 22 |
| 娄子峪 | -4.55 | -7.11 | -9.38 | -8.99 | -4.21 | -2.97 | -8.31 | -5.72 | 40 |
| 狼堡二村 | -1.68 | 9.85 | 3.47 | 2.39 | -0.46 | -2.97 | 6.94 | 2.47 | 12 |
| 黎明 | -3.98 | -2.43 | -4.27 | 2.39 | -6.50 | -2.97 | 0.84 | -2.36 | 31 |
| 四各庄 | -4.52 | -5.97 | -11.08 | 2.39 | -5.84 | -2.97 | -4.50 | -4.32 | 39 |
| 西黄堡 | -4.29 | -7.31 | -8.48 | 2.39 | -4.19 | 3.93 | 6.17 | -2.71 | 32 |
| 草桥 | 13.01 | 0.00 | 12.46 | 2.39 | -6.46 | -2.97 | 4.65 | 3.97 | 5 |
| 南宫 | 7.37 | 1.46 | 8.93 | 2.39 | -2.57 | -2.97 | 7.70 | 3.22 | 11 |
| 大稿 | 22.07 | 0.33 | 4.34 | 2.39 | 16.10 | -2.97 | 6.17 | 7.10 | 2 |
| 西总屯 | 11.77 | 0.00 | 2.35 | 2.39 | -6.50 | 3.93 | 8.46 | 3.38 | 9 |
| 草厂 | -3.88 | -7.91 | -10.89 | 2.39 | -3.70 | 3.93 | 0.08 | -3.41 | 37 |
| 仇庄 | -4.37 | -5.20 | -5.00 | 2.39 | 3.73 | 3.93 | -2.21 | -1.76 | 27 |
| 高碑店 | 1.01 | 0.00 | 32.64 | 2.39 | 0.65 | -2.97 | -6.02 | 3.76 | 7 |
| 十里河 | 19.34 | 0.00 | 46.11 | 2.39 | -6.45 | -2.97 | -7.55 | 8.48 | 1 |

第一个主因子，即村庄的吸引力因子，主要指本村村民在对村庄集体经济实力、集体福利水平和各类基础生活服务设施的满意度水平，即如何

把人留住，使本村庄人口和劳动力不往外迁移。比较发现，位于城乡接合部地区的十里河、草桥、太平庄等村庄普遍获得了较高的分数。这些地区的村庄一般实现了农民上楼，集体积累水平较高，对村民具有较高的吸引力。

第二个主因子是村庄的集聚力因子，主要指村庄集聚产业和人口的能力，即如何让人口和劳动力流动到本地。改革开放以来，一些村庄借助良好的区位条件，实现了产业升级，集聚了大量的人口，逐渐向城镇化社区方向迈进。如狼垡二村位于大兴城区周边，近临北京市中心城区南五环，受到两个城区的双重辐射，推动了村庄的产业升级。由于创造了大量的就业机会，本村人口不愿外流，还吸引了大量的外来人口，人口集聚能力增强。类似的村庄还有南街村、八角村和大峪村等。

第三个主因子是创新力因子，反映了村庄的产业创新能力。创新是发展的灵魂，直接影响着一个村庄经济的可持续性和发展的基本趋势。那些经过三十年改革开放，依然停留于农业主导的经济结构的村庄难以形成规模性的村庄资本积累，人口和劳动力最终难以留住；而那些虽然拥有一定的农田面积，但是并没有停止产业的创新和升级步伐的村庄，逐渐形成了聚集产业和人口的增长极。通州区梨园镇大稿村于 1998 年编制了经济结构调整规划纲要，提出“优化二产、发展三产、拓展都市农业”的方针。2004 年，全村的第三、二、一产业生产总值的比例为 70.5：29：0.5。第二三产业已经成为村庄里的支柱产业。经过三十年跨越式发展，已经形成了金融、建筑、建材、房地产、机械产品加工、精细化工为主导的产业集群，村庄未来可能向城镇化社区方向发展。

第四个主因子是区位力因子，反映了区位特点对村庄发展能力的影响。根据因子负荷矩阵，选取山区和平原两个变量。而平原的得分为 0，所以该主因子实际上是反映山区村庄的区位劣势。山区面积占全北京市面积的 62%，山区村庄发展水平显著落后于其他两类地区的村庄。其原因主要有：生态涵养功能定位对山区产业选择的束缚；较高的交通物流成本；远离规模性市场；村庄人口的规模不经济；教育、卫生等公共服务水平较低等。这些原因又导致了人口的进一步外流，制约了山区村庄的可持续发展能力。近年来，山区通过发展旅游业，经济活力又开始不断增强，甚至一些村庄出现了一定程度的人口回流。但是，旅游业主要是吸收高流动性人口，难以形成常住人口的增加，对村庄的可持续发展能力贡献具有局限性。

第五个主因子是工业化因子，反映了一个村庄在第二产业的发展水平，成为工业化因子。西辛峰村、大稿村、庄禾屯村、蔡家洼村、吴雄寺村等排名居前。工业化一般需要一定的经济腹地，这与村庄的狭小空间规模和要素在村庄之间分割的体制存在矛盾，工业化水平对村庄可持续发展的贡献权重也不会太高。

第六和第七主因子分别是集权力因子和治理力因子，从集权强度和村庄稳定性两个方面反映了村庄治理水平。小鲁庄、西总屯、西黄垡等村庄排名居前。如西黄垡村由于产业升级较慢，人口集聚能力不足，呈现人口净流出状态。但是到2006年，村书记（兼村主任）已经任职长达二十年，在村里拥有高度的支持率。这有利于村庄统筹规划的稳步落实，促进农民增收，向新型新农村社区方向发展。

最后，综合七个主因子得分，在根据各个主因子方差贡献率进行加权的基础上，计算出各个村庄的综合因子（村庄发展能力）的得分和排名。位列前五的村庄依次是：十里河村、大稿村、和平街村、八角村和草桥村。这些村庄除大稿村外，都位于典型的城乡接合部地区。即使大稿村也位于通州城区附近，只是由于拥有大量的农田面积，不具有城乡接合部村庄的一般形态，而归入平原村类别。排在最后五名的是小丰营村、草厂村、东帽湾村、四各庄村和娄子峪村。其中，小丰营村、东帽湾村和娄子峪村位于山区，草厂村和四各庄村位于平原地区，无一位于城乡接合部地区。

总之，村庄发展能力的主要因素是村庄的吸引力、集聚力和创新力，三者的综合权重达到了53%。此外，还受到村庄工业化水平、是否具有区位劣势和村庄治理水平等因素的影响。特别需要注意的是，区位特点对于村庄发展的影响不仅仅表现在区位力因子方面，在村庄集聚力因子方面具有更突出的影响效应。基于以上分析，根据因子得分系数情况，对指标体系做了进一步调整，形成了表8－8所示的村庄可持续发展能力的评估指标体系。

表8-8　　村庄可持续发展能力的评估指标体系

| 村庄发展能力综合评价指标体系 | | | | |
| --- | --- | --- | --- | --- |
| 综合因子 | 主因子 | | 变量 | |
| | 类别 | 权重 | 类别 | 权重 |
| 村庄可持续发展能力综合因子 | F1：吸引力因子 | 0.21 | 村人均所有者权益（元） | 0.86 |
| | | | 农户上楼占比 | 0.19 |
| | | | 村经济收入中公共收入比重（%） | 0.21 |
| | F2：集聚力因子 | 0.20 | 是否城乡接合部（是=1；否=0） | 0.74 |
| | | | 是否人口净流入村（是=1；否=0） | 0.20 |
| | | | 户均耕地规模（亩） | -0.12 |
| | | | 村经济收入中第一产业比重（%） | -0.26 |
| | F3：创新力因子 | 0.12 | 村经济收入（万元） | 0.68 |
| | | | 村经济收入中第一产业比重（%） | -0.51 |
| | F4：区位力因子 | 0.11 | 是否山区（是=1；否=0） | -0.91 |
| | F5：工业化因子 | 0.09 | 村经济收入中第二产业比重（%） | 1.13 |
| | F6：集权力因子 | 0.09 | 是否村干部兼职（是=1；否=0） | 0.69 |
| | F7：治理力因子 | 0.07 | 村支书担任时间长度（年） | 0.93 |

## 五、政策应用：村庄发展预警

借助上述村庄可持续发展能力的评价指标体系可以对多种类型的村庄进行发展能力评估，作为村庄发展衰落预警的检测工具，对于科学规划未来的村庄体系布局具有重要的参考和使用价值。假设40个村庄的各项指标的分布和北京郊区4000个村的分布是一致的，这样就可以根据这40个村的分位数区间来衡量北京郊区4000个村中随机挑选的任一个村庄的可持续发展能力，实现对未来村庄发展趋向的直接预测。

根据北京有关部门的初步估计，未来北京市郊区有一半左右的村庄趋于衰落消亡。为此，预警指标区间针对村庄发展与衰落两大类预测各占一半。经过分位数区分，形成了如下的6个区间，从低到高分别是危险区、衰退区、停滞区、安全区、发展区和扩张区。当村庄发展能力评估值低于

0，该村庄将进入衰落的初级预警状态；如果低于 -2.5，将进入村庄发展的衰退区；而从停滞区跨越 0 值点将进入村庄发展能力的安全区，并进一步进入发展区和扩张区。

结合村庄体系规划，在决定一个村庄是否可以保留下来、或判断其是否有可持续发展能力的时候，如果其综合得分值落入前三个区间就属于将来被取消或合并的村，落入后三个区间就属于将来被保留下来的村庄，可能发展成为新型的新农村社区或新兴的小城镇社区。当然这些区间和级别主要是通过数学方法获得，现实中还应根据村庄的土地利用结构、区位特点、交通条件等具体情况做全面综合的分析。

**表 8-9　　村庄发展能力类型及预警机制**

| 预警级别 | 村庄发展能力类型 | | | | | |
|---|---|---|---|---|---|---|
| | 取消村 | | | 保留村 | | |
| | 危险区 | 衰退区 | 停滞区 | 安全区 | 发展区 | 扩张区 |
| 百分位区间 | 10%及以下 | 10%—25% | 25%—50% | 50%—75% | 75%—90% | 90%以上 |
| 对应值（$x$） | $x \leqslant -3.4$ | $-3.4 < x \leqslant -2.3$ | $-2.3 < x \leqslant 0.07$ | $0.07 < x \leqslant 3.3$ | $3.3 < x \leqslant 4.1$ | $x > 4.1$ |

综上，本章通过因子分析方法，对村庄可持续发展能力评估问题进行综合实证分析，建立了多层次的村庄发展能力的评估指标体系，形成了一套村庄发展能力的甄别机制，对发展能力不足的村庄来讲，则是一套村庄衰落预警指标体系，成为区分村庄类型、进行村庄体系规划的重要参考依据，对于推进差异化的新农村建设具有重要指导意义。

# 第九章

# 新农村建设的路径选择

公平与效率是人类经济社会发展的主题，取得二者之间的平衡始终是理论研究与实践探索的共同奋斗目标。新农村建设是从村庄的视角切入，通过推进基于农村的发展战略，实现城乡与区域之间的均衡发展，达到效率与公平的完美统一。基于村庄分化类型的趋势研究，在推进新农村建设过程中，需要在不同地区分别实现集聚与收敛的同步进行，重塑农村地区内部的经济地理结构，形成城市化、城镇化和新农村建设协调发展局面，达到城乡一体化的新的均衡点。这涉及村庄之间土地、资金和劳动力要素的流动、产业结构变迁以及生态文明建设等诸多问题，也会受到地区产业发展规划、土地利用规划、村庄体系规划等诸多空间规划的制约，还要受到镇集体与村集体的关系、村集体与村集体的关系、村集体与农民的关系等多重利益关系的深层次制约。本章在以上实证分析基础上，阐述新农村建设的收敛与集聚的两个基本路径构想，并基于不同区位类型的村庄提出新农村建设的政策组合。

## 一、收敛路径

差距的扩大往往成为和谐的对立面，缩小村庄之间的差距是新农村建设的基本出发点，目标主要集中在村庄间人均收入和公共服务水平两个方面的收敛上面。上文按照现代经济增长理论中的收敛理论，通过计量检验，发现影响村庄收敛速度的因素主要来自制度、区位、产业结构、人均集体净资产、村干部素质等多个方面。然而也要看到，与国家或较大区域相比，村庄之间的收敛性质具有自身的特点。一是村庄的自然地理特点。村庄区域规模小，如果不能及时进行产业升级，资本利润率下降来的更早，村庄间收敛速度也会更快，以至经常出现穷村快速超越富村的情况。二是改革与转型的双重特点。改革开放以来，村庄发展进入传统经济向现代经济的转型经济增长阶段，存在着工业化和城镇化带来的复杂的产业升级与体制变革等一系列结构性问题。三是政策影响的偶然性特点。政策调整可能造成某个穷村在一个较短的时期内快速崛起，而不像一个国家或地区那样需要较长的时间。尽管如此，收敛理论仍可以作为分析村域经济收敛性质的重要方法，易于抓住最关键的影响变量，对缩小村域经济发展差距提供有益的启示。

### （一）加快城乡规划一体化进程

城乡规划属于一项综合性的调控政策，目的在于破除传统城乡二元结构，提高资源要素配置效率、实现城乡与区域之间的统筹协调发展。经济发展往往存在着较强的空间联动效应，如果后进地区与先行地区能够在产业和功能上实现有效的衔接和整合，就可以利用这种发展的动力耦合机制，使自身的发展具有后续的持久动力。长期以来，村庄之间的发展没有一个协调统一的规划体系，城乡之间、区县之间、乡镇之间、村庄之间，乃至城镇地区的片区之间，往往呈现一种分割式的发展格局，区域之间资源与要素整合程度低，村庄之间的横向经济缺乏联系，村庄与城镇两个层面的纵向联系也较少。这样造成的结果是村庄可持续发展的动力不足，村庄的竞争力也难以提升。北京郊区已经处于工业化的中后期，城乡一体化的形态日益显现，城乡之间经济联系更加密切，大量中心城的产业和功能向郊区进行扩散。但是，城乡二元结构限制了集体土地发展权，加之农村地区内部集体土地产权高度碎片化，村庄难以抓住发展契机实现产业升级，缩小与经济先行地区的差距自然遥遥无期。

缩小村庄之间发展的差距，需要从市到区、到县、再到镇，逐级细化城乡总体性规划，把村庄发展规划和镇域发展规划以及区县新城、中心城区发展规划统筹考虑。同时，还要考虑不同类型规划之间的衔接，如城乡总体规划与土地利用规划之间的衔接、总体规划与控制性详细规划之间的衔接，实现一张蓝图绘到底。到2009年年底，郊区已经完成了75%的村庄的建设规划，但是这些规划大多不涉及规划建设用地指标即土地发展权问题，在实施过程中缺乏足够的法律效力。目前，结合京津冀协调发展与首都总规调整，包含规划建设用地指标的村庄体系规划亟待深入研究。

核心是要在村庄发展过程中，按照空间、土地、产业、人口、生态的要求，集约利用空间、土地等稀缺资源，优化布局规划建设用地指标及其利益统筹机制，在有条件的地区培育能够集聚资源和要素的区域经济增长点。在规划过程中，要对村庄的可持续发展能力进行检验并区别对待。未来将有大量的村庄成为人口净流出村，生活功能将趋于弱化，仅保留农业生产或旅游休闲等服务功能；还有一部分村庄，以位于城乡接合部、镇中心规划建成区或镇辖区内的若干个中心村为主，人口净流入或者保持稳定。这两种类型的村庄规划需要进行区别对待：前者以加快土地承包权流转、扩大土地经营规模为主，同时在有条件的地区发展市民农园、观光农场、休闲农业为主要形式的乡村旅游；后者以呈接中心城产业与功能转移、加快产业结构转型升级为主。通过规划指标的统筹考虑，突破原先的村庄各自为站的发展方式，健全村与村之间的利益关系，加快要素流动、优化区域之间的资源配置，形成科学的产业与人口布局，为村庄之间的收敛奠定基础性条件。

## （二）推进村庄的产业升级步伐

推进村庄产业升级是壮大集体经济、提高村庄人均收入、拉近穷村与富村之间差距的一条基本经验即“无工不富”。实证检验也表明穷村之所以穷，根源之一是产业升级的滞后导致村集体资本积累水平低，减弱其可持续发展的能力。尤其在考虑到村庄内部腹地狭小，人地关系矛盾尖锐、难以形成大规模农场经营的情况下，通过产业升级来提高农民收入水平就显得尤为重要。伴随着城市对农村辐射力的增强，村庄发展经常处于一种内外部环境不断发生变化的动态变化过程中，加快产业结构升级对村庄实现跨越式发展具有很强的可能性。

非集中城镇化地区加快产业升级，可以通过一二三产业融合，向以观光休闲为主要内容的都市型现代农业方向发展。伴随着城市人口集聚负效应的显现，农村可以充分发挥生态环境、传统文化、自然景观的优势，加快观光休闲农业的发展，进而形成产业和人口的集聚，提升本村在地区经济地理上的海拔高度，不失时机地向城镇化社区或新农村社区方向发展。

以非农产业为主要依托的村庄，要在空间规划优化、集约高效利用集体建设用地的基础上，积极探索产业集中和产业内链条联结，依靠技术进步不断深化产品间分工、降低产品成本、增强产业竞争优势，逐步发育产业群、发挥产业集聚效益，提高产业的综合竞争能力。

## （三）深化农村集体产权制度改革

在中、日、韩等人多地少的国家或地区，农户生活具有社区聚居的特点，往往会形成大量的村落公共财产。发挥乡村社区公共财产的作用，提高村民的收入水平、加快村庄公共投资、实现村庄内各项事业发展的统筹，是这些地区的一个普遍性的经验。在中国农村地区，这一责任往往是要落到乡村集体经济组织的身上。目前，城乡二元结构尚未发生根本性改变，公共财政支撑能力不足，发挥村集体经济对村庄内各项生产、生活事业的统筹机制，有利于创造就业机会、提高农户收入、缩小村庄内农户之间收入差距，改善村庄生产与生活领域的公共服务水平。

村集体经济组织发挥统筹功能，需要创新经营体制和机制，寻找到市场经济条件下新的有效实现形式，提高组织运行效率。长期以来，传统的村集体经济组织结构是和工业化赶超战略下的计划经济体制相适应的，曾经在支持国家工业化建设过程中发挥过积极的作用。但是，随着市场经济的发展，法人治理结构不完善导致内部人控制，产权不清晰导致搭便车行为，造成集体经济组织效率缺乏。这在客观上要求村集体经济通过集体产权制度改革，进行组织重构。核心是按照现代合作制度的要求，建立健全法人治理结构，通过让农民，成为实实在在的有产者，增强村集体的社区凝聚力。对于那些集体经济薄弱的村庄，也要从土地确权、林木、林地确权等角度，以土地承包经营权入股等形式，推进农村集体产权制度变革，理清农民和集体之间的产权关系。其主要目的：一是提高组织运行效率。

明细产权，为村与村之间的要素流动与有效集中，创造微观制度和组织条件；二是健全收益分配制度，维护社会稳定和谐，如当村庄出现土地征占或对外出租等事项时，每个村民所应获得的利益清晰，减少不必要的财产纠纷。在村集体产权制度改革完成的地方，积极向乡一级延伸，构建乡村集体经济的新组织架构。

## （四）探索镇级统筹的新形式

村庄之间收入水平的差异首先是表现在镇域范围内。通过产业升级来缩小村庄之间的差距，往往面临“村自为战”的体制机制因素的障碍。为此，是要打破村庄与村庄之间的分割发展格局，借助于外力和内力的整合机制谋求发展，而发育跨村庄的经济组织是突破村庄分割、加快村庄间经济收敛的重要途径，成为撬动村庄发展的一个有力的杠杆。

集中城镇化地区村庄之间的差距很大程度上是由城乡发展规划人为造成的。如地理位置比邻的两个村庄，一个村的土地被规划为非农产业用地，而另一个村庄的土地被规划为绿化用地，这样就必然造成两个村庄在产业结构上的差异。加强镇域统筹，集约利用集体建设用地，实现均衡发展是关键的一招。统筹主体主要包括乡镇党委、乡镇政府、乡土地资源联社（镇资产经营公司、投资公司以及集体经济组织成员等）及民主议事机构几个层面：乡镇党委是决策主体，组建乡镇统筹领导小组，凡是遇到大额资金投资、重要人事任免等重大事项，要在领导小组专题会议决定；乡镇政府是管理主体，建立乡镇统筹工作小组，突出专业性，负责乡镇统筹发展的规划报批、政策集成、标准制定等；乡土地资源联社是产权主体，持有集体经营性建设用地使用权证，联社委托乡镇集体资产经营公司作为经营主体与市场对接，具体负责拆除腾退、项目申报、项目建设、贷款抵押等工作，并吸纳社会资本形成投资主体（包括项目占地村），完成具体的项目开发；民主议事机构是决议主体，如乡一级召开人民代表大会，形成乡级民主决议，村一级召开村集体经济股东代表大会和社员代表大会，形成相应的民主决议。各村集体经济组织成员属于收益主体。

非集中城镇化地区要加快现代农业产业组织体系发育，重点要加快镇级专业联合社建设。打破村庄之间资源分割，整合资源要素、打造品牌和信誉、加快村庄专业化发展，在提高农民收入、改善农民生产所需的服务水平方面发挥作用。其主要目的：一是解决资金约束，通过股份制或股份合作制的办法积少成多，形成农业投资规模；二是改造农业产业价值链，大力发展农产品加工业，提升农产品的中间环节的价值空间，实现农业产业价值链条向农户的倾斜；三是突破“户自为战”的发展桎梏，以户为单位的农业发展模式往往受到规模不经济的限制，通过建立有效率的农业产业组织体系形成产品的规模效益，促进村庄产业结构向专业化方向发展，一些民俗旅游基础较好的村庄可创办民俗旅游协会或旅游合作社，建立包括旅游经营设计与管理、餐饮设备配备、燃料供应、工艺品加工等在内的一体化旅游产业体系，避免分散农户之间无序竞争；四是建立产品信用体系，从营销角度实现农产品和作为消费终端的超市的零距离，让农民的产品直接和消费者见面，避免中间利润被营销商拿走，通过质量监控机制确保农产品的质量和安全。

此外，乡镇统筹要向综合性农民服务组织方向发展，多功能经济服务组织的发育可以超出产销领域，促成在信用服务、保险服务、技术推广以及农民的就业、养老、医疗和卫生等社会保障事业的统筹解决。东亚其他国家或地区通常是通过农协或农会的组织形式来行使综合统筹功能。中国当前在镇级层面，综合功能发育是必要和可行的。非集中城镇化地区农业的各类社会化服务组织往往缺乏一个统筹机制和产学研等各种组织力量汇合的基点，难以把供销、技术推广、金融等各类功能整合在一起发挥综合作用。农民专业联社需发育金融、保险、培训等多个功能，统筹镇域农业产业发展；在集中城镇化地区，村与村之间发展差距更为明显，镇域统筹的任务更为迫切，可以集体建设用地集约节约利用为核心，从规划引领、产业升级、产权关系等方面着力，形成多领域、全方位、深层次的镇级统筹发展新体制。

### （五）提升村干部队伍素质

村庄发展中有一条经验被公认有效的，就是“能人”对村庄发展起着关键性作用。从理论研究角度看，可以称之为村庄社区型的企业家精神。社区企业家精神能带动周围干部群众发展村域经济的信心和勇气，塑造健康向上、和谐和睦的村庄生活环境，形成科学有效的村级社会治理。首先，村干部要发挥作为“领头雁”的带头作用，在村庄发展面临困境或迷茫的时候，带领干部群众坚定信心，克服困难走向成功；其次，要发挥以村干部为核心的基层党组织的战斗堡垒作用，以村支书为代表的村庄能人可以提高党组织的凝聚力、战斗力；最后，协调好党支部、村委会和经济合作社之间的关系，是村庄健康发展与和谐稳定的基础。形成内部组织相互协调，整体凝聚向心的有机体，有利于整合资源、提高办事效率，集中精力发展生产，主动参与市场竞争。

### （六）加大公共财政投入力度

村集体积累水平的分化是一个不可避免的过程，缩小村庄之间的差异仅依靠农村地区内生的力量是不够的，还需要依靠外部的力量，特别是政府财政的倾斜支持。地区之间发展经验表明，收敛不仅是市场机制作用的结果，还有政府干预的因素。日本政府在地区间进行大规模的财政转移支付，使得最富地区与最穷地区财政能力之比由 1989 年的 6.8 : 1 下降到 1995 年的 1.56 : 1[①]。许多村庄由于未能捕捉到发展的机遇，已经被锁定在一个贫困陷阱状态，大量的年轻人流动出去，剩下的都是些老人、儿童。政府公共财政的一个重要职能就是维护公平，这就需要通过转移支付的方式，支持那些落后村庄实现收入和生活质量上与其他村庄的趋同。要提高财政转移支付资金的使用效率，调整和优化资金使用结构，提高财政支农精准度，在不同类型地区，公共财政支持重点要有所区分。

城乡接合部地区的公共设施和基础设施建设，公共财政应主动承担起来，改变以往城中村或近郊村庄依靠集体经济组织承担公共市政投资建设与运行维护的局面。在城镇化地区，要按照城乡统筹的要求，公共财政要积极承担基础设施建设与公共服务的任务，减轻农村集体经济组织在城镇化过程中的社会性负担，探索建设项目经营的新模式，加快城镇化进程。

---

① 胡鞍钢、王绍光、康晓光：《中国地区差距报告》，辽宁人民出版社 1995 年版，第 358—359 页。

在传统农村的社区化改造过程中，重点支持那些有可持续发展能力的村庄。

对于纯农业地区，公共财政要积极帮助农民加大农业基础设施投资力度，推进农民的职业教育和成人教育，提高农业科技应用水平，为提高农民收入水平积极创造条件。纯农业地区一般集体经济积累较少、人才匮乏，缺乏统一的联合组织，发展农业生产面临着启动资金约束和市场风险约束。政府在引导农民选择好发展的主导产业的同时，要着力加强对现代农业生产设施投资中的资金支持，加大直补力度，积极发挥基础设施的先导作用。通过公路交通、水利设施等开发建设项目带动农村经济的整体发展，逐渐让农村形成造血功能。让农民依托村集体主动参与新农村建设，成为新农村建设的实施主体，从而得到长期的可持续的实惠。在新农村项目建设过程中，要注意防止施工建设一条龙和透明度不高的问题，要加强施工监督，对各项工程预算要做到干部群众心中有数。

在生态资源涵养功能的山区，加大如护林员补贴、基础设施建设投资，建立健全村庄可持续发展的体制机制，特别要在“放活”上多下功夫，以财政资金为杠杆，吸引社会资金，解决农村的长远发展问题。探索市场化方式，通过 PPP、异地购置物业、资金捆绑参与集体土地开发等方式，提高财政资金使用效率。

## 二、集聚路径

集聚路径和收敛路径如同一枚硬币的两面，互为依存、对立统一。经济集聚是经济发展过程中的一个必然现象①，是在市场力量的主导下，扩张生产可能性边界的必然要求。一般情况下，一部分村庄的人口与产业集聚是和另一部分村庄人口和产业规模的下降同步发生的。这种村庄间的分化（如人均所有者权益的 $\delta$ - 发散和 $\beta$ - 条件收敛）恰恰是要从根本上解决落后村庄的贫困问题，是通向公平的必由之路。村庄之间人均收入和公共服务水平的收敛是解决村庄间竞争起点的公平问题，集聚是解决村庄之

① 参照关于人均所有者权益的 $\delta$ - 收敛分析。

间竞争过程的公平问题，让那些能够发展起来的村庄尽可能不要因为受到体制、政策或资源的局限而不得不停滞下来。

当村庄技术和资源固定在一定水平上，随着资本投入增加，资本边际效率会下降，同样，随着劳动投入不断增加，也会导致劳动效率的下降。为此，需要同步增加劳动力和资本的规模实现要素投入的集中；通过技术进步实现产业升级，进一步提高资本和劳动力的边际生产力；通过产业集中，获得集聚经济的外部性效益。村庄剩余劳动力、闲置资本、产业升级滞后等问题的存在都将使村庄处于生产可能性边界的内部区域。如果村庄存在着大量的剩余劳动力，意味着资本稀缺，要达到生产可能性边界，除了把剩余劳动力转移出去，就只能增加资本存量，如乡镇企业投资。如果两种办法都不能实现，就意味着村庄发展的停滞，导致城乡收入差距的扩大。要推进要素流动和集中，提高要素的边际生产效率，促进村庄间的集聚，实现“不平衡的经济增长与和谐性发展可以并行不悖，相辅相成”①。

## （一）村庄城市化

在城市规划建成区范围内的村庄，未来发展的前途是融入城市。目前，推进村庄城市化，就是要在制度体制上创造条件，解决村庄城市化进程中的诸多制约因素。

城乡接合部地区的城市化滞后主要表现为“城中村”的大量出现，二元结构特征明显。解决的办法主要是缩小征地范围，赋予农民和乡村集体的土地开发权，让集体经济组织成为新供地主体。鼓励村集体经济组织在区县和乡镇政府有关部门的指导和统筹规划下进行土地开发和建设，让农民分享土地开发增值收益。初期可以采取农民村集体与开发商合作的方式进行开发建设，解决启动资金瓶颈和资质限制问题。同时，逐渐培育由村集体独立开发的能力，农民自己建设自己的家园，充分考虑村庄的长远发展，统筹布局各个产业项目，避免私人开发商尽“挑好地，甩赖地”的插花式开发形成，大量遗留问题。即使需要政府土地储备进行一级开

① 胡鞍钢：“如何重塑中国经济地理”，见世界银行著，胡光宇等译：《2009 年世界发展报告：重塑世界经济地理》，“序”，清华大学出版社 2009 年版，第 1 页。

发，也要从实现区域之间的资金与土地的综合平衡角度加快都市更新，消除一些难以开发的“硬骨头”地块。

## （二）村庄城镇化

村庄城镇化是农村地区要素与资源集聚的另一重要形式，是实现城乡一体化的重要支撑。这类村庄大多位于乡镇政府所在地。长期以来，由于集体建设用地使用权流转缺乏制度支撑，规划部门重点放在城市地区，农村发展缺乏规划支撑，大多乡镇企业偏向于在本镇或本村选址，形成了乡村工业大院“村自为战”的散乱布局，城镇化滞后于工业化。村集体对土地资源控制的情况下，分散选址可以最大地降低土地成本、便于本村村民在企业就业，却影响了企业长期发展的效率，而且造成了缺乏集聚效益、环境污染、土地资源浪费等严重的社会问题。如何在镇域内统筹村庄城镇化发展，发育村庄与村庄之间土地指标置换机制，实现资源和要素的有效集中是一个村庄城镇化的关键问题。为此，需要加快乡村集体经济产权制度改革，把农民和集体的产权关系明晰化，同时发育能够统筹镇域资源配置的产业组织，通过集体建设用地的乡镇统筹，实现村庄的规划建设用地指标跨村庄置换和集中使用。为此，首先需要全面完成土地承包经营权确权、集体建设用地、宅基地的确权与集体资产股份量化等集体产权制度改革，组建乡镇土地资源联合社，促进跨村资源与要素集聚，加快村庄城镇化。

## （三）村庄专业化

村域经济的专业化有利于提高村庄经济运行效率和增强市场竞争力，进而形成村庄集聚。目前，对村庄产业发展缺乏合理的引导和规划，村庄发展大多从自身出发，忽略与外部环境的融合，处于一种无序竞争状态，区域之间产业结构雷同，过度竞争问题严重。需要在城乡统一协调的产业发展规划指导下，明确村庄的功能定位，加快村庄专业化。

城乡接合部地带的村庄，应选择商贸、房地产、租赁等第三产业为主导产业，尤其主要向高端产业进行发展。这一地带的村庄属于被动城市化地区，直接受到城市化进程推进的辐射和影响，土地具有快速升值的潜能，要选择具有比较优势的主导产业，改革和创新产业组织形式，壮大社区集体经济，让农民成为开发主体，进而实现村庄的全面发展。

平原地区的村庄分化趋势显著，部分村庄通过产业升级进一步向城镇形态融合，部分村庄则专业化于现代农业生产。向城镇形态转变的村庄往往位于镇核心区，这些村庄会带动镇域整体的城镇化水平，形成以村带镇的发展模式，如窦店村、南宫村等。其他村庄应选择以现代农业为主导的发展方向，并积极培育专业化的产业组织形式，如西黄垡村、四各庄村等。

山区由于特有的生态资源条件发展旅游等服务业是村庄专业化的重要方向。可以依托当地文化或自然景观资源，将经营、管理、营销和开发等多种经营模式有机地融合在一起，实现乡村旅游产业开发的专业化运营。通过沟域经济发展，打破沟内村庄与村庄之间的界限，实现要素集聚和区域专业化发展是山区资源与要素集聚的一个有益的探索。另外，一些纯生态涵养地区的村庄则要采取公共财政承担、限制产业规模化发展的办法，把重点放在良好生态环境的培育上。

## 三、政策组合

伴随着市场发育和城乡经济联系的加深，城乡二元经济结构逐渐破除，区位因素在塑造村庄未来发展方向方面发挥了关键性的作用，尤其是在城市产业向郊区扩散和辐射的初级阶段，区位特征成为影响村庄接触市场机遇的最重要因素之一。村庄分化是一个必然的趋势，意味着新农村建设模式在空间区域上的多样性，其实质是村庄在市场发育的过程中逐渐向专业化方向发展，专业化方向的选择决定了新农村建设的基本模式。根据北京郊区40个村庄调研发现，经历了改革开放三十年的发展，目前村庄已经基本形成四个主要的分化演变方向：城市化社区、城镇化社区、新村化社区和空心化社区。分属于两个大类：前两种情况属于人口净流入型，后两种情况属于人口净流出型。前者专业化的方向是非农产业，不断集聚产业和人口，向现代的城市或城镇社区转型；而后者则主要是向现代农业转型，村庄的居住功能逐渐弱化。这种与区位密切联系的村庄发展模式的多样性要求在新农村建设中给予差异政策组合，新农村建设才能合理地把城市化、城镇化与新农村建设有效协调起来，完成农村社会结构转型。不同区位的村庄应该有不同的发展任务和努力方向，政策上应该充分考虑区位特点及空间规划因素，在此基础上解决不同类型村庄面临的主要矛盾和问题，因地制宜地建设新农村，最终实现城乡之间、农村内部地区之间在收入水平和公共服务水平上的一体化，见表9-1。

**表9-1　　村庄发展演变的区位差异及新农村建设政策重点**

| | 发展趋向 | 发展特征 | 区位 | 典型村庄 | 政策重点 |
|---|---|---|---|---|---|
| 传统村落 | 城市化社区 | 外生型 | 中心城周边进入规划区的村庄 | 草桥、十里河 | 全部转居、全部上楼、全部绿化、集体经济组织向城镇型社会企业组织转型、产业升级、城乡社会管理体制并轨 |
| | 城市化社区 | | 区(县)城周边进入规划区的村庄 | 大峪、和平街 | 全部转居、全部上楼、全部绿化、集体经济组织向城镇型社会企业组织转型、产业升级、城乡社会管理体制并轨 |
| | | | 城市外围组团进入规划区的村庄 | 狼垡二村 | 全部转居、全部上楼、全部绿化、集体经济组织向城镇型社会企业组织转型、产业升级、城乡社会管理体制并轨 |
| | 城镇化社区 | 内生型 | 重点镇中心区进入镇区规划的村庄 | 窦店 | 乡镇统筹、加快基础设施建设、规划集体建设用地指标集约利用、乡村两级集体产权改革、镇级财政扩权、集体土地抵押融资、农民上楼或村庄社区更新 |
| | | | 一般镇中心区进入镇区规划的村庄 | 南宫 | 乡镇统筹、加快基础设施建设、规划集体建设用地指标集约利用、乡村两级集体产权制度改革、土地抵押融资、农民上楼或村庄社区更新 |

续表

续表

| | 发展趋向 | 发展特征 | 区位 | 典型村庄 | 政策重点 |
|---|---|---|---|---|---|
| 传统村落 | 城镇化社区 | 内生型 | 非镇中心区独立完成城镇化的村庄 | 西辛峰 | 加快基础设施建设、规划集体建设用地指标集约利用、深化集体产权制度改革、土地抵押融资、加快产业升级、农民上楼或村庄社区更新 |
| | 新村化社区 | 维持型 | 就地改造型新农村社区 | 西黄垡 | 旧村改造、集体产权制度改革、基础设施建设、公共财政倾斜、农民上楼、专业合作组织建设 |
| | | | 具有生态或人文保存价值的村庄 | 爨底下 | 旧村改造、集体产权制度改革、基础设施建设、公共财政倾斜、旅游型的专业合作组织建设 |
| | 空心化社区 | 衰落型 | 向专业家庭农场转化的村庄 | 四各庄 | 财政扶持、村庄整治、集体产权制度改革、公共财政倾斜重点、专业合作组织建设 |
| | 空心化社区 | 衰落型 | 经村庄整治而消失的村庄 | 黎明、仇庄 | 土地整治、集体建设用地指标跨村庄置换、集体产权制度改革、林权制度改革、闲置农宅集约利用 |

## （一）城市化社区

城市化社区主要是指中心城或区县新城的城乡接合部地区，也包括不和城区直接相连但承担城市某项具体功能的城镇化组团地区。这类地区区位条件最优越、经济最发达、最有活力，但是，在这些地区城乡直接对接，二元结构特征最显著、历史矛盾也积累最多，如农转居滞后、产业结构升级滞后、集体经济组织产权关系模糊、“城中村”“城边村”的环境恶劣、治安问题严重等。

城乡接合部地区村庄推进新农村建设的目标就是适应城市化进程、融入城市。其主要任务是全部转居、全部上楼、全部绿化、产业升级与集体改制五项任务。首要任务是对原有村集体经济组织进行股份合作制改造，按照“撤村不撤社、资产变股份、农民当股东”的基本方针，将传统的集体经济组织改造为城镇型的社会企业，适应城市化进程。北京市较早完成集体产权制度改革的村庄，大部分位于这一地区。有些地区还将改制拓展到乡级层面，如东升乡、南苑乡、卢沟桥乡和崔各庄乡等。二是要加快农转居进程。出台新的转居政策，鼓励成建制地整体转居，改变“逢征才转”的逐步转居的传统思路，并加强后续的体制与制度保障，在过渡期不要急于撤销村委会，可以采取村委会和居委会两块牌子同时运行的双轨管理体制，直至农民彻底融入城市再行归并。三是农民上楼。要坚持政府主导、农民主体的原则，发挥国家土地储备便于在大范围进行资金和土地平衡的优势，把原先改造不了的“硬骨头”地块通过其他地区的改造盈余转移的办法，尽快完成改造。四是要实现规划还绿。保障规划绿地实施，加快生态文明与城乡环境建设。五是要加快产业的高端化发展，推进村庄的产业结构升级，引进高端项目，在产业形态上实现城乡的融合。要为农民充分预留产业发展用地，鼓励集体经济组织作为供地主体，进行现代金融、科技、物业服务业的综合开发建设。

### （二）城镇化社区

小城镇建设是城乡一体化格局的重要节点。以小城镇为发展方向的村庄可分为三类：重点镇中心规划区村庄、一般镇中心区规划区村庄、不在镇中心但独立完成城镇化的村庄。即在近郊与远郊平原地区，部分新兴的有集聚力的村庄向小城镇社区或亦城亦乡社区方向发展。这些村庄受中心城辐射较弱，附近交通一般比较便利，主要是位于镇政府所在地的镇中心村，如丰台区南宫村、房山区窦店村，也包括一些虽然没有在镇政府所在地，但也具有集聚人口和产业能力的村庄，如昌平的西辛峰村、顺义的北郎中村。这些村庄，有明确的主导产业，通过扩大资本积累推进产业升级，逐渐走向富裕，实现了自我持续发展。它们不仅会保留下来，而且由于产业和人口的集聚能力不断增强，已经形成城镇社区或亦城亦乡的混合型社区，同样是城乡一体化的重要节点。

这类村庄是新农村建设的重点。在这些村庄基础上发展起来的小城镇社区可以成规模地集聚大量的人口和产业，并通过教育、文化等第三产业的发展，对村民形成强烈的刺激和吸引力，具有可持续发展的前景。同时也对促进农民非农转移，尤其是那些难于进行城市化转移的40、50人员，具有重要的意义。其政策重点是要扩权强镇，赋予镇级参加编制规划更多的权利，充分发挥镇一级统筹发展的积极性。同时，在土地利用规划和产业布局规划上，把小城镇与区县新城的发展规划衔接起来，培育小城镇的可持续发展的动力。要建立健全规划集体建设用地指标在村庄间的置换机制，实现集体建设用地的集约利用，保证土地资源配置的区域平衡。改革财政体制，镇级财政扩权，创新投融资体制，保证资金利用的平衡。同时，加大基础设施建设投资力度，培育产业集群，增强小城镇对当地人口与产业的集聚能力，带动镇域村庄的整体新农村建设。

## （三）新村化社区

新村化社区属于新农村建设中的保留村庄，可进一步细分为两类：就地改造型现代村庄社区或特殊功能保留型村庄社区。就地改造型社区是那些具有一定的产业支撑，能够留住当地人，也能少量集聚一部分外地人的村庄；特殊功能保留村是那些由于具有历史文化或生态涵养等特殊资源或功能而需要保留下来，或者可以和旅游等第三产业结合，吸引城里人前来休闲观光的村庄，将来这样的村更多地是作为一个旅游景点而存在。这部分村庄一般都位于远郊山区，由于地理交通条件较差，一般不具有产业和人口的集聚功能，人口会形成外流趋势。

对于这些地区的新农村建设，应以培育农村集体经济为抓手，加快二三产业的发展，为农民向二三产业转移创造更多的就业岗位。同时，要加快体制改革，结合本地资源特点，拓宽都市型现代农业的发展思路。一方面，要在符合功能定位和区域规划的前提下灵活政策，加快林地、荒地等资源的产权确权颁证；另一方面，要发育各类适合当地文化与自然资源特点的产业经济组织。可以考虑通过采取资源入股等形式发育新型资源型合作组织，或各类跨村庄、跨镇的县乡专业合作联社，发展各类服务业，逐渐形成规模经济和品牌效应。

## （四）空心化社区

空心化社区是新农村建设的难点，而且占据了相当大的比重，主要集中在平原与山区。这类村庄如果不能进行产业升级和集聚人口，将逐渐丧失生活居住功能，最后成为人口流出地区，村庄逐渐消亡或成为单纯的农业生产或服务经营场所，甚至成为空壳村，经村镇整治彻底消失。将来这些村庄会占大多数，以大兴区的黎明村、通州区的仇庄村为代表。

对这些地区的新农村建设不能急于进行大规模的基础设施建设，要吸取韩国当年新农村建设的资源投入浪费的教训。应首先完善土地承包权确权制度，整合资源，形成土地规模的集中。依托村集体经济组织、各类专业合作组织，发展现代农业的产业组织与服务体系。加强农民的职业教育培训，加快劳动力向城镇或城市地区的转移。对那些不适合居住的险恶地区，应动员和组织村民直接搬迁，并依托山区小城镇社区建设来消化吸收。

产业选择方面，现代农业是该类地区未来发展的基本方向。通过农业的多元化经营，开发农业的多功能性，如发展乡村旅游业，实现农业功能向服务业的拓展，增加农业的效益和农民的收入，避免农村的凋敝，是空心化地区拓展产业发展空间的主要选择方向。

需要注意的是，空心化社区主要表明的是一种趋势。一些空心化村庄最后可能彻底消失；另一些则可能由于城市郊区化等因素而重新获得了生机和活力，转变为新村化社区，甚至发展成为新兴的乡村小镇；一些新村化社区也可能由于发展中的失误而演化为空心化社区。因此，村庄类型之间存在一定程度上的相互转化，在政策应用上应予以考虑，而不应绝对化。

# 第十章
# 结　　论

前文通过分析转型期村庄发展差异的演化趋势、影响因素，论证了关于村庄发展与新农村建设的一个假说，建立了一个用于村庄可持续发展能力评估的指标体系，并提出了新农村建设的路径选择。本章将进行简要的总结。

## 一、主要发现

### （一）村庄发展差异演化的基本特征

#### 1. 村庄间总收入在出现快速增长的同时，存在俱乐部收敛趋势

采用马尔可夫链转移概率矩阵方法，按照总收入水平指标对村庄进行类型划分，观察到俱乐部收敛特征。再把长时段划分为三个短时段：1978—1988 年、1988—1998 年、1998—2006 年，进行阶段性观察的时候，发现俱乐部收敛特征会随着时间的推移而越加明显。

#### 2. 收入和积累的增长特点存在相似性

40 个村庄人均收入和人均所有者权益自改革开放以来都有了快速的增长，一些原来的穷村拉近或超过了原先排在它前面的村庄。其中，城乡

接合部地区的村庄提高得最快，人均收入和人均所有者权益较高的村大部分都在该类地区。

**3. 收入和积累的离散趋势相反**

人均收入的村庄间分布随着时间的推移，中等村的占比逐渐提高，而人均所有者权益的村庄间分布则呈现中等村比重越来越小的趋势。这说明，人均收入有向中心点收敛的趋势，而人均所有者权益则有向中心点离散的趋势。通过对二者增长率的观察比较发现，人均收入的增长率相对集中、呈正态分布。人均所有者权益的增长率离散程度较大，甚至有一部分村处于负增长状态，没有典型的正态分布特征。

**4. 村庄平均人口规模总体呈现下降趋势，后有所反弹**

以村集体经济组织成员为口径计算的村庄人口平均规模存在区域上的结构性差异。城乡接合部地区村庄在改革开放初期人口平均规模最高，后来伴随着城市化加快，人口规模迅速下降，近些年开始反弹；平原地区的村庄人口平均规模自1988年之后持续下降；山区人口在1998年之前缓慢增加，之后开始下降。

**5. 村集体积累水平与村支书任职时间存在稳定的正向关系**

通过倍差法分析，代表着村庄治理水平的村书记任职时间变量，在对村庄间人均收入差距解释时，回归结果不稳定。但是，在对人均所有者权益差距进行解释时，获得了稳定的回归系数，都呈正值。可见，村庄治理越稳定，越有利于村集体财富积累。

## （二）村庄发展差异的收敛性质及影响因素

村庄之间在人均收入和人均所有者权益两个方面的收敛性质是实证分析部分的重心，也是论证假说的主体部分。

**1. 穷村的增长速度快于富村**

村庄间人均收入在1978—2006年存在$\beta$－绝对收敛，逐渐向更高的水平收敛。其中，村集体经济占比、产业结构升级速度、村干部的人力资本水平、区位优势以及人均所有者权益的增长速度等因素对村庄间人均收入的 $\beta$ - 收敛速度具有正向效应。

**2. 村庄人均收入的收敛速度呈现显著的阶段性特点**

第一个阶段是 1978—1988 年，这一阶段由于受到农村家庭承包体制变革的普遍影响，村庄出现了一次普遍性的增长，村庄之间迅速收敛；第二阶段是 1988—1998 年，这期间村庄发展更多的是依赖村庄内在因素，村庄之间的收敛速度没有得到提高；第三阶段是 1998—2006 年，这期间城市郊区化的作用直接带动了村庄的快速发展，使原来那些单纯依靠自身力量无法得到发展的村庄也发展起来，村庄之间经济收敛的速度得到加快。

**3. 村庄间人均收入离散程度趋于缩小**

通过对平原地区的村庄人均收入离散程度实证分析，发现存在明显的库兹涅茨倒 U 形曲线。山区的村庄也存在类似的趋势。城乡接合部从改革开放开始阶段，村庄之间人均收入的离散程度一直呈现下降趋势，已经处于倒 U 形曲线的右半段区间。

**4. 组间差和城乡接合部地区的组内差成为村庄间人均收入差距的主要来源**

村庄间人均收入的差距分解中，组间差对总体差距的贡献率持续上升，到 2006 年，已经成为村庄之间差距的主要来源。此外，1998 年以来，城乡接合部地区村庄之间的收入差距对总体贡献迅速上升，仅次于组间差。这一现象主要是和外部的政策趋向有关，如全市或区县、乡镇等级的城乡规划、土地利用规划、产业发展规划中，有些村庄规划为建设用地，另一些村庄大部分区域被规划为绿地，限制了产业发展空间，势必造成村庄之间差距的拉大。

**5. 穷村的人均所有者权益的增长速度快于富村**

1978—2006 年村庄间人均所有者权益存在 $\beta$ - 绝对收敛。其中，区位特点、资源禀赋条件、产业结构升级速度以及村支书人力资本水平等因素对收敛速度存在重要的影响。

**6. 人均所有者权益存在典型的阶段性差异**

在1988—1998年不存在$\beta$-绝对收敛，但存在$\beta$-条件收敛。即只有在控制了区位特点、资源禀赋结构和制度特征等影响变量的情况下，人均所有者权益在这一阶段才会出现$\beta$-收敛。而人均收入的分析未发现这种条件收敛的情形。由此，也说明人均所有者权益不像人均收入那样容易发生收敛，其发散的趋向更为强烈一些。此外，区位因素对收敛速度影响的显著程度随着时间的推移而逐渐减弱，这与中心城辐射带动能力的增强和不断向远郊区扩张是相关的。

**7. 村庄间人均所有者权益不存在离散程度缩小趋势**

用泰尔指数或基尼系数测量的村庄间人均所有者权益的离散程度，不存在$\beta$-收敛趋势。采用加权变异系数方法测量，总体上看$\delta$-收敛或发散的趋势不明朗，但对于平原和山区存在显著的$\delta$-发散。从而发现了区域经济收敛性分析中一个少见的现象：同时存在$\beta$-收敛和$\delta$-发散。

**8. 村庄向人口流出村和人口流入村两个方向演化**

人均收入与人均所有者权益的收敛趋向说明，村庄之间的动态演化进程中，将逐渐由原来的四类村庄演化为两类村庄。一类是“高收入，高积累”，一类是“高收入，低积累”，并分别向“人口流入村”和“人口流出村”两个方向演化，从而证明了关于村庄类型动态演化模型的假说。

## （三）村庄间人口规模趋异的影响因素

对村庄间人口规模趋异分析的主要价值在于为村庄类型演化和村庄发展差异演化建立了直接的联系，为村庄发展演化动态模型提供了有力的支撑。实证分析发现，影响村庄成为人口净流出方向的主要因素有村民居住条件、公有经济比重、产业结构升级速度以及区位特点等。人均所有者权益增长速度对村庄人口流向具有正向影响，而人均收入增长速度则呈现负向影响。当社区集体积累较低的情况下，村庄人口迁出的可能性更大，而当社区集体积累较高的情况下，村庄成为人口净流入的可能性更大。可见，集体经济发展水平是影响村庄人口规模变动方向的关键因素。

### （四）村庄可持续发展能力的评价指标体系

采用因子分析方法，建立了一套村庄可持续发展能力的评估指标体系，应用于村庄类型划分和村庄衰落预警。村庄可持续发展主因子包括吸引力、集聚力、区位力、创新力、工业化、集权力和治理力七个方面。通过这套指标体系，对 40 个村庄进行排序，并按照六等分的方法对村庄发展可持续能力进行了分类，分为扩张区、发展区、安全区、停滞区、衰退区和危险区，为村庄衰退预警提供了数量化参考。

## 二、创新点

### （一）揭示了村庄类型的动态演化特征

村庄是构成农村的基本单元，决定着农村发展的基本方向。本文通过对人均收入和人均所有者权益村际差异变动特征和收敛性质的系统研究，构建了一个由人均收入和人均所有者权益两个指标构成的村庄发展演化的动态模型，从动态的角度对村庄进行了类型区分，揭示了村庄发展与分化的具体内涵，从村庄演化的角度显示了农村地区内部在村庄之间发生的结构性变化态势。作者划分了村庄发展类型，明确提出了村庄发展的四个方向：城市化社区、城镇化社区、新村化社区和空心化社区；指出了村庄差异和收敛速度的四个主要影响因素：村班子素质水平、村庄区位特征、村庄集体经济组织实力及村庄产业结构；提出了村庄发展与新农村建设的三个主要阶段：村庄内部资源优化配置阶段、村庄之间均衡化资源优化配置阶段以及城乡之间资源优化配置阶段等。